KB000858

AI시대에 요구되는
커리어 코치의 핵심 역량은 무엇인가?

커리어 코칭의
이론과 실제 2판

Julia Yates 저 | 전주성 · 오승국 · 하선영 공역

THE CAREER
COACHING
HANDBOOK(2nd ed.)

학지사

○ 역자 서문

『커리어 코칭의 이론과 실제(2판)』는 원서 초판이 나온 지 10여 년 만에 한층 업데이트된 내용으로 돌아왔다. 이 책은 커리어에 관한 최신의 연구와 다양한 코칭 기법을 적절하게 결합하여 커리어 코칭에 관한 체계적인 이해를 도모한다. 총 3부로 구성된 2판은 커리어에 관한 최근의 연구와 이론, 실제적이고 유용한 접근법 등을 총체적으로 다루고 있어 커리어 분야에서 활동하는 커리어 코치와 실무자의 전문성 향상에 큰 도움을 줄 수 있다. 구체적으로, 1부 '커리어 이론'에서는 커리어의 현대적 개념과 결정요인, 직무 만족, 계획적/비계획적 커리어 전환에 대해 다룬다. 2부 '커리어 코칭 접근법'에서는 커리어 코칭에 적용할 수 있는 코칭 전략들을 다룬다. 3부 '직업 세계로의 코칭'에서는 구직 전략부터 이력서 및 면접 코칭에 이르기까지 코칭이 도움이 될 수 있는 구체적인 실제 상황을 다룬다.

변동성(Volatility), 불확실성(Uncertainty), 복잡성(Complexity), 모호성(Ambiguity)의 VUCA로 대변되는 시대를 맞아 각 개인의 커리어는 어떻게 구성되고 구축될 수 있을까? Zygmunt Bauman이 말하는 '유동하는 근대'인 우리 시대에, 완성해야 할 커리어 정체성이란 과연 무엇일까? 이 책은 이러한 질문에 다가가는 하나의 통로가 될 수 있다. 우리의 이전 세대가 경험한 '일 세계'의 성공 법칙은 더 이상 유효한 방식으로 작동하지 않는다. 이러한 점에서 전문 영역으로서

'커리어 코칭'의 역할과 중요성은 그 어느 때보다도 강조된다. 다행히도, 이러할 때에『커리어 코칭의 이론과 실제(2판)』는 우리에게 전문 분야로서 커리어 코칭의 세계에 쉽게 다가갈 수 있게 하고, 우리가 클라이언트를 돕는 최고의 커리어 코치가 될 수 있도록 길라잡이 역할을 맡는다. 이 책에는 커리어 코칭 분야의 전문가로서 저자인 Julia Yates가 오랜 기간 쌓아 온 이론적 · 실천적 경험이 녹아 있다. 이 책은 커리어에 관한 증거와 이론, 구체적인 커리어 코칭 기법, 직업을 구하는 데 필요한 기본적인 사항과 어떻게 코칭이 클라이언트를 직업의 세계로 이끄는 것을 도울 수 있는지에 대해 쉽고도 구체적으로 다룬다.

VUCA의 시대, 커리어 코치에게 요구되는 핵심 덕목은 가 보지 않은 길을 탐험해 보고자 하는 도전정신, 일과 산업 세계의 변화에 따른 사회 구조적 변동에의 민감성, 우리 삶에 크게 영향을 미치는 정치, 경제, 사회, 문화, 교육 등 사회체제에 대한 시스템적인 사고능력 그리고 클라이언트를 올바른 길로 인도할 수 있는 실제적이고 이론적인 식견 등일 것이다. 이 책은 우리에게 커리어 코치 전문가로서 이러한 역량을 갖출 수 있도록 하나의 비계를 제공한다. '커리어 코치 전문가'라는 용어는 소위 전문가라 불리는 수많은 직종의 전문가보다 그 수행해야 하는 일의 의미가 훨씬 무겁다. 그것은 클라이언트의 '일'을, 그것도 그 사람의 '삶의 이야기'에 직접 관여하기 때문이다.

◯ 저자 서문

커리어 개발 및 커리어 의사결정에 관한 인상적인 연구의 역사와 코칭에 널리 사용되는 접근 방식, 도구 및 기술에 대해 알려 주는 풍부한 문헌이 있다. 커리어 코칭에 관한 자기계발 서적도 많이 나와 있으며, 커리어를 바꾸고자 하는 사람들에게 유용하고 실용적인 조언을 제공하는 책도 많이 있다. 하지만 이 책은 다르다. 당신이 전문가이거나 커리어 코칭 전문가 연수생이라면 이 책은 당신을 위한 것이다. 또한 이 책은 커리어 세계의 최신 증거와 코칭 문헌의 최신 연구를 결합하고 있으며, 당신이 최고의 커리어 코치가 될 수 있도록 도와줄 뿐만 아니라 상호작용의 이면에 어떤 일이 벌어지는지를 이해하도록 돕기 위한 것이다. 이 책은 이론과 실천, 그리고 그 둘이 어떻게 상호작용하는지에 관해 다루고 있다.

이번 2판에는 초판이 나온 이후 발표된 연구와 그 이후 내가 더 많이 알게 된 내용을 바탕으로 한 여러 변경 사항이 포함되어 있다. 나는 수용전념 치료(13장), Ibarra의 잠정적 자기 모델(6장)과 같은 몇 가지 새로운 실용적인 접근법을 소개했으며, 성공적인 커리어로 이끄는 요소(4장)와 고령 근로자의 경험(6장)에 대해 좀 더 자세히 설명했다. 또한 마지막 몇 페이지에 여러분 자신의 전문성 개발을 위한 몇 가지 제안을 추가했다.

이 책은 세 부분으로 나뉜다. 1부는 커리어에 대한 증거와 이론에 집중한다. 1장에서는 커리어 코칭이란 정확히 무엇인지 묻고, 커리어 코칭이 다른 전문 커리어 지원과 차별화되는 특별한 특징을 파악한다. 2장에서는 21세기의 커리어 경로를 살펴보고, 지난 50년 동안 상황이 어떻게 변화했는지를 강조한다. 3장에서는 관련된 요소와 프로세스에 초점을 맞추어 커리어 결정을 내리는 방법에 대한 복잡한 문제를 다룬다. 4장에서는 우리를 직장에서 성공하게 만드는 요소를 살펴보고, 5장에서는 무엇이 직장에서 우리를 행복하게 만드는지를 다룬 많은 문헌을 요약해 제시한다. 6장과 7장은 모두 단절된 커리어 경로에 초점을 맞춘다. 6장에서는 커리어 전환, 그 변화를 유발하는 요소, 변화가 일어나는 방식을 살펴본다. 7장에서는 어떤 식으로든 개인에게 강요되는 커리어 전환에 대해 살펴본다.

　2부에서는 커리어 코칭 개입에 대해 보다 구체적으로 살펴보고, 클라이언트와 함께 사용할 수 있는 몇 가지 주요 접근 방식, 도구 및 기법을 다룬다. 2부는 클라이언트가 커리어 코칭에 제기하는 문제의 종류를 강조하는 8장으로 시작하여, 다음 두 장에서는 매우 광범위하게 적용할 수 있는 두 가지 커리어 코칭 모델인 인본주의적 코칭(9장)과 GROW 틀(10장)을 다룬다. 11장에서 14장까지는 동기강화면담(11장), 긍정적 접근(12장), 인지행동적 접근(13장), 교류 분석(14장)과 같은 코칭 모델을 소개한다. 2부의 마지막 장인 15장에서는 커리어 목표를 파악하는 데 도움이 되는 몇 가지 구체적인 커리어 코칭 도구, 성찰을 위한 도구, 다음 단계를 파악하는 데 도움이 되는 도구에 대해 설명한다.

　3부에서는 실제로 구직하는 데 필요한 기본 사항과 코칭이 클라이언트를 직업 세계로 안내하는 데 어떻게 도움이 되는지 살펴본다. 16장에서는 코치가 클라이언트에게 구직 아이디어를 창출하고 노동시장에 대해 알 수 있도록 도울 방법을 설명하고, 17장에서는 효과적인 구직 방법에 대한 조언을 위한 근거를 살펴보며, 18장과 19장에서는 클라이언트의 이력서 및 면접 기술을 개선하는 데 도움이 될 수 있는 근거를 설명한다.

　이 책은 여러분의 전문성 개발을 지속하기 위한 몇 가지 아이디어로 마무리된다. 이 책은 이야기라기보다는 여러분을 위한 자원이다. 각 장은 독립적으로 구성되어 있으며 가장 마음에 드는 순서대로 책을 읽을 수 있다.

○ 차례

1부
커리어 이론

2부
커리어 코칭 접근법

3부
직업 세계로의 코칭

1장
커리어 코칭이란 무엇이며, 어떻게 도움이 되는가

커리어 코칭이란 무엇인가

만일 당신이 커리어를 선택하거나 다음에 무엇을 할지를 계획하는 데 고군분투하고 있다면, 다양한 전문적인 지원을 받을 수 있다. 당신은 커리어 자문가, 진로지도 실무자, 커리어 상담가, 커리어 컨설턴트, 취업능력 자문가, 직무 코치 혹은 커리어 코치를 찾을지도 모른다. 그때 당신이 더 세밀하게 살펴보면 그들 모두가 자격을 갖추었으며 지식이 많고 경력을 갖추었다고 주장하는 것을 알게 될 것이다. 그렇다면 그 역할들 간의 차이점은 무엇이고(혹시 있다면) 커리어 코칭은 정확히 어디에 적합할까?

커리어 지원의 가장 전통적인 유형은 '커리어 자문가'이다. 우리 중 많은 이는 학교나 대학에서 커리어 관련 조언을 받은 경험이 있다. 학교에서 커리어 관련 조언은 교사가 할 것인데, 이들은 형식적 훈련을 받은 적이 없고 전문 지식도 없지만 학생들을 잘 알고 있으며, 대학에 지원하기 위해 필요한 절차나 현장실습을 위한 절차를 잘 알고 있다. 대신에 커리어 자문가는 공정하고, 클라이언트 중심의 커리어 관련 조언을 하기 위해 커리어 지도 분야의 대학원에서 훈련받은 수준의 독립적인 전문가일 것이다.

'커리어 상담'은 우리가 커리어 실무 분야의 문헌에서 자주 찾을 수 있는 용어이다. 이것은 관련 연구의 다수가 미국에서 출판되고 있기 때문에 미국에서 가장 널리 사용되는 표준 용어이다. 영국에서는 이 용어를 클라이언트가 내적 갈등을 해결하거나 행동의 패턴을 이해하도록 돕는 특별한 커리어 지원 스타일을 지칭하는 데 사용한다. 대조적으로 커리어 '컨설턴트'는 약간 더 상업적인 브랜드이고, 대학의 커리어 관련 서비스에서 폭넓게 사용되고 있기는 하지만, 개인적으로 일하는 실무자는 이 타이틀을 선택할 것이다.

그렇다면 커리어 코칭이 자리해야 할 곳은 어디일까? 또한 어떻게 그것을 다른 무수한 대안과 구분할 수 있을까? 널리 받아들여지고 있는 커리어 코칭의 정의는 없다. 커리어 코치들은 다양한 형태로 다른 접근 방법, 기준, 철학을 가지고 있다. Erik de Haan(2008)은 코칭 접근법의 활동 현장(playing field)을 탐색에서 제안, 지원에서 직면이라는 두 축으로 구성된 사분면으로 묘사한다. 커리어 코치는 사분면의 모든 영역에서 활동하지만 일반적으로 코칭 실무자는 제안/직면 영역에서는 저항하는 경향이 있다. 당신은 당신의 현업이 어디에 자리하고 있기를 바라는지 알아낼 필요가 있다. 이것은 당신의 클라이언트, 개인적 스타일, 현재 일하고 있는 조직, 실제로 일한 경험에 따라 달라질 수 있다. 나는 어떤 접근법이 당신의 클라이언트를 위하여 가장 긍정적인 결과를 이끌어 낼지에 대한 근거를 이해하는 데 이 책이 기여하기를 바란다.

이 책에서 강조하고 있는 나의 전문적 접근법은 지원과 탐색 영역이다. 그러나 (만일 커리어 코칭이 무조건적인 긍정적 존중이라는 입장에서 행해진다면) 도전이 효과적이고 윤리적인 커리어 코칭의 중요한 영역이라는 단서를 달아 두겠다.

나의 입장을 명확히 하기 위하여, 이 책에서 내가 사용하고 있는 정의를 제시하면 다음과 같다(Yates, 2011).

> 커리어 코칭은 윤리 강령 내에서 작동하는 훈련된 전문가와 나누는 일련의 공동 대화다. 이 프로세스는 증거기반 코칭 접근법과 커리어 이론에 기반을 두고 있으며 클라이언트의 커리어 결정, 업무 그리고(또는) 개인 성취와 관련하여 긍정적인 결과로 이어지는 것을 목표로 한다.

이제 커리어 코칭에만 국한되지는 않지만 다른 유형의 커리어 지원보다 커리어 코칭 대화에서 더 많이 볼 수 있는 세 가지 요소에 초점을 맞춰 보자.

첫 번째는 광범위한 이론적 접근법에 대한 커리어 코칭 실무의 근거이다. 아마도 코칭이 상대적으로 새로운 실천 분야이기 때문에, 코칭 학자들은 다방면의 다른 실천 분야에서 가장 관련 있는 이론들을 절충한 접근을 취할 것이다. 이 책에서 나는 인지행동 치료에서 온 인지적 행동 코칭, 건강 치료(health therapy)에서 온 동기강화 면담, 조직개발에서 온 긍정 탐색, 가족치료에서 온 해결중심 코칭을 다룰 것이다. 또한 커리어 지도, 커리어 자문, 커리어 상담에서 볼 수 있는 전통적인 인본주의적 실천에 대해 이야기할 것이다. 게다가 어떤 커리어 코치는 이 책에서 설명할 접근법에 덧붙여, 코칭 실무에서 실존주의적이고 정신역학적이거나 개인의 한계를 초월한 접근을 할 수 있다고 본다. 물론 일부 코치는 이 방식들 중 하나를 사용할 것이다. 그러나 커리어 코치는 가장 적절하게 적용 가능한 접근법 두세 가지를 가지고 있는 경우가 흔하다. 내 생각에는 이것이 코칭을 클라이언트의 구체적인 요구에 맞게 재단하는 융통성이고, 다른 커리어 전문가와 다르게 만드는 것이다.

두 번째 요소는 도구의 사용인데, 커리어 코칭에서는 다른 커리어 지원 영역보다 도구를 더 많이 사용한다. 15장에서는 커리어 코칭에서 사용되는 도구에 관해 알아볼 것이다. 그리기, 콜라주, 시각화, 스토리보딩이 그 예이다. 또한 그에 대해 더 많이 설명된 책과 웹사이트들을 소개한다. 그리고 나는 클라이언트를 위해 자신만의 도구를 개발하고 적용하기를 권장한다.

마지막으로, 커리어 코칭은 긍정적인 결론을 얻어 내려고 하는 방향성을 가지고 있다. 코칭은 인간 본성의 긍정적 측면에 집중함으로써 성장과 변화를 주기 위해 노력한다. 코칭의 시작점은 사람들이 발전하고 번창하기를 원하는 것이며 코칭은 소위 최적 기능(optimal functioning)이라고 부르는 해결책을 찾는 데 중점을 둔다(Grant & Cavanagh, 2007). 코칭은 고군분투하고 있는 이들뿐 아니라 모두에게 혜택을 줄 수 있는 실천법으로 보인다. 그리고 그것은 이미 잘하고 있지만 더 잘하도록 돕는 메커니즘이다.

이 긍정적인 접근법은 클라이언트가 커리어 상담이나 다른 브랜드보다 커리어 코칭을 선택하고 코칭 세션에 대한 기대를 갖게 한다. 비록 그 실천 분야가 많이 다르지는 않겠지만, 클라이언트는 브랜드에 기초하여 스스로 선택할 수 있을 것이다. 즉, 긍정적이고 행동 지향적이며 미래 중심적인 상호작용을 원하는 클라이언트들은 커리어 상담가보다 커리어 코치를 선택하는 경향이 있다(Yates, 2011).

커리어 코칭의 정의는 유용하지만 효과가 있는지 여부를 아는 것이 더 중요하다. 많은 실무자와 클라이언트의 경험이 '예스!'라는 답을 줄 수 있다. 그러나 만일 당신이 원하는 것이 구체적인 증거라면 이를 뒷받침하는 수많은 연구가 있다.

⬢ 커리어 코칭은 효과가 있는가, 그리고 무엇이 이를 효과적으로 만드는가

커리어 코칭은 비교적 새로운 분야이다. 1909년부터 커리어 지도에 관한 연구를 해 오고 1960년대부터 코칭을 연구해 왔으나, 학문적 실천 분야로서의 커리어 코칭은 이제 막 대두되고 있다. 커리어 코칭과 관련된 양질의 연구나 수집된 대량의 데이터는 아직 많지 않다. 그러나 다른 학문 분야와 겹치는 부분이 많아서 모든 근거를 융합해 보면 매우 설득력이 있다.

코칭은 행동의 변화를 이끌어 낸다

특히 코칭과 관련된 상당한 연구 자료가 있는데, 이 자료는 코칭이 효과적이며 행동 변화에 유의미한 긍정적 영향력을 가지고 있다는 것을 보여 준다. 가장 설득력 있는 증거 중 일부는 메타 분석의 결과이다. 현존하는 작은 범위의 연구를 더 넓은 범위의 데이터와 결합한 연구이다. 코칭에 대한 메타 분석은 코칭이 클라이언트의 기술, 웰빙, 탄력성, 태도, 수행능력(예: Burt & Talati, 2017; Jones et al., 2016)에 긍정적인 영향력을 가진다는 인상적인 증거 몇 가지를 제공한다. 다른 대규모 연구에서는 코칭이 어떤 마법의 재료로 차이를 만들어 내는지를 정확하게 확인했다. 그리고 계속해서 등장하는 주제는 그들이 '작업 동맹(working alliance)'이라고 부르는 것의 중요성이다. 이것은 코치와 클라이언트 사이의 좋은 관계, 코칭 세션에 대한 명확하고 합치된 목표, 그리고 코칭 프로세스에 대해 공유하고 이해하는 것(de Haan et al., 2016; Graßmann et al., 2020)의 조합이다. 그리고 그 증거는 우리가 작업 동맹을 잘 이루어 낼 수 있다면 코칭이 성공할 가능성이 매우 높다는 것을 시사하는 것으로 보인다. 9장에서 인본주의적 코칭을 이야기할 때 다시 논의할 것이다.

커리어 코칭 도구는 효과가 있다

코칭이 효과가 있다는 증거 외에도 특정 접근법이 커리어 개발에 도움이 된다는 증거도 많이 있다. 이어지는 장에서 더 많은 예를 포함시켰지만 맛보기로 이야기하자면, 수용전념 치료(13장에서 논의)가 커리어 안정과 커리어 자기효능감을 높이고(Kiuru et al., 2021), 동기강화 면담(11장)을 통해 동기부여가 되며(Klonek et al., 2016), 해결중심 코칭(12장)이 커리어 미결정을 감소시킨다(Akyol & Bacanli, 2019). de Haan 등(2016)의 연구에서 발견한 한 가지 흥미로운 점은 특정한 하나의 접근법이나 도구가 다른 것보다 우수하다는 증거는 없지만 다양한 도구와 기술을 원하는 대로 사용하는 것이 확실히 도움이 된다는 증거는 뚜렷하게 있다는 것이다. 다양한 접근법 중에서 선택할 수 있는 것은 클라이언트의 특정 요구에 맞게 코칭 방식을 조정할 수 있고, 한 스타일이 효과가 없는 것 같으면 다른 스타일로 전환할 수 있다는 것을 의미한다.

커리어 개입은 효과가 있다

커리어 개입(intervention)이 효과적이라는 것을 보여 주는 많은 연구가 있다. Whiston 등(2017)의 메타 분석은 일대일 개입과 그룹 커리어 개입 둘 다의 영향을 탐색했고, 효과가 크다는 강한 증거를 제시한다. 전반적으로 Whiston과 동료들은 커리어 개입이 커리어 결정성(decidedness)을 높이고, 커리어 정체감을 높이며, 결과에 대한 기대치를 높이고, 그리고 무엇보다 좋은 선택을 할 수 있는 능력에 대한 자신감을 높일 수 있다고 보고했다. 또한 이 연구는 커리어 실무자의 일대일 지원이 가장 효과적인 개입방법이라는 것을 보여 준다. 특정 유형의 그룹에게서 효과가 높았는데, 예를 들면 가치관을 파악하고 커리어 관련 자기인식을 높이는 데 중점을 둔 그룹이다. 또 다른 메타 분석(Liu et al., 2014)은 취업 가능성이 커리어 개입으로 실질적으로 높아진다는 것을 보여 준다.

커리어 코칭은 효과가 있다

마지막으로, 커리어 코칭에 관한 주목할 만한 증거가 있다. 커리어 코칭은 커리어 목표를 명확히 함으로써 커리어 낙관주의와 커리어 안정(career security) 수준을 향상시키고(Ebner, 2021), 커리어 코칭이 여성의 자신감(Archer & Yates, 2017), 여성의 일과 삶의 균형(Brown & Yates, 2018), 고령 근로자의 구직 행동(Lim et al., 2019;

Walker, 2019)에 긍정적인 영향을 미치며, 역기능적인 커리어 신화 (myth)를 줄일 수 있다(Otu & Omeje, 2021)는 증거가 있다. 일부 연구 에서는 조직 내의 커리어 코칭을 조사하였는데, 커리어 코칭 자체가 직원 유지(Dugas, 2018) 및 직무 만족도(Fassiotto et al., 2018)를 향상 시키고, 커리어 코칭을 제공하면 조직 만족도를 높일 수 있다(Ling et al., 2018)고 밝혔다.

연구가 많이 이루어지는 것이 좋을 것이다. 직업적으로 성장하고 신뢰를 얻으려면 최고의 전문성을 갖추기 위해 어떻게 실천해야 하 는지를 정확하게 알려 주는 탄탄한 경험적 연구 자료가 필요하다. 우리는 그곳에 거의 다 왔다. 커리어 코칭 실무자는 여전히 행간을 읽고 다른 환경에서 수행된 연구에서 추론해야 하지만 기반은 마련 되어 있다. 이어지는 장에서 이를 뒷받침하는 탄탄한 연구 자료를 토대로 다양한 증거기반 접근법을 탐구하면 자신의 상황에 가장 적 합하다고 생각하는 것을 스스로 판단할 수 있을 것이다.

참고문헌

Akyol, E. Y., & Bacanlı, F. (2019). Building a solution-focused career counselling strategy for career indecision. *Australian Journal of Career Development, 28*(1), 73-79.

Archer, S., & Yates, J. (2017). Understanding potential career changers' experience of career confidence following a positive psychology based coaching programme. *Coaching: An International Journal of Theory, Research and Practice, 10*(2), 157-175.

Brown, C., & Yates, J. (2018). Understanding the experience of midlife women taking part in a work-life balance career coaching programme: An interpretative phenomenological analysis. *International Journal of Evidence Based Coaching and Mentoring, 16*(1), 110-125.

Burt, D., & Talati, Z. (2017). The unsolved value of executive coaching: A meta-analysis of outcomes using randomised control trial studies. *International Journal of Evidence Based Coaching and Mentoring, 15*(2), 17-24.

de Haan, E. (2008). *Relational Coaching: Journeys Towards Mastering One-to-One Learning.* Chichester: Wiley.

de Haan, E., Grant, A. M., Burger, Y., & Eriksson, P. O. (2016). A large-scale study of executive and workplace coaching: The relative contributions of relationship, personality match, and self-efficacy. *Consulting Psychology Journal: Practice and Research, 68*(3), 189-207.

Dugas, J. (2018). Career coaching: A study of veterans health administration (VHA) leaders. Dissertations, p. 210. https://digitalcommons.brandman.edu/edd_dissertations/210

Ebner, K. (2021). Promoting career optimism and career security during career coaching: Development and test of a model. *Coaching: An International Journal of Theory, Research and Practice, 14*(1), 20-38.

Fassiotto, M., Simard, C., Sandborg, C., Valantine, H., & Raymond, J. (2018). An integrated career coaching and time-banking system promoting flexibility, wellness, and success: A pilot program at Stanford university school of medicine. *Academic Medicine (Ovid), 93*(6), 881-887.

Graßmann, C., Schölmerich, F., & Schermuly, C. C. (2020). The relationship between working alliance and client outcomes in coaching: A meta-analysis. *Human Relations, 73*(1), 35-58.

Grant, A. M., & Cavanagh, E. M. (2007). Doing good, doing harm, being well and burning out: The interactions of perceived pro-social and antisocial impact in service work. *Journal of Occupational and Organizational Psychology, 80,* 665–691.

Jones, R. J., Woods, S. A., & Guillaume, Y. R. (2016). The effectiveness of workplace coaching: A meta–analysis of learning and performance outcomes from coaching. *Journal of Occupational and Organizational Psychology, 89*(2), 249–277.

Kiuru, N., Puolakanaho, A., Lappalainen, P., Keinonen, K., Mauno, S., Muotka, J., & Lappalainen, R. (2021). Effectiveness of a web–based acceptance and commitment therapy program for adolescent career preparation: A randomized controlled trial. *Journal of Vocational Behavior,* 103578.

Klonek, F. E., Wunderlich, E., Spurk, D., & Kauffeld, S. (2016). Career counseling meets motivational interviewing: A sequential analysis of dynamic counselor–client interactions. *Journal of Vocational Behavior, 94,* 28–38.

Lim, D. H., Oh, E., Ju, B., & Kim, H. N. (2019). Mediating role of career coaching on jobsearch behavior of older generations. *The International Journal of Aging and Human Development, 88*(1), 82–104.

Ling, F. Y. Y., Ning, Y., Chang, Y. H., & Zhang, Z. (2018). Human resource management practices to improve project managers' job satisfaction. *Engineering Construction & Architectural Management, 25*(5), 654–669.

Liu, S., Huang, J. L., & Wang, M. (2014). Effectiveness of job search interventions: A meta–analytic review. *Psychological Bulletin, 140,* 1009–1041.

Otu, M. S., & Omeje, J. C. (2021). The effect of rational emotive career coaching on dysfunctional career beliefs in recent university graduates. *Journal of Rational–Emotive & Cognitive–Behavior*

Therapy, 1–23.

Walker, L. (2019). Coaching during late career reinvention: The discovering model. *International Journal of Evidence Based Coaching & Mentoring, 17,* 63–75.

Whiston, S. C., Li, Y., Mitts, N. G., & Wright, L. (2017). Effectiveness of career choice interventions: A meta–analytic replication and extension. *Journal of Vocational Behavior, 100,* 175–184.

Yates, J. (2011). *Career Coaching: New Direction for the Profession? Constructing the Future, VI.* Stourbridge: Institute of Career Guidance, pp. 147–157.

1부

커리어 이론

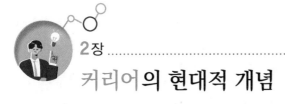

2장

커리어의 현대적 개념

'커리어(career)'라는 단어는 이 책에서 매우 많이 등장하는데, 사람에 따라 전혀 다른 의미로 사용된다. 이 단어와 연관된 다양한 해석, 의미, 추론을 고려할 때 이 장에서는 우선 몇몇 주요 개념을 설명하면서 풀어 나가겠다.

놀랍게도, '커리어 실무자(career practitioner)'들은 이 단어에 대해 합의된 정의를 내리는 데 아직까지 성공하지 못했다. '커리어(career)' '직업(occupation)' '천직(vocation)'을 혼용하며 때로는 동의어로, 때로는 전혀 상반된 개념으로 사용한다. 커리어는 첫 직장부터 마지막 직장까지의 시간만 포함하기도 하고, 취업 전·후의 시기를 포함할 수도 있다. 또 유급직만을 지칭하거나, 무급직, 자원봉사직 혹은 단순히 일했던 경험을 뜻하기도 한다. 어떤 사람들은 커리어가 발전과 승진의 개념을 다 포함하고 있다고 느끼거나, 어느 정도 명성의 의미를 부여하기도 한다. 이 용어는 본질적으로 중산층 편향을 가지고 있다는 논쟁을 불러일으키는데, 특권을 부여받지 못한 커리어 궤적(trajectory)과 관련되어 미리 결정된 운명과는 반대로 적극적인 선택이 있었다는 것을 암시하기 때문이다. 최근 들어 커리어는 객관적 현실이라기보다는 주관적으로 구성된 결과물로 인식된다. 즉, 당신이 커리어라고 생각하면 커리어인 것이다. 커리어에 대한 의미는 점점 더 확대되고 있다. Arthur 등(1989)은 '커리어'가 "오랜 기간 한 사람에게 계속되고 진화하는 과정"이라고 제안했다. 나는 이 정의의 포괄적이고 비판단적인 성격과 "일을 하는 모든 사람은 커리어를 가지고 있다."라는 간단한 설명을 좋아한다(1989, p. 9).

이제 더 깊이 파고들어 커리어를 설명하는데, 일반적으로 사용되는 은유를 사용하여 '커리어'를 개념화하는 다양한 방법을 살펴보고 각각과 관련된 이론을 다룰 것이다. 이 장의 두 번째 부분에서는 노동시장을 살펴보면서 변화의 핵심 동인을 강조하고 현대의 커리어를 설명하기 위해 개발된 커리어 이론을 검토할 것이다.

'커리어'를 이해하는 방법

학자들이 사람들의 경험을 이해하는 데 도움을 주기 위해 커리어 이론을 발전시켰고, 지난 수십 년간 다수의 이론을 개발하였다. 다양한 학문적 배경을 가지고 발전한 이론들은 새로운 상황에서 그 효과를 발휘했다. 몇몇 이론은 커리어의 내용과 커리어 결정에 무게를 두고 있고, 다른 이론들은 커리어 과정을 주시하고 있다. 즉, 어떤 이론은 개인의 심리학적 이론에 깊은 영향을 받은 반면, 다른 이론의 철학적 기원은 사회학에 가깝다. 그 이론들은 커리어 과정의 모

든 요소를 설명하지 않는다. 또한 모든 맥락에서 모든 사람에게 적
용하려 하지도 않는다. 다만, 이러한 단편적인 접근이라도 서로 모
순되는 이론들이 아니라면 학습자 입장인 우리에게 도움이 된다.
즉, 우리가 꼭 믿고 싶은 것을 선택할 필요는 없다. 반면에 우리 머
릿속에 있는 모든 이론적 접근법을 동시에 생각해 내서 클라이언트
를 더 잘 이해하는 데 도움이 되도록 언제 어떻게 사용해야 하는지
를 알아야 하는 것이 우리가 일할 때 더 어려운 점이다.

유용한 틀 중 하나는 이론이 커리어를 개념화하는 방법을 설명하
기 위해 사용하는 은유의 범위를 살펴본 Inkson(2004)이 고안한 것이
다. 다음은 Inkson의 분류를 따랐는데, 내가 최근의 커리어 이론과
개념을 포함하도록 예제를 업데이트했고 우연의 역할을 인정하는
이론적 흐름을 포함시키기 위하여 마지막 은유 하나를 추가하였다.

1. 유산 은유: 대물림되는 것으로서의 커리어

유산(legacy) 은유는 사회학적 사고에 근간을 두고 있는데, 우리의
커리어 경로(paths)는 (적어도 어느 정도는) 필연적이며 우리의 가족
과 양육, 유전, 지역적 위치, 인구학적 요소(성, 인종)의 결과물이라
는 관점이다. '기회 구조(opportunity structures)'에 대한 Ken Roberts
(2009)의 연구는 우리 주변에서 볼 수 있는 기회에 의해 우리의 열
망이 제한된다는 점을 강조하고, 공동체 상호작용에 관한 Bill Law
의 초기 이론은 우리가 성장한 공동체 속에서 직업 세계에 대한 이
해가 결정된다는 점을 탐구한다(Law, 1981). Gottfredson(2002)의 제
한-타협 이론처럼 자기결정론의 역할을 높이 평가하는 심리학적
이론조차도 우리의 타고난 커리어 유산을 인정한다. 최근의 한 연구

(Duffy et al., 2018)는 소명 또는 직업으로서의 일이라는 개념을 탐구하여, 일부 사람들이 특정 역할이나 산업에 대해 느끼는 외부적 끌림을 강조했다.

2. 의미창조 은유: 구성되는 것으로서의 커리어

의미창조(craft) 은유는 커리어 경로를 결정하는 데 개인이 할 수 있는 역할과 행위주체성(agency)을 강조하는 심리학적 이론들을 포함하고 있다. 이 은유는 커리어는 자기를 만들어 가는 것이라는 생각과 자기의식을 만들어 내는 데 도움을 주는 정체성의 일부가 커리어라는 생각을 포함한다. 의미창조의 개념은 기능성과 창의성의 개념을 결합한다. 이러한 구성 은유를 적용한 커리어 모델에는 Super (1996)의 생애주기 · 생애공간 모델, Savickas(2002)의 커리어 구성주의, Lent 등(2002)의 사회인지적 커리어 선택 이론과 같은 사회구성주의적 이론이 포함된다. Savickas 등(2009)은 최근 몇 년 동안 구성주의 개념을 더욱 발전시키고, 그들이 말하는 새로운 '패러다임', 또는 커리어를 이해하는 방법을 도입하고, 커리어 선택을 삶과 일의 경계가 모호해진 것을 반영하여 '라이프 디자인' 과정이라고 설명하는데, 이는 사람들은 자신과 자신의 미래를 결정할 때 좀 더 총체적인 관점에 바탕을 두려고 하기 때문이다.

3. 계절 은유: 사이클로서의 커리어

계절(seasons) 은유는 커리어 계획과 개발의 과정이 생애 단계별로 차별성을 갖는다고 가정한다. 여기에는 전통적인 Super(1957)

의 발달이론과 Levinson 등(1978)의 생애발달이론이 포함된다. Mainiero와 Sullivan(2005)의 만화경 모델 같은 최근의 이론은 젠더 (gender) 개념과 커리어의 특정 단계에서 남성과 여성을 이끄는 다양한 동기요인에 초점을 맞춘다. Boyatzis와 Kolb(2000)는 이 사이클을 서로 연결된 여러 사이클로 개념화하는데, 각 사이클은 이전 사이클을 기반으로 쌓여 가며 진행된다. 그러나 이들 이론은 너무 유연성이 없고 불필요한 선입견을 유발한다는 비판을 받고 있다(예: Paul & Townsend, 1993).

4. 연결 짓기 은유: '꼭 들어맞는 것'으로서의 커리어

연결 짓기(matching) 은유는 Holland가 커리어 흥미에 대한 RIASEC 검사를 제시한 이후, 지난 50여 년간 커리어 이론 패러다임 의 중심이었다(보다 최근의 이론은 Holland, 1997 참조). 이 은유는 사각 구멍에 사각 못을 대응시킨다는 생각으로 설명할 수 있다. 즉, 직업의 수요와 직무에 맞는 기술과 흥미를 가진 사람을 찾는 것이다. 또한 Dawis와 Loftquist(1984)의 직업적응이론과 Dawis(2002)의 개인–환경 적합성 개념 등이 발전해 나가고 있다. 이 이론은 직관적으로 매우 매력적이며 빠른 해결책을 제공하는 것처럼 보이기 때문에 커리어 서비스 예산 관리자들에게 인기가 있다. Holland의 이론과 같은 연결 짓기 이론은 사람들의 흥미, 기술, 가치를 적절한 직업과 연결하고 (이론적으로) 적합한 직업을 식별하는 수많은 컴퓨터 프로그램을 만들어 냈다. 3장에서 다루겠지만, 이 접근법은 어떤 개인적 특성과 직업적 특성을 측정해야 하는지 알기 어렵다는 점에서 중대한 문제가 있다. 게다가 이 이론은 급격하고 역동적으로 움직이는

근로환경에 적용하기에는 변화가 없는 이론이며 개인-환경 적합성
이 높다 해도 직무 만족의 겨우 5% 내외만을 설명하는 데 그치고 있
다(Spokane et al., 2000).

5. 경로 은유: 여정으로서의 커리어

경로(path) 은유는 아마도 커리어 은유 중 가장 일반적일 것이다.
이 은유는 시간상 이동과 공간상 이동을 같이 설명하고 있다. 다
양한 이론들이 다양한 방법으로 이 이동을 개념화하고 있다. '커리
어 사다리'의 전통적인 개념은 더 높은 직급으로 승진에 승진을 하
여 올라가고, 더 많은 책임과 함께 보수도 높아지는, 위로 가는 여정
(journey)을 의미한다. Driver(1984)는 커리어 여정을 선형 혹은 나선
형으로 설명하며, 무경계 커리어(Arthur & Rousseau, 1996; 보다 자세
한 사항은 뒤의 설명 참조)에는 더 이상 특정 경로만으로 제한하지 않
는 여정의 개념이 내포되어 있다고 설명한다.

이 은유는 다른 어떤 것보다 커리어에 대해 이야기할 때 슬금슬
금 상용화된 은유이다. 즉, 커리어 경로, 당신의 커리어 갈림길에 도
착하기, 한 발짝 후퇴하기, 직업상 막다른 길에 있는 당신을 발견하기
등의 개념을 생각해 보라.

6. 네트워크 은유: 만남과 관계로서의 커리어

커리어는 고립되어 추구되는 것이 아니다. 네트워크(network) 은
유는 정치 및 사회 제도에서 커리어를 탐구한다. 일자리를 찾고, 유
지하고, 사업을 일으키는 방법으로 네트워킹이 널리 보급되면서 관

계의 중요성이 강조되고 있으며, 상대적으로 최근의 관계적 의사결정이론(Amundson et al., 2010; Blustein, 2001)의 흐름은 커리어 선택시 다른 사람이 중추적이고 불가피한 역할을 하게 된다는 것을 인정하고 있다. 일과 가족 간 갈등에 대한 연구와 이론(예: Hakim, 2006)은 커리어 결정에서 가족의 중요성을 명시하고 있다.

7. 극장 은유: 배역으로서의 커리어

극장(theatre) 은유에서는 조직을 당신이 이야기의 흐름에 따라 새로운 배역을 소화해 내야 하는 무대로 보고 있다. 역할 모델(예: Gibson, 2004)은 특정 배역을 어떻게 수행해야 하는지를 보다 잘 이해하는 데 도움을 주며, 협상하고 재협상(예: Rousseau, 1995)하는 심리적 계약을 통해 역할의 본질이 명확해지고 진화할 수 있다. 역할 이론은 역할갈등과 역할일치성(role congruity)의 개념을 이해할 수 있게 하고(Eagly & Karau, 2002), Gioia와 Poole(1984)의 커리어 각본(career script)은 역할 이해의 발달과 심화라는 개념에 바탕을 두고 있다. 최근 문헌에서는 정체성에 초점을 맞추고 있으며, 우리 각자가 서로 다른 맥락에서 표면으로 드러나는 서로 다른 자신의 버전을 가지고 있음을 강조한다. 우리는 일하는 삶 전체의 모든 측면을 통합하는 커리어정체성, 직업 자체를 핵심으로 하는 직업정체성, 우리가 일하는 조직 측면에서 우리를 정의하는 조직정체성을 가지고 있을 것이다. 가능한 자기(possible selves)와 임시적 자기(provisional selves)에 대한 다른 연구(Ibarra, 2005; Strauss et al., 2012)는 우리가 미래의 다양한 역할에 대한 생각을 다루는 방법을 보여 주고, 자기들이 어떻게 느끼는지를 알기 위해 '시도해 보는' 방법(커리어 결정을 내

리는 한 방법으로)을 보여 준다. 정체성은 클라이언트와 논의하기에
매우 유용한 것일 수 있으며 다음 장에서 좀 더 자세히 살펴보겠다.

8. 경제 은유: 자원으로서의 커리어

원래는 고용주의 관점에서 개념화한 것으로서, 경제(economic) 은
유는 인적 자원이라는 용어로 보다 더 잘 알려져 있다. 커리어 개발
영역 내에서 이 개념은 '커리어 자본'(예: Inkson & Arthur, 2001)이라
는 개념에 요약되어 있으며, 이는 새로운 경험을 할 때마다 쌓이는
자원의 보고라는 관점에서 커리어를 바라본다. 지능형 커리어 모델
(Arthur et al., 1995)은 개인이 세 가지 종류의 지식 개발을 통해 커리
어 자본을 구축한다고 제안한다. 첫째는 왜 일을 하는가, 즉 명확한
정체성과 강력한 동기부여, 둘째는 어떻게 일하고 있는가, 즉 업무
를 잘 수행하기 위한 지식, 기술, 전문성의 구축, 셋째는 누구와 함께
일하고 있는가, 즉 다양한 방식으로 커리어 개발을 지원하는 데 도
움이 되는 강력한 인적 네트워크 보유이다.

9. 내러티브 은유: 이야기로서의 커리어

커리어 이야기의 가치는 다중 진실이라는 포스트모던 개념에 기
반을 두고 있는데, 그것은 누군가의 커리어 역사에 관한 결정적인
'진실'은 없다는 것이다. 한 개인의 커리어 역사는 다양한 관점에서
이야기될 수 있고, 동일한 사건이라도 누가 보느냐, 어떻게 받아들
이느냐에 따라 달라질 수 있다. 클라이언트와 함께 작업하고 자신
의 이야기를 하도록 하는 것은 클라이언트가 자신에게 의미 있는 것

에 집중하도록 돕고 자신의 역사를 생산적으로 성찰하도록 돕는 좋은 방법이 될 것이다(Rossier et al., 2020). 커리어 이야기는 사람들이 어떻게 경험하고 자신의 현실을 어떻게 가치 매김하는가를 보여 준다는 점에서 중요하다. 커리어에 관한 우리의 이야기는 부조화 일색이고, 이야기 중간에 변하기도 하지만, 이는 우리의 커리어와 그에 대한 반응의 복잡성을 설명하며, 이러한 이야기가 우리의 현재 상황에 대해 어떻게 많은 것을 드러낼 수 있는지에 대한 탐색이기도 하다. Savickas(1989)는 '커리어 스타일 인터뷰'를 발전시켰는데, 이는 클라이언트가 자신의 이야기를 탐색하고 자신의 경험에서 자신만의 의미를 찾을 수 있도록 커리어 실무자가 돕기 위해 사용하는 틀이다. 다른 연구자들도 이 은유를 사용하고 있는데, 예를 들면 Osland(1995)는 고대 신화(ancient mythology)와 커리어 '아키타이프(archetypes)'(영웅주의나 개별 여정과 같은)를 연결한다. Nicholson과 West(1988)는 심지어 커리어를 신화—"미래에 대해 긍정적으로 느끼도록 돕는 과거에 관한 소설"—라고까지 이야기한다(1988, p. 94).

10. 뜻밖의 행운의 은유:
일련의 우연한 사건으로서의 커리어

마지막 은유는 커리어 계획에서 운이나 기회의 역할에 초점을 맞춘 여러 이론을 포함시키기 위해 내가 Inkson의 목록에 추가했다. 운은 많은 커리어 경로에서 한몫을 담당하고 많은 이론이 우연한 사건을 핵심으로 한다. 가장 널리 알려진 이론 중 하나는 Mitchell 등의 계획된 우연 이론(1999)으로 사람들이 행운의 기회를 찾고 행운의 우연을 이용할 준비를 하도록 장려한다는 것이다. 두 가지 접근법은 카오스 이론을 커리어에 적용하는데, 둘 다 특정 사건의 예상치 못한 연쇄 효과에 초점을 맞추고 있으며(Bloch, 2005; Bright & Pryor, 2011), Gelatt와 Gelatt(2003)는 미래의 불확실성을 보다 긍정적인 시각으로 재구성하는 것을 목표로 하는 긍정적 불확실성(positive uncertainty)의 개념을 도입하여 사람들이 미래의 필연성을 받아들이고 더 창의적인 결정을 함으로써 미래를 그들에게 유리하게 만드는 방법을 찾도록 장려한다.

'커리어'의 구조는 확실히 복잡하며, 이렇게 다른 커리어 개념과 정의를 논의하는 데 어려움을 겪는 이유는 노동시장이 빠르게 변화하는 특성을 가지고 있기 때문이다. 현대의 일의 세계에서의 기회와 희망은 여러 면에서 우리의 부모나 조부모 시대와는 상당히 다르다. 이제 현재 노동시장의 변화를 이끄는 몇 가지 주요 동인을 탐구할 것이다.

🏢 노동시장의 변화

최근 들어 노동시장은 변화하고 있으며, 변화의 속도가 멈출 기미가 보이지 않는다. 향후 수십 년 동안 우리가 직면할 변화를 예측하는 것은 현명하지 못한 일이지만, 국제노동기구(International Labour Organisation: ILO)는 변화를 이해하는 데 유용한 다섯 가지 동인을 확인했다.

1. 세계화: 값싼 국제 항공편의 증가와 국제 전자 통신이 쉬워져서 많은 조직이 세계를 대상으로 거래하고 있으며, 해외로 진

출했다. 다양한 영역에서 광범위하게 여행하는 것이 일상화되었고, 다른 나라에서 커리어를 쌓는 것은 (예를 들어) 금융 또는 의류 생산 분야에서 드문 일이 아니다. 놀랍게도 세계화로 인해 익혀야 하는 언어가 늘어난 것은 아니었다. 즉, 영어는 비즈니스에서 만국공통어가 되었으며, 세계화의 진행이 안착될수록 다른 언어로 의사소통할 필요성이 줄어들고 있다.

2. 기술: 기술은 많은 업무 분야에 영향을 미쳤고 우리가 아직 상상조차 할 수 없는 방식으로 우리가 살고 일하는 방식에 계속해서 영향을 미칠 것이 확실해 보인다. 기술은 이미 우리 대부분의 일하는 방식을 변화시켰다. 어떤 사람들에게는 몰라볼 정도로 말이다. 기술의 발달은 일상적인 일(정확하고 신속하게 수행되어야 하는 인지적 과업으로 구성된 직업)의 상당 부분을 극적으로 감소시켰다. 이러한 경향은 패턴 디자이너나 타자수 등 반숙련직(semi-skilled level)에서 두드러진다. 그 결과 노동시장은 모래시계 모양으로 바뀌었다. 비숙련직(low-level job)과 숙련직(high-level job)의 일은 많아지는 반면, 중간 단계의 반숙련직의 기회는 줄었다. 이는 비숙련직에 종사하는 근로자들이 위로 올라갈 기회가 부족하기 때문에 직장 내 사회적 이동성에 연쇄적인 영향을 미치고 있으며, 잠재적인 숙련직 직원을 선발할 수 있는 반숙련직 직원 풀이 제한되어 있기 때문에 조직에 영향을 미치고 있다. 기술의 영향은 우리가 예상하는 대로 되는 것은 아니고 자동화와 인공지능으로 인해 광범위한 정리해고와 실업으로 이어질 것이라는 주장은 분명 과장된 것이다. 기술은 직업 세계의 지형을 변화시키고 필요한 기술과 역할의 종류에 영향을 미치지만, 전반적인 일자리 감소로 이어질

것이라는 증거는 제한적이다. 이를 뒷받침하는 한 가지 예는 프랑스에서 실시한 연구에서 나온 것인데, 인터넷이 노동시장에 미치는 전반적인 영향을 조사하여 인터넷이 50만 개의 일자리를 파괴했지만 120만 개의 새로운 일자리를 창출했다고 추정했다(Atkinson & Wu, 2017).

3. 인구통계학적 변화: 점점 더 많은 청년이 고용 시장에 진출하고 있다. 신규 진입자는 교육을 더 많이 받은 청년 비율이 증가함에 따라 높은 수준의 자격을 갖춘 경우가 많지만, 전체 일자리 수와 질이 항상 일치하는 것은 아니다. 청년들은 실직할 가능성이 있고 유급 근로자이더라도 불완전 고용되어 있고 자신보다 나이가 많은 상대방보다 열악한 환경에서 일할 가능성이 있다. 고령 근로자들이 현재의 직장에 더 오래 머물게 된다는 것이 문제이다. 사람들은 더 오래 살고 건강한 삶을 살고 있고, 영국의 법률은 사람들이 특정한 나이에 은퇴하도록 강요받지 않는다고 규정하고 있고, 연금 위기는 노인들이 원하더라도 은퇴할 수 있는 여유가 없고, 은퇴하는 고령 근로자 수가 줄어들면서 청년들이 노동시장에 참여할 수 있는 빈자리가 줄어든다. 노동시장에 영향을 미치는 또 다른 인구통계학적 요인은 이주다. 이주 결정은 경제적·정치적 요인을 포함한 추진 요인(출신국을 떠나는 이유)과 기회와 안전에 대한 기대를 포함한 견인 요인(다른 나라로 이주하는 이유)의 조합으로 복잡하다. 한 나라에서 다른 나라로 사람들이 이동하는 것은 양국의 근로자 및 기술 공급에 연쇄적인 영향을 미친다.

4. 업무 조직의 변화: 근로자와 고객의 기대치 변화는 조직이 구조와 시스템을 설계하는 방식에 영향을 미쳤다. 업무 조직의 변

화는 네 가지 주요 요인에 의해 주도되는 것으로 알려져 있다.

1) 조직이 더 유연해지고 고객 요구에 더 잘 대응할 수 있어야 하며 필요에 따라 정책을 변경하고 하나의 초점에서 다른 초점으로 이동해야 할 필요가 있다.

2) 위계적 직급체계가 개선되면서 근로자들이 자기주도적이고 자율적이 되어야 할 필요가 증가하고 있다.

3) 고객이 점점 더 까다로워지고 있어서 개별 고객의 요구 사항을 수용하기 위해 획일적인 모델에서 벗어나고 있다.

4) 지식 경제로의 전환은 지식의 흐름을 쉽게 하고 새로운 정보가 발생할 때 구조를 재구성할 수 있는 시스템을 갖추어야 함을 의미한다(Martin & Healy, 2009). 이러한 변화는 팀워크에 대한 강조, 지속적인 조직 개편과 구조조정 문화, 역할 간의 모호한 경계, 과업과 팀, 수평적 및 수직적 정보 공유 증가, 0시간 계약(zero hour contract)의 증가를 포함한 유연 근무로 이어졌다. 민첩한 인력의 중요성은 긱경제(gig economy)의 부상으로 잘 드러난다. 이 용어는 구체적이고 제한적인 업무를 위해 직원을 고용하는 추세가 증가하고 있음을 나타낸다. 계약자, 프리랜서 및 Airbnb, Deliveroo, Uber와 같은 플랫폼 기반 조직에서 일하는 사람들을 포함한다. 어떤 긱근로자들은 역할의 유연성과 상대적 자율성을 즐기면서 이런 종류의 일을 의도적으로 선택하는 결정을 하지만, 다른 이들은 필요에 의해 이런 식으로 일하게 되고 안정성이 없고 위험하며, 병가, 연금, 출산 휴가와 같이 전통적으로 고용주가 제공하는 복지 혜택이 없어 고통받을 수 있다.

5. 저탄소 경제로의 전환: 이러한 전환의 전체적인 영향력은 몇 년 동안 체감되지 않겠지만 재생 에너지, 운송, 빌딩, 폐기물 관리 등의 특정 부문에 상당한 영향을 미칠 것이다. 이러한 변화는 기존의 전문 기술자는 남아돌고 새로운 전문 기술자는 아직 널리 양성되지 않은 기술 불일치의 문제를 야기할 수 있다. ILO는 이러한 변화를 수치화하여 2030년까지 전 세계적으로 녹색 경제로의 전환이 7,100만 개의 일자리를 파괴하고 7,800만 개의 새로운 일자리를 창출함으로써 700만 개의 일자리 순증가로 이어질 것이라고 예측했으며, 새로운 일자리의 대부분이 고도로 숙련된 직업일 것이라고 언급했다. ILO는 사람들이 적합한 교육을 받아야만 이러한 변화가 성공적으로 일어날 수 있다고 강조하고 이와 관련하여 속도를 내며 전진할 필요가 있다고 경고한다.

현대의 이슈

현대의 직업 세계는 종종 VUCA라고 묘사된다. 즉, 변덕스럽고(volatile), 불확실하고(uncertain), 복잡하고(complex), 모호하다(ambiguous). 이 용어는 원래 냉전 이후의 세계를 설명하기 위해 미국 육군에서 만들어졌지만, 이 어려운 상황을 설명하고 조직이 미래를 더 효과적으로 계획할 수 있도록 돕기 위해 비즈니스 환경에서도 사용되고 있다. 이 네 가지 개념은 현재 노동시장에서 확실히 느껴지고, 미래의 커리어 경로를 계획하기에 어려운 상황을 만든다. 하지만 너무 어렵게 만들지 않도록 주의해야 한다. 경제는 확실히 불안정하고, 불확실하고, 복잡하고, 모호하지만, 과거의 다른 때보다 지금이 더 그러한지는 논란의 여지가 있다. 수세기에 걸쳐 세계는 전쟁, 질병, 제국의 흥망성쇠, 산업의 생성과 파괴, 그리고 정치, 산업, 경제적 혁명으로 인해 어려움을 겪었고, 이 모든 것이 엄청난 변화와 혼란을 가져왔다. VUCA의 특성이 항상 노동시장을 정의해 왔음을 시사한다.

의문을 제기해야 할 또 다른 가설은 평생직업은 과거의 것이라고 널리 알려진 개념이다. 흔히 오해하는 것이, 수십 년 전에는 학교를 졸업하고 바로 조직에 입사하여 바닥부터 시작하여 그들이 올라갈 수 있는 데까지 올라가고 그들이 원하는 만큼 일하는 것을 보장받았다고 생각하는 것이다. 이런 생각이 대부분의 사람들에게 일반적인 규준(norm)이었고 직업을 변경하는 것은 드문 일이라고 생각했다. 오늘날 직업은 훨씬 더 유동적이어서, 직업을 자주 바꾸는 것을 이전보다 더 일반적이고 바람직한 것이라고 간주한다. 이 아이디어는 Arthur와 Rousseau의 '무경계 커리어' 모델(1996)에서 더 자세히 탐구되었으며 이 장의 뒷부분에서 살펴볼 것이다.

사실 지난 50년 동안 노동시장 내의 이직률은―이에 대한 태도 또한―크게 변하지 않았다. 그 증거는 대체로 지난 50년 동안 고용 안정성이 상당히 높았고, 그 수치는 (비록 지난 세대에 걸쳐 변화가 있었지만) "극적인 노동시장, 기술, 경쟁의 변화가 '평생직업'의 종말을 의미한다는 견해를 뒷받침하지 않는다."는 것을 시사한다(Burgess & Rees, 1996, p. 334). 심지어 최근 수치는 근속 기간(즉, 사람들이 특정 직업에 종사한 평균 연수)이 지난 20년 동안 약간 증가했다(OECD, 2020). 정리해고 숫자는 매년 변화가 있었지만 이는 경제 사이클을 따랐다. 사람들은 경제가 불확실한 시기에는 직업에 매달릴 가능성이 높기 때문에 경제 성장이 둔화될수록 근속 기간이 증가하는 경향이 있지만, 경제가 회복되고 근로자가 이용 가능한 기회에 대해 자신감을 갖게 되면 일자리를 더 자주 옮기는 경향이 있다(Burgess & Rees, 1996).

문헌과 정책 모두에서 더 많이 발견되는 용어 중 하나는 괜찮은 일자리(decent work)이다. 괜찮은 일자리는 일의 질과 관련이 있으며 어느 사회에서든 어느 누구도 그 이하로 떨어지지 않아야 하는 최소한의 수용 가능한 기준을 말한다. Duffy 등의 일의 심리학이론(Duffy et al., 2016)의 핵심은 일이 인간의 필요를 채워 주는 것에 초점을 맞추고, 사람들이 경제적 안정, 사회적 연결 및 자신의 삶에 대한 통제감을 주기 위해 일하도록 동기부여 한다고 제안한다. 정책적 측면에서 ILO는 괜찮은 일자리를 기본적인 인권으로 설명하고, 이를 공정한 세계화와 빈곤 감소에 대한 약속의 핵심으로 설정하였다. 괜찮은 일자리는 다음 다섯 가지의 요소를 가진다(Duffy et al., 2016).

1. 육체적으로나 대인관계에서나 안전한 작업 조건(즉, 신체적 · 정신적 또는 감정적 학대 없음)
2. 자유시간과 충분한 휴식을 취할 수 있는 시간
3. 가족 및 사회적 가치를 보완하는 조직적 가치
4. 적정 임금
5. 적절한 의료 서비스 이용

이 다섯 가지 요소의 존재는 더 높은 수준의 정신 건강, 삶의 행복(well-being) 및 직무 만족과 관련이 있는 것으로 밝혀졌다(Duffy et al., 2016, 2019). 안타깝게도 괜찮은 일자리에 대한 관심 증가는 점점 더 불평등해지는 사회, 자동화, 0시간 계약과 긱경제와 같은 불안정

한 노동(precarious labor)의 증가로 인해 괜찮은 일자리에 있다고 주
장할 수 있는 사람들의 수가 감소하면서 촉발되었다.

　노동시장의 변화에 대한 마지막 측면은 Covid-19 대유행이 여러
가지로 우리 모두에게 막대한 영향을 미쳤다는 것이다. 책을 쓸 당
시에 팬데믹의 장기적인 영향은 이제 막 표면화되고 있었기 때문에
여기서 공유하는 아이디어는 다소 추측에 불과하지만 글로벌 경제
여파를 넘어 우리가 일하는 방식에 몇 가지 흥미로운 의미가 있다.
팬데믹은 전 세계 경제에 전반적으로 충격을 주어 실업과 장기적인
소득 손실을 초래했지만 장기적인 영향은 부문마다 다를 것이다. 팬
데믹은 부문별로 다른 영향을 미칠 것이다. 일부 부문은 축소되고
다른 부문은 성장하여 기술 수요와 공급의 불일치가 발생할 것이다.
손실의 영향은 노동시장 신규 진입자, 저임금 여성, 소수민족 출신,
장애우가 가장 큰 타격을 입는 등 이미 취약한 근로자에게 더 크게
느껴질 수 있다(Ramsden, 2021). 재택근무를 해 온 사람들은 결국 사
무실로 돌아가겠지만, 직장은 장기적으로 더 유연하게 유지될 가능
성이 높으며 재택근무는 직장 생활에서 흔한 방식이 될 것으로 보인
다. 일부 회사들은 더 작거나 더 유연한 공간을 사용하도록 전환할
것이고 이로 인해 도심이 덜 붐비게 됨에 따라 업무 공간에 영향을
미칠 것이다. 기술이 얼마나 쉽게 우리를 하나로 만들 수 있는지 깨
달았기 때문에 출장도 크게 줄어들 것이다(McKinsey Global Institute,
2021). 재택근무의 확산은 직원의 신체적 · 정신적 건강에 영향을 미
칠 수 있다. 즉, 건강과 안전 요구가 집에서 항상 잘 충족되지 않을
수 있다. 왜냐하면 직원들은 조명이 밝은 공간과 조절 가능한 사무
실 의자를 누릴 수 없고, 직장이라는 경계를 설정하기가 더 어렵기
때문에 재택근무자는 회복 시간을 확보하는 데 어려움을 겪을 수도

있으며, 이는 높은 수준의 스트레스와 소진(burnout)으로 이어질 수 있다. 재택근무가 너무 많으면 직원들이 사무실에서 이용할 수 있는 비공식적인 학습 기회를 놓치기 때문에 근로자들의 기술에도 영향을 미칠 수 있으며, 직장에서 우정을 쌓을 수 있는 기회와 직장에서 즐거운 하루를 보낼 수 있는 동지애를 놓쳐 직무 만족도가 떨어질 수 있다.

● 현대의 커리어 경로

나는 이제 전체 커리어의 전 생애, 진화, 궤적에 특별히 초점을 맞춘 네 가지 이론을 강조하고자 한다. 이는 무경계 커리어(Arthur & Rousseau, 1996), 프로틴 커리어(Hall, 1996), 만화경 모델(Mainiero & Sullivan, 2005), 생애주기 · 생애공간 모델(Super, 1996)이다.

무경계 커리어

무경계 커리어(Arthur & Rousseau, 1996)는 우리의 집단적 상상력을 사로잡았고, 대중, 미디어, 학계에서 통용되고 있다는 것은 논란의 여지가 없다. 처음 제안된 지 20년이 지났지만, 이 이론은 보다 유동적이고 보다 유연한 커리어 경로에 관심을 두면서 전통적 · 조직적 의미의 커리어의 종말에 대해 이야기했다. 심리적 계약은 변화되었고, 조직은 더 이상 평생에 걸친 헌신을 대가로 한 꾸준한 승진과 고용 안정을 보장하지 못했다. '경계(boundaries)'는 일반적으로 조직의 경계로 해석된다. 전통적인 시각에서 커리어는 개개인이 한 조직 안에서 커리어 사다리를 통해 승진하는 것이었다. 그러나 오늘날 개인은 옆으로, 위로, 대각선으로 혹은 완전히 다른 영역으로 움직일 수 있다. Arthur와 Rousseau가 제안하는 가변적인 다른 경계는 지리적(출근하기 위해 대단히 먼 거리를 통근하고, 커리어를 쌓으려고 특정 지역이나 국가에서 다른 지역과 국가로 이동함)이고 직업적인(여러 직장 생활을 통해 자신의 커리어에 변화를 줌) 경계이다. 또한 Arthur와 Rousseau는 '무경계 마인드셋(boundaryless mindset)', 즉 사람들이 변화에 열려 있고 어떤 식으로든 제약이 있다고 느끼지 않는 마음 상태의 개념을 통합한다.

비평가들(예: Rodrigues & Guest, 2010)은 개념적 수준과 실증적 수준 모두에서 무경계 커리어 모델을 비판한다. 첫째, 비록 무경계 커리어라는 은유는 이해하기 쉽지만 너무 단순화한 측면이 있으며, 그것이 커리어 개발과 커리어 이동에 대한 복잡성을 제대로 대변하지 못하고 있다고 주장한다. 지난 30여 년의 증거들을 볼 때, 행동양식에는 그다지 큰 변화가 없다는 것이다. 커리어는 1980년대 중반에 조직이라는 경계에서 무경계로 변화된 것으로 생각되지만, 앞에서 언급한 것처럼 1970년대 이후 미국, 영국, 유럽 전역의 고용 데이터를 보면 재직 기간이 더 짧고 이직이 더 빈번한 쪽으로 약간 변화가 있을 뿐이며 이 중 상당 부분은 경제주기에 의해 설명이 가능하다.

둘째, 커리어 주체(즉, 누가 실제로 결정하는지)를 둘러싼 비판이다. 이 이론에서는 전통적 개념의 커리어는 조직에 의해 통제되는 반면, 새로운 형태의 무경계 커리어는 개인에 의해 통제된다고 주장한다. 사실 그 증거는 현대의 커리어가 조직의 경계를 뛰어넘는 변화를 포함할지라도 이런 움직임의 원동력이 개인이 아닌 조직에서 비롯되는 경우가 많은 것으로 보인다. 그러므로 한 회사에서 다른 회사로 이동하는 것은 정리해고나 성장 기회의 부족에서 기인한 것으로 비즈니스 변화의 결과이지, 개인이 주도권을 장악하기 위해 한 적극적인 결정에 따른 것이 아니라는 것이다(Swinnerton & Wial, 1995). Wittekind 등(2010)은 한 조사에서 직원의 66%가 한 고용주 아래에서 안정적이고 확실한 커리어를 희망하는 반면, 15%만이 적극적으로 무경계 커리어를 희망한다고 하였다.

이러한 자발적 무경계와 비자발적 무경계의 차이는 커리어 경로 결과에 중요한 영향을 미친다. Guan 등(2019)은 무경계 커리어와 커리어 성공의 연관성을 다양한 측면에서 연구한 문헌을 검토했다. 그들은 무경계 커리어는 더 높은 수준의 급여, 더 많은 승진, 더 높은 수준의 직무 만족을 가져올 수 있지만, 개인이 자발적으로 한 위치에서 다른 위치로 이동하는 경우에만 가능하다는 것을 발견했다. 더 부정적인 어조로, 그들은 무경계 커리어는 특히 무경계 경로(path)가 개인에게 강요되는 경우 일과 생활의 균형이 악화되고 스트레스가 높아질 수 있다는 것을 알아냈다.

사례 연구

수잔은 일평생 예술사 분야에 열정적이었고, 대학을 졸업하고 런던에 있는 빅토리아 앤드 앨버트 박물관에서 장식예술 분야의 일을 잡았을 때 매우 기뻤다. 그녀는 박물관에서 주요 전시의 공동책임자로 여러 업무를 담당했고, 그녀의 커리어를 발전시킬 수 있는 다양한 기술도 익히고 네트워크도 넓혔다. 그러나 이후 남편이 요크로 직장을 옮기고 아이들을 출산하면서 많은 변화가 있었다. 우선, 박물관에서의 종신계약을 종료해야 했고, 대신 런던까지 통근하며 임시 프로젝트만을 맡는 비정기적 일을 했다. (박물관 일과 별개로) 그녀는 잡지에 사설을 쓰고, 다른 영역의 강의를 하는 등 프리랜서로서의 업무도 병행하였다. 또한 다양한 BBC4의 다큐멘터리와 〈여성의 시간(Women's Hour)〉이라는 프로그램에도 출연하게 되었다. 그러나 일은 곧 줄어들었고 그녀는 새로운 각도로 시도하게 되었다. 그녀는 남편의 출판사에 책 출판 아이디어를 제안하였고, 출판사는 수잔에게 Effie Gray(라파엘 전파 운동의 주요 인물)의 새로운 자서전에 대해 선금을 주기로 동의하였다. 그녀는 같은 주제로 영화가 제작되고 있다고 들었고, 영화 제작자와의 연결고리를 찾아 영화 제작에 참여하기 위해 다양한 시도를 하게 되었다. 결국 그 영화의 제작에는 참여하지 못했지만, 새로이 알게 된 지인들을 통해 Charles Dickens의 삶을 영화화하는 데 역사 자문가로 참여하게 된다. 빅토리아 시대의 예술사라는 주제로 수잔은 커리어 역사를 넘나들며 상근직 혹은 단기근무를 통해 프로젝트에 참여하게 되었고, 전시 전문가, 기고가, 강사 및 조언가의 역할을 병행하였다. 그녀의 흥미롭고 다양한 커리어는 전문가로서의 충분한 자질과 그녀가 좋아하는 영역에 대한 애정뿐 아니라, 상황, 인맥, 결정, 적극적인 접근의 결과이다.

프로틴 커리어

Hall(1996)은 무경계 커리어 내의 행위주체성을 강조하면서 커리어에 대한 능동적이고 가치중심적 접근법인 프로틴 커리어(protean career) 모델을 발전시켰다. 그리스 신화에 등장하는 자유자재로 변화하는 바다의 신 프로테우스(Proteus)의 이름을 본따 명명한 이 모델은 오늘날 급변하는 근무환경에서 일하는 사람들은 직장의 요구에 대응하고 고용주의 요구에 적응할 수 있어야 한다고 제안한다.

Hall은 이 모델을 따르지 않는 커리어는 다른 이들의 선택과 가치에 근거하여 의존적일 수밖에 없으며, 성취감을 갖기 힘들다고 주장한다. 자기주도적인 근로자들은 적극적으로 네트워킹하며, 전문적으로 돕기 위해 형식적 혹은 비형식적 접촉망을 구축하고, 새로운 기술을 배울 수 있는 기회를 찾아 자신의 전문성을 개발한다.

그러나 비평가들은 이 접근법이 자신이 커리어 결정을 할 수 있는 능력이 있는 일부 호화로운 사람에게나 적합하며 한마디로 일반인에게는 상상 속에서나 가능한 것이라고 비판한다. Kidd(2008, p. 5)가 주장하듯 "과연 교육적·사회적으로 혜택받지 못한 사람들이 얼마나 개인적 기술을 성취할 수 있으며, 그들 스스로의 커리어를 얼마나 자율적으로 관리할 수 있겠는가?"

🔳 사례 연구

제이콥은 10대에 국제 앰네스티에 가입하고 학창 시절에 열심히 활동했기 때문에 졸업 후 앰네스티에서 근무하는 것을 자연스러운 선택으로 느꼈다. 그는 아프리카 분야의 연구원으로 일을 시작했다. 그 후 그는 한동안 자선 단체에서 일하면서 제3세계 부채에 반대하는 캠페인을 벌인 후, 정치적 관점에서 아프리카 개발에 초점을 맞춘 사회주의적이고 협력적인 구조를 가진 소규모 비정부조직(Non-Governmental Organisation: NGO)인 세계개발운동(World Development Movement)으로 이동했다. 얼마 후 제이콥은 NGO에서 근무하는 시간을 줄이기로 결심했고, 프리랜서로 가르치는 일을 하면서 네트워크를 구축했고, 캠페인을 운영하고, 다양한 자선 단체와 정부 기관에서 컨설턴트로 일하면서 수입을 보충했다. 그 기간에 유기농 재배와 지역사회 협력을 위한

자원봉사에 대한 관심을 키웠으며, 시간제 일자리가 나오자 구호 영역
에서 떠나 그 일을 하게 된다. 제이콥은 현재 그들이 운영하는 카페에
서 회계 일, 야채 상자 정리를 하면서 지역 단체들에게 영속농업을 가
르치고 있다.

　제이콥이 수행했던 역할의 내용과 그가 일했던 조직의 문화와 구조
모든 측면에서 내렸던 커리어 결정 하나하나에 제이콥의 가치가 영향
을 미쳤다는 것을 명확하게 알 수 있다. 제이콥의 사례에서 프로틴 커
리어의 또 다른 주요 요소가 자기조절임을 명확히 보여 준다. 그는 자
신에게 맞다고 판단되는 순간, 한 곳에서 다른 곳으로 이동하는 결정을
스스로 했으며, 이를 단단하게 유지했다.

만화경 커리어 모델

　커리어 연구의 본질에 대해 지나치게 남성 중심적이라는 비판이
있었다. 즉, 남성 참가자를 사용하여 남성의 커리어 경로를 설명하
기 위해 남성이 개발한 이론이다. 이와 반대로, 세 번째 모델은 여성
의 커리어 경로에 대한 연구에서 출발한다. 지난 세기 동안 노동력
에 있어 여성의 역할은 급격히 변해 왔다. 보다 많은 여성이 일을 하
고, 많은 여성이 높은 직위에 오르면서 기간제 일과 유연한 근로 조
건에 대한 엄마들의 수요를 받아들여 왔다.

　Maniero와 Sullivan(2005)은 남성과 여성의 커리어 경로 결정의
차별성을 설명하기 위해 만화경 커리어(kaleidoscope career) 모델을
발전시켰다. 그들은 여성의 커리어를 기본적으로 관계중심으로 설
명하고 있으며, 그들의 연구에서 여성은 가족에게 미치는 영향을 평

가하여 커리어를 결정한다고 제안하고 있다. 커리어와 맥락은 불가분의 관계로 연관되어 있다. 만화경 모델은 커리어 결정에 있어 세 가지 주요 동기유발 요인을 제안한다.

1. 진정성: 모든 것의 중심에 여전히 내가 있을 수 있는가?
2. 균형: 만약 내가 이러한 커리어 결정을 하게 되면, 나는 나의 삶의 다른 부분들과 일관성을 유지할 수 있겠는가?
3. 도전: 만약 내가 이 커리어를 선택하게 되면, 나는 충분히 변화될 수 있을까?

대부분의 커리어 결정 과정에는 이러한 요소들 간의 상호작용을 포함하지만 균형은 시간이 지나면 변할 것이다. 하지만 Maniero와 Sullivan은 지배적인 영향력이 남성과 여성에 있어 다르다는 점을 발견했다. 그들의 연구는 남녀 모두 초기의 커리어 선택은 도전에 대한 욕구에 의해 지배된다는 것을 시사한다. 그것은 다양한 방식으로 나타날 수 있지만, 명성을 바라고, 높은 급여와 지위, 전문직으로 발전할 기회나 자질을 얻을 기회를 포함한다. 커리어 중기에는 여성의 경우 이러한 결정요인들의 중요도가 다소 감소한다. 여성은 육아나 부모 부양 혹은 여가생활이나 자원봉사에 시간을 할애하는 등 삶의 다른 영역에서 성취할 수 있는 역할과 기회에 더 끌리는 경향이 있다. 비평가들은 자녀가 있는 여성의 경우 커리어 중기에 압박을 많이 받고 일과 생활의 균형(work-life balance)에 집중하는 데 더 동기부여가 잘되는 경향이 있다고 지적하지만, 저자들은 자신들의 연구 모델은 개인 및 가족 상황에 관계없이 여성에게 적용된다고 주장한다. 커리어 중기에 있는 남성들은 급여나 직급 등 외생적 보

표 2-1 만화경 커리어 모델

	여성	남성
커리어 초기	도전	도전
커리어 중기	균형	진정성
커리어 말기	진정성	균형

상에 의해 동기부여 받는 경우가 많지만, 전문직 정체성(professional identity), 즉 자신은 누구이고, 그것이 근무환경에서 어떠한 의미가 있는지를 발견하기를 개발하고 결정하는 데 더 집중하는 경향이 있다. 커리어 후반기에는 아마도 가족을 부양하는 임무가 대부분 사라질 것이다. 여성의 경우는 그들의 전문직 정체성을 찾기 시작하는 시기로 직업적 자기와 개인적 자기를 보다 밀접하게 일치시키는 선택을 할 가능성이 더 높다. 남성에게는 이 기간이 아마도 은퇴와 새로운 삶의 장을 위한 준비를 하며 일과 생활의 균형에 초점을 맞추는 것으로 특징지을 수 있다.

이 모델은 단순하고 과하게 일반화되었다고 비판받기는 하나, 이러한 패턴의 존재를 뒷받침하는 몇 가지 강력한 증거가 있으며 (Mainiero & Gibson, 2018), 현대의 노동시장에서 많은 여성들의 공감을 얻고 있다.

◆▶ 사례 연구

피오나는 수학 전공으로 대학을 졸업했고, 다른 동기들처럼 회계 법인이 지원하는 대학원 교육 프로그램에 지원했다. 교육은 대단히 힘들었지만 급여 수준이 좋았고, 그녀 또한 큰 팀의 일원이라는 점에서 만

족했다. 아이가 태어나고 몇 해는 더 일했지만, 아이들이 취학하면서
는 계속 회사에 근무하기 힘들다는 것을 알았다. 그녀는 괜찮은 시간제
일을 찾기가 어려웠고, 직장이 집 앞에 있지 않으면 방과 후 활동을 마
친 아이들을 데리고 올 수 없었다. 그녀는 수학과 교사로 재교육을 받
을 것을 결정한다. 그녀는 지역 학교에서 시간제 교사로 자리를 잡았
고, 아이를 학교에서 데려오고 휴일에 돌보는 아주 작은 남편의 도움
과 자녀양육 프로그램 덕에 이후 10년 동안을 근무했다. 이 기간에 그
녀는 점차 정규직의 역할까지도 했으나, 자녀가 대입을 준비하게 되면
서 또 다른 변화가 필요하다고 느꼈다. 그녀는 교사로서 가르치는 일과
역할을 대단히 잘했고 즐겁게 수행했지만, 학교에서의 관료주의와 행
정, 끝없는 평가는 그녀의 열정에 큰 타격을 입혔다. 그녀가 가장 기쁘
게 생각하는 일은 학부모들과 함께 학생들의 장래계획을 세울 수 있도
록 도움을 주는 것이었다. 피오나는 교사로 일하면서 코칭 과정을 이
수했고, 지금은 그녀가 가지고 있는 다양한 학교 내 인맥과 지자체들의
소개를 통해서 학부모 코치로 활동하기로 결정했다. 일은 안정되어서,
그녀는 부모 코칭 분야에서 좋은 명성을 쌓을 수 있었고, 몇몇 개인 고
객 및 지자체와 정기 계약을 체결했다.

　피오나는 세 가지 커리어에 대해 모두 긍정적이지만, 각각의 커리어
는 전혀 새로운 가치에 의해 동기가 유발되었다. 초기에는 회계사의 명
망, 급여, 지적인 도전을 즐겼으며, 그것과 관련된 사회활동에 만족했
다. 아이들이 태어나면서, 그녀는 '엄마'로서의 역할을 충분히 수행할 수
있는 다른 무엇이 필요했으며, 최종적으로 부모로서의 책임을 마치고
그녀만의 신분과 정체성을 확보할 필요가 있었다. 그녀는 순전히 그녀
에게 가장 의미 있는 일을 선택하는 데 전혀 거리낌이 없다고 느꼈다.

생애주기 · 생애공간

커리어 연구에서 가장 영향력 있는 사상가는 Donald Super이다. 일하는 삶의 전반에 걸쳐 직업 발달의 다양한 단계를 탐구한 그의 발달 모델은 20세기 후반 여러 커리어 전문가에게 매우 유명하였다. 그의 후기 연구에서는 초기 모델이 너무 융통성이 없다는 비판에 대응하기 위해서 '생애주기 · 생애공간(life-span, life-space)' 모델(1996)을 발전시켰다. 이 모델은 개인요인, 환경, 우리에게 주어지는 경험과 기회의 영향을 인정하는 광범위한 모델이다. Super의 주요 발상 중 하나는 자기개념에 관한 것이다. 자기개념은 스스로를 어떻게 바라보는가에 관한 것이다. 자기개념은 '정체성' 개념과 연결되어 있는데, 이는 3장에서 살펴볼 것이다. 그것은 당신의 자기와 환경 그리고 이들 간 상호작용의 산물이다. Super의 모델은 일이 자기개념을 구현할 수 있게 해 줄 때, 즉 자신이 자기라고 생각하는 사람이 될 때 일하는 삶이 가장 충족된다고 주장한다. 자기개념은 전 생애에 걸쳐 발달하는데, Super는 직업에서 연속적인 발달단계를 규정하고 있다. 즉, 유년기와 청년기에는 성장하고 탐구하고, 커리어 중기에는 구축하고 유지하지만, 은퇴 즈음에는 감퇴한다는 것이다. 이 단계의 순서는 비교적 안정적이지만, 각 단계의 지속 기간과 구체적 시기는 상당히 탄력적이다. 또한 이 모델에서는 우리가 전직을 경험하거나 커리어상 불안정할 때마다 각 단계에서 소순환을 경험하게 된다고 본다.

코칭 실무에 이론 적용하기

클라이언트들은 가끔 자신도 이해할 수 없는 말도 안 되는 표면적인 자신의 커리어 역사를 제시한다. 일관성이 결여된 묘사는 자신의 결정을 이해하려 할수록 클라이언트에게는 고통스럽다. 실무자로서 당신은 이론이나 은유를 공유할 수 있고, 클라이언트 자신의 이야기를 보다 잘 이해할 수 있는 인식의 틀을 제공할 수 있다. 이는 클라이언트의 선택을 효과적으로 입증하는 강력한 방식이 될 수 있다. 앞서 제시한 사례에서 제이콥은 아프리카 정치학을 공부하다 유기농 농업 분야로 커리어를 바꾸었다. 프로틴 커리어 모델을 이용하면, 이는 전혀 상관없는 이동이 아닌 가치 창출적인 선택이라는 것을 이해할 수 있다. 피오나 같은 클라이언트의 경우, 아이 양육 때문에 갖게 된 시간제 일이 낮은 직급으로 하락했다는 느낌을 줄 수 있다. 하지만 이는 잘 다져진 '만화경' 경로를 통해 많은 여성이 자신의 선택에 만족한다는 것을 이해할 수 있다. 이론들은 클라이언트를 격려해서 그들의 선택이 비이성적 판단이라기보다는 도약과 발전으로 인식되도록 할 수 있다.

이론과 은유의 틀은 클라이언트와 직접 공유하지 않더라도 당신과 클라이언트 사이의 상호작용을 도울 수 있다. 그것들은 클라이언트가 어떤 종류의 언어와 아이디어에 잘 반응하는지에 대한 단서를 줄 수 있고, 클라이언트의 공감을 끌어내는 데도 도움이 될 것이다.

계속 새로운 커리어 이론이 만들어지고 출판되고 있다. 모든 새로운 각도에서, 노동시장의 모든 변화와 새로운 학문적 패러다임은 옛것에 기반을 둔 이론에서 새로운 사고방식에 순응하는 방식으로 새로운 이론을 생산하고 있다. 이런 이론들을 지속적으로 습득하고 그것을 어떻게 적용해야 하는지를 아는 것은 벅찬 일이지만, 이러한 은유의 틀을 인지하고 있다면 당신은 적절한 언어와 반응을 선택하여 클라이언트와 소통하게 될 것이다. 결과적으로, 당신은 클라이언트

의 이야기를 가장 잘 설명할 수 있고, 그들의 선택을 잘 이해하도록
도울 수 있는 당신만의 다양한 생각, 개념, 관점을 발전시켜야 한다.

참고문헌

Amundson, N. E., Borgen, W. A., Iaquinta, M., Butterfield, L. D., &
Koert, E. (2010). Career decisions from the decider's perspective.
The Career Development Quarterly, 58(4), 336-351.

Arthur, M. B., Claman, P. H., & DeFillippi, R. J. (1995). Intelligent
enterprise, intelligent careers. *Academy of Management Perspectives,
9*(4), 7-20.

Arthur, M. B., Hall, D. T., & Lawrence, B. S. (1989). Generating new
directions in career theory: The case for a transdisciplinary approach.
In M. B. Arthur, D. T. Hall, & B. S. Lawrence (eds.), *Handbook of
Career Theory.* Cambridge: Cambridge University Press.

Arthur, M. B., & Rousseau, D. M. (eds.) (1996). *The Boundaryless
Career: A New Employment Principle for a New Organizational Era.*
Oxford: Oxford University Press.

Atkinson, R., & Wu, J. J. (2017). *The 2017 State New Economy Index:
Benchmarking Economic Transformation in the States.* Washington,
DC: The Information Technology and Innovation Foundation.
https://files.eric.ed.gov/fulltext/ED515552.pdf

Bloch, D. P. (2005). Complexity, chaos, and nonlinear dynamics: A new
perspective on career development theory. *Career Development
Quarterly, 53,* 194-207.

Blustein, D. L. (2001). The interface of work and relationships: Critical
knowledge for 21st century psychology. *The Counseling Psychologist,
29,* 179-192.

Boyatzis, R. E., & Kolb, D. A. (2000). Performance, learning, and development as modes of growth and adaptation throughout our lives and careers. In M. Peiperl, M. Arthur, R. Goffee, & T. Morris (eds.), *Career Frontiers: New Conceptions of Working Lives.* Oxford: Oxford University Press.

Bright, J. E., & Pryor, R. G. (2011). The chaos theory of careers. *Journal of Employment Counseling, 48*(4), 163-166.

Burgess, S., & Rees, H. (1996). Job Tenure in Britain 1975-1992. *The Economic Journal, 106*, 334-344.

Dawis, R. V., & Loftquist, L. H. (1984). *A Psychological Theory of Work Adjustment.* Minneapolis: University of Minnesota Press.

Dawis, R. V. (2002). Person-environment-correspondence theory. In D. Brown (ed.), *Career Choice and Development.* San Francisco: Jossey-Bass, pp 427-464.

Driver, M. J. (1984). Career concepts-a new approach to career research. In R. Katz (ed.), *Career Issues in Human Resource Management.* Englewood Cliffs, NJ: Prentice Hall.

Duffy, R. D., Blustein, D. L., Diemer, M. A., & Autin, K. L. (2016). The psychology of working theory. *Journal of Counseling Psychology, 63*(2), 127-148. https://doi.org/10.1037/cou0000140.

Duffy, R. D., Dik, B. J., Douglass, R. P., England, J. W., & Velez, B. L. (2018). Work as a calling: A theoretical model. *Journal of Counseling Psychology, 65*(4), 423-439.

Duffy, R. D., Kim, H. J., Gensmer, N. P., Raque-Bogdan, T. L., Douglass, R. P., England, J. W., & Buyukgoze-Kavas, A. (2019). Linking decent work with physical and mental health: A psychology of working perspective. *Journal of Vocational Behavior, 112*, 384-395.

Eagly, A. H., & Karau, S. J. (2002). Role congruity theory of prejudice toward female leaders. *Psychological Review, 109*(3), 573-598.

Gelatt, H. B., & Gelatt, C. (2003). The power of positive uncertainty: Making creative career decisions. In G. R. Walz & R. L. Knowdell (eds.), *Global Realities: Celebrating Our Differences, Honoring Our Connections* (Office of Educational Research and Improvement Opinion Papers 120). Washington, DC: U.S. Department of Education.

Gibson, D. E. (2004). Role models in career development: New directions for theory and research. *Journal of Vocational Behavior, 65,* 134-156.

Gioia, D. A., & Poole, P. P. (1984). Scripts in organizational behavior. *Academy of Management Review, 6*(3), 449-459.

Gottfredson, L. S. (2002). Gottfredson's theory of circumscription, compromise and selfcreation. In D. Brown et al. (eds.), *Career Choice and Development,* 4th ed. San Francisco: Jossey-Bass, pp. 85-148.

Guan, Y., Arthur, M. B., Khapova, S. N., Hall, R. J., & Lord, R. G. (2019). Career boundarylessness and career success: A review, integration and guide to future research. *Journal of Vocational Behavior, 110*(B), 390-402. https://doi.org/10.1016/j.jvb.2018.05.013

Hakim, C. (2006). Women, careers and work-life preferences. *British Journal of Guidance and Counselling, 34*(3), 279-294.

Hall, D. T. (1996). Protean careers of the 21st century. *Academy of Management Executive, 10*(4), 8-16.

Holland, J. L. (1997). *Making Vocational Choices: A Theory of Vocational Personalities and Work Environments,* 3rd ed. Englewood Cliffs, NJ: Prentice-Hall.

Ibarra, H. (2005). *Identity Transitions: Possible Selves, Liminality and the Dynamics of Career Change* (No. 2005/51). Fontainebleu Cedex,

France: Insead.

Inkson, K. (2004). Images of career: Nine key metaphors. *Journal of Vocational Behavior, 65*, 96–111.

Inkson, K., & Arthur, M. B. (2001). How to be a successful career capitalist. *Organizational Dynamics, 30*(1), 48–61.

Kidd, J. (2008). Mental capital and wellbeing: Making the most of ourselves in the 21st century. In *State-of-Science Review: SR-C10 Careers at Work*. London: The Government Office for Science.

Law, B. (1981). Community interaction: A 'mid-range' focus for theories of career development in young adults. *British Journal of Guidance and Counselling, 9*(2), 142–158.

Lent, R. W., Brown, S. D., & Hackett, G. (2002). Social cognitive career theory. In D. Brown & Associates (eds.), *Career Choice and Development*, 4th ed. San Francisco: Jossey-Bass, pp. 255–311.

Levinson, D. J., Darrow, C. N., Klein, E. B., Levinson, M. H., & McKee, B. (1978). *The Seasons of a Man's Life*. New York: Knopf.

Mainiero, L. A., & Gibson, D. E. (2018). The kaleidoscope career model revisited: How midcareer men and women diverge on authenticity, balance, and challenge. *Journal of Career Development, 45*(4), 361–377.

Mainiero, L. A., & Sullivan, S. E. (2005). Kaleidoscope careers: An alternative explanation for the opt-out revolution. *Academy of Management Executive, 19*(1), 106–123.

Martin, B., & Healy, J. (2009). Changing work organisation and skill requirements. *Australian Bulletin of Labour, 35*(3), 393–437.

McKinsey Global Institute. (2021). The future of work after Covid-19. www.mckinsey.com/featured-insights/future-of-work/the-future-of-work-after-covid-19#

Mitchell, K., Levin, A., & Krumboltz, J. (1999). Planned happenstance:

Constructing unexpected career opportunities. *Journal of Counseling and Development, 77*(2), 115–124.

Nicholson, N., & West, M. (1988). *Managerial Job Change: Men and Women in Transition.* Cambridge: Cambridge University Press.

OECD. (2020). *Employment by Job Tenure.* Organisation for the Economic Cooperation and Development. https://stats.oecd.org/Index.aspx?DataSetCode=TENURE_FREQ.

Osland, J. S. (1995). *The Adventure of Working Abroad: Hero Tales from the Global Frontier.* San Francisco: Jossey-Bass.

Paul, R. J., & Townsend, J. B. (1993). Managing the older worker-don't just rinse away the gray. *Academy of Management Executive, 7*(3), 67–74.

Ramsden, D. (2021). *The Potential Long-Term Economic Effects of Covid.* London: Bank of England. www.bankofengland.co.uk/-/media/boe/files/speech/2020/the-potentiallong-term-effects-of-covid-speech-by-dave-ramsden.pdf

Roberts, K. (2009). Opportunity structures then and now. *Journal of Education and Work, 22*(5), 355–368.

Rodrigues, R. A., & Guest, D. (2010). Have careers become boundaryless? *Human Relations, 63*(8), 1157–1175.

Rossier, J., Cardoso, P. M., & Duarte, M. E. (2020). The narrative turn in career development theories: An integrative perspective. In P. Robertson, P. McCash, & T. Hooley (eds.), *The Oxford Handbook of Career Development.* Oxford: Oxford University Press.

Rousseau, D. M. (1995). *Psychological Contracts in Organizations: Understanding Written and Unwritten Agreements.* Thousand Oaks, CA: SAGE Publications.

Savickas, M. L. (1989). Career style assessment and counseling. In T. Sweeney (ed.), *Adlerian Counseling: A Practical Approach for a New*

Decade, 3rd ed. Muncie, IN: Accelerated Development Press, pp. 289-320.

Savickas, M. L. (2002). Career construction: A developmental theory of vocational behavior. In D. Brown & Associates (eds.), *Career Choice and Development,* 4th ed. San Francisco: Jossey-Bass, pp. 149-205.

Savickas, M. L., Nota, L., Rossier, J., Dauwalder, J. P., Duarte, M. E., Guichard, J., & Van Vianen, A. E. (2009). Life designing: A paradigm for career construction in the 21st century. *Journal of Vocational Behavior, 75*(3), 239-250.

Spokane, A. R., Meir, E. I., & Catalano, M. (2000). Person-environment congruence and Holland's theory of careers: A review and reconsideration. *Journal of Vocational Behavior, 57,* 137-187.

Strauss, K., Griffin, M. A., & Parker, S. K. (2012). Future work selves: How salient hoped-for identities motivate proactive career behaviors. *Journal of Applied Psychology, 97*(3), 580-598.

Super, D. E. (1957). *The Psychology of Careers.* New York: Harper & Row.

Super, D. E. (1996). A life-span, life-space approach to career development. In D. Brown, L. Brooks, & Associates (eds.), *Career Choice and Development,* 2nd ed. San Francisco: Jossey-Bass, pp. 197-261.

Swinnerton, K. A., & Wial, H. (1995). Is job stability declining in the US economy? *Industrial and Labor Relations Review, 48*(2), 293-304.

Wittekind, A., Raeder, S., & Grote, G. (2010). A longitudinal study of determinants of perceived employability. *Journal of Organizational Behavior, 31,* 566-586.

3장 ....

사람들은 어떻게 커리어를 결정하는가

커리어 의사결정에 바탕이 되는 이론들을 살펴보기 전에, 우리 모두가 실제로 커리어에 대해 결정을 내리는지 자문하면서 주요 가정에 대해 질문하는 시간을 가져 보는 것이 좋을 것 같다. 당신이 선택해야 하는 커리어 옵션(option)의 수는 성격, 능력, 자격, 위치, 계층, 민족성, 성별, 연령, 건강, 경제적 환경, 역할 모델, 운, 태도, 가족 배경 등과 같은 매우 다양한 요소에 의해 결정된다. 특정 그룹의 사람들은 선택할 수 있는 옵션이 많지만 다른 그룹의 사람들에게는 그들의 커리어가 전적으로 지역 및 사회 계층과 같은 요인에 의해 미리 정해진 환경의 결과물인 것처럼 보일 수도 있다. Bimrose와 Barnes (2011, p. 2)는 "개인이 실제로 자신의 커리어를 효과적으로 탐색하고 커리어 전기(biographies)를 '선택'할 수 있는지, 아니면 의사결정을 내리는 사회적 구조가 자신의 운명을 결정하는 자유를 제한하는가" 에 대해 궁금해한다. 우리 각자에게 열려 있는 옵션의 수와 특성은 엄청나게 다양하지만, 거의 모든 사람은 몇 가지 결정을 내려야 한다. 그렇다면 사람들이 커리어 의사결정을 내리는 방법과 이론이 어떻게 도움이 될 수 있는지에 대해 우리가 알고 있는 것은 무엇일까?

인간의 의사결정만 연구하는 심리학 분야가 있으며, 우리가 선택하는 이유 및 방법을 살펴보고, 의사결정에 좋은 방법과 나쁜 방법이 있는지를 다룬다. 심리학에서는 이러한 이론들을 커리어 의사결정에 적용하고 시험해 보았다. 이 장에서는 핵심 아이디어들을 살펴보고 중요한 연구들을 살펴볼 것이다.

커리어 의사결정 과정에는 두 가지 요소가 있고 이를 차례대로 살펴볼 것이다. 이 장의 첫 번째 부분에서는 우리가 결정을 내릴 때의 영향요인에 대해 알아볼 것이고, 두 번째 부분에서는 우리가 선택을 할 때와 관련된 실제 사고 과정을 살펴볼 것이다. 마지막에서는 몇몇 의사결정 방식과 관련된 모델을 살펴볼 것이며 그중 일부는 요인과 과정을 모두 연결한다. 어떤 면에서 이러한 구분은 인위적인 것이다. (실제로는 서로 다른 요인이 동시에 발생하고 상호 연결된다.) 그러나 이러한 구분은 아이디어를 탐색하는 데 유용한 틀이 될 것이다.

요인: 우리는 무엇을 기반으로 커리어 의사결정을 하는가

먼저, 개인과 환경 내부의 요인을 살펴보면서 커리어 선택을 할 때 가장 일반적으로 고려하는 요인에 초점을 맞추겠다.

개인적 요인

커리어 선택에 영향을 미치는 요인에 초점을 맞춘 이론은 심리학 분야의 영향을 많이 받았으며, 개인의 다양한 측면이나 특성, 전통적으로는 성격, 관심과 기술, 그리고 최근에는 정체성과 의미(meaning)에 관심이 있다. 우리는 사람들이 커리어 선택을 할 때 이러한 요소를 고려한다는 것을 알고 있다(Rousseau & Venter, 2009). 그리고 우리는 사람들이 개인-환경 적합성이 높을 때, 즉 개인의 특성과 그들이 일하는 환경(직업, 팀 또는 조직)이 잘 일치할 때, 더 행복하고 생산적이라는 것을 알고 있다(Oh et al., 2014; Su et al., 2015). 따라서 이러한 개인의 차이를 이해하는 것은 중요하다.

좋은 개인-환경 적합성에 대한 탐구는 특성요인으로 알려진 상당히 초기의 가장 영향력 있는 이론적 접근법 또는 연결 짓기(matching) 접근법을 뒷받침한다. 이 분야에서 가장 유명한 이름은 John Holland(1997)로, 그는 많은 연구를 했고 지난 70년간 이 분야를 형성해 왔다. Holland는 모든 종류의 직업에 종사하는 많은 사람을 인터뷰하여 그들의 직업에 대한 관심이 무엇인지 알아보았고, 직업적 흥미(vocational interests)라고 부르는 것은 다음과 같이 6개의 분야로 나눌 수 있다는 것을 확인했다. 즉, 현실형, 탐구형, 예술형, 사회형, 기업형, 관습형(Realistic, Investigative, Artistic, Social, Enterprising, Conventional: RIASEC)이다. 그런 다음 그는 개인적 흥미 프로파일(상위 세 가지 관심 분야를 기준으로)을 식별하고 적합할 것 같은 직업 목록을 생성하는 고객용 설문지를 고안했다. 이러한 직업흥미검사에 대한 분류법은 웹사이트 졸업생 진로(www.prospects.ac.uk)에서 '장래 진로 플래너(Prospects Planner)'와 같이 온라인으로 이용할 수 있는 많은 흥미검사의 기초가 되었다. Holland의 연구는 아마도 이 분야에서 가장 잘 알려져 있지만 특성요인 접근법의 다른 변형도 등장했다. Dawis와 Loftquist(1984)의 직업적응이론은 일터 환경이 개인에게 영향을 미치고 개인도 환경에 영향을 미칠 수 있다는 점에 주목하면서, 개인과 일터의 쌍무적 영향력을 인정한다.

이러한 이론과 수많은 출판물에도 불구하고 이 연구는 실제 세계에 적용되거나 실무자에게 유용한 정도를 성공적으로 탐색하지 못했다(Bai & Liao, 2019). 대신 연구는 이론의 내적 구조, 즉 특성이 서로 구별되는지 여부와 특성을 얼마나 정확하게 측정할 수 있는지에 초점을 맞췄다. 따라서 커리어 의사결정 과정에 대한 접근법에 대한 몇 가지 질문에 대한 답이 아직 남아 있다(Bimrose, 2009).

첫 번째로, 최초 개발된 것이 반세기도 더 전인데 이 접근법이 현재의 노동시장에 알맞은 것인지에 관한 것이다. 즉, 성격이나 가치관 같은 비교적 안정적인 특성으로 빠른 변화가 일어나고 있는 노동시장에서의 커리어 선택을 예측해야만 하는가이다. 또한 이 이론은 현재와 같은 다문화 환경에서는 너무 문화적인 측면이 편협하고 여성의 커리어와의 연관성은 반영하지 못한 것으로 보인다. 이 이론은 성격 발달의 개념과 흥미가 변할 수 있다는 극적인 방식을 인정하지 않으며, 마지막으로 다음 두 장에서 살펴볼 것처럼 직업적 흥미보다 직무 만족에 기여하는 다양한 요인이 있으므로, 이것이 커리어 관련 대화의 초점으로 더 적합할 것이다.

그 증거는 좋은 커리어 선택을 위한 과정으로서 이 연결 짓기 접근법의 유용성에 대해 심각한 의문을 제기하지만, 그것의 직관적인 호소력은 정책 입안자, 클라이언트 및 실무자가 이를 고수한다는 것을 의미한다. 이는 명확하고 이해하기 쉬운 틀을 제공하며, 적어도 정책 입안자에게 중요한 것인데, 이러한 방식으로 내린 결정은 단한 번의 전문적인 개입으로 비교적 신속하게 이루어질 수 있다는 것이다. 그리고 대화의 근거로 선택지와 아이디어와 관련하여 이 방법이 어느 정도 가치가 있기 때문에, 좋은 커리어 의사결정을 내리는 방법을 이해하게 하는 데 기여한다.

성격의 특정 측면을 식별하고 측정하는 Holland의 다소 환원주의적(reductionist) 접근법과는 대조적으로, 현대 이론가들은 정체성에 초점을 맞추어 커리어 의사결정을 전체적으로 살펴보기 위해 더 많은 노력을 기울였다. 당신의 정체성은 당신이 자신을 보는 방식, 즉 당신이 생각하는 당신 자신이다. 정체성은 사회적 역할, 집단 멤버십(사회적 정체성) 그리고 그들이 나타내는 개인적 성격 특성(개인 정체성)을 포함한 경험과 행동의 복잡한 연결망을 통해 구축된다. 우리는 각자 자신의 정체성에 대해 서로 다른 면을 많이 가지고 있거나, 하나의 완전한 자기를 형성하기 위해 함께 결합하는 우리 자신의 다른 버전들을 가지고 있다. 정체성의 한 측면과 분명히 관련이 있는 정체성은 우리의 커리어 정체성 또는 직업 정체성, 즉 우리 자신의 일(work) 버전이다. 전문직 정체성(professional identity)의 개념은 Schein(1978)에 의해 처음 제안되었는데, 그는 이 개념을 "개인이 전문직업적 역할에서 자신을 어떻게 정의하는가의 측면에서 상대적으로 안정적이고 지속적인 속성(attributes), 신념, 가치, 동기 및 경험 등이 모인 집합체"라고 설명했다. 당신의 전문직 정체성은 직장에서 당신이 생각하는 자신의 이미지이다. 그것은 당신이 자신의 일에 대해 말할 때 마음속에 떠올린 것이고, 당신이 무슨 일을 한다고 말할 때 타인들이 당신을 어떻게 판단할 것인가에 대해 생각하는 것이다. 전문직 정체성은 당신의 직업과 직장 생활에 대해 당신이 알고 있는 것과 당신이 그것에 대해 이야기할 때 사람들이 당신에게 어떻게 반응하는가에 기초한다. 개인의 정체성과 밀접하게 연관된 직업 정체성은 자신의 직장 생활에 대한 진정성과 직무 만족으로 이어질 가능성이 높기 때문에 커리어 선택 시 고려해야 할 정말 중요한 요소가 될 수 있고, 유익한 토론의 길이 될 수 있다.

클라이언트가 전문직 정체성에 대한 자신의 감정에 대해 생각하게 하는 아주 쉬운 질문은 사회생활을 하면서 그들이 "직업이 어떻게 되세요?"라는 질문을 받았을 때, 어떻게 반응하는지(그리고 자신의 반응에 대해 어떻게 느끼는지)에 대해 물어보는 것이다. 여기서 당신이 지켜봐야 할 한 가지 흥미로운 언어적 단서는 '나는 ～이다.' 혹은 '나는 ～로 일한다.'와 같은 말을 하는가다. '나는 ～이다.'라고 이야기하는 사람들은 종종 그들 자신을 그들의 역할로 정의함으로써 그들의 긍정적인 전문직 정체성을 그들의 언어에 반영하곤 한다. '나는 ～로 일한다.'라고 말하는 사람들은 그들 자신과 그들의 직업 사이에 거리를 둔다. 이는 아마도 그들의 직업에 의해서 그들이 정의되고 싶지 않은 마음을 반영하는 것이라고 할 수 있을 것이다.

커리어 선택에 영향을 미치는 것으로 나타난 마지막 개인적 요인 중 하나는 의미를 찾는 것이다. 의미는 젊은 세대에게 특히 중요한 것으로 알려져 있지만, 사실 의미 있는 일에 대한 욕구는 모든 연령대의 근로자들에게 공통적인 것이다(Weeks & Schaffert, 2019). 의미 있는 직업을 갖는다는 것은 급여, 근로시간, 승진 기회보다 중요하며(Hu & Hirsh, 2017), 의미를 찾고자 하는 욕구가 잘못된 것이 아니라는 증거가 있다. 자신의 직업이 의미 있다고 느끼는 사람들은 직무 만족, 삶의 의미, 삶의 만족이 더 높고, 스트레스가 낮고 육체적으로 더 건강하다는 연구가 많다(Allan et al., 2019).

그러나 학계에서는 일반적으로 의미 있는 일이 중요하다는 데는 동의하지만, 의미 있는 일을 유용한 방식으로 정의하는 데 어려움을 겪어 왔으며, 대부분의 정의는 의미 있는 일이 의미 있는 일이라는 별로 유용하지 않은 개념으로 귀결된다. 최근 연구에서 Both-Nwabuwe 등(2017)은 의미 있는 일에 두 가지 중요한 요소가 있다는 결론을 내리면서 보다 유용한 분석을 제공한다. 첫 번째는 그들이 '실존주의적 의미의 주관적 경험(the subjective experience of existential significance)'이라고 묘사하는 것이다. 일이 의미 있는 것으로 판단되기 위해서는 한 개인의 전반적인 삶의 목적에 기여해야 한다. 즉, 존재 이유에 어느 정도 기여해야 한다. 두 번째 요소는 일이 의미를 갖기 위해서는 그 사람의 정체성과 그 사람의 일 사이의 적합성의 결과여야 한다는 것이다(Both-Nwabuwe et al., 2017). 그러면 그것이 개인의 정체성과 개인적인 일 경험에 의존하는 매우 개인적이고 주관적인 구조(construct)라는 것을 알 수 있다. 우리는 초등학교 교사라는 직업을 가리키며 그것이 모두에게 의미 있는 직업이 될 것이라고 가정할 수는 없다. 대신에 클라이언트가 자신이 누구인지, 자신에게 무엇이 중요한지, 되고 싶은 사람이 무엇인지, 세상에 어떻게 적응하고 싶은지 파악하도록 클라이언트와 함께 시간을 보내야 한다.

사람들이 스스로 더 의미 있는 일자리를 만드는 데 도움이 되는 것으로 나타난 접근법 중 하나는 잡 크래프팅(job crafting)이다(Berg et al., 2013). 잡 크래프팅은 기존 직무를 재설계하여 자신에게 더 적합하고 의미 있게 만드는 과정이다. 우리가 실제로 하는 일은 프로젝트가 시작되고 끝나고, 팀원이 들어오고 나가고, 조직의 우선순위가 바뀌고 그러면서 우리가 원래 일을 시작하면서 계약서상에서 기대했던 일들과 상당히 다르게 보이게 되는 경우가 많다. 이런 종류의 변화는 보통 상당히 유기적으로 발생하지만, 잡 크래프팅을 통해 사람들은 최소화해야 할 일과 더 많은 시간을 할애해야 하는 일에 대해 상당히 신중하게 선택하게 된다. 잡 크래프팅은 과업(과업 크래프팅), 동료와의 관계(관계 크래프팅), 사람들이 직업의 다른 측면을 보는 방식(인지 크래프팅)을 변경하는 것이 포함될 수 있다. 직무를 어느 정도 통제하는 과정은 사람들이 권한을 더 부여받아 일에 몰입하도록 도울 수 있으며, 개인의 강점, 동기, 열정에 더 잘 맞는 업무로 이어지기 때문에, 그것은 수행성과를 높이고 직무 만족도를 높이게 된다. 잡 크래프팅은 장기적인 프로젝트이다. 사람들은 일반적으로 하루아침에 그들의 직무에 큰 변화를 줄 수 없지만, 작은 성과에 집중하면 사람들이 점진적인 변화에 대해 긍정적으로 느끼고 그들의 전략을 고수할 수 있다. 다음 상자의 내용은 클라이언트가 자신의 직무를 만드는 것에 대해 생각할 수 있도록 도와주는 연습문제이다.

잡 크래프팅

클라이언트가 어떤 변경 사항을 적용해야 할지 결정하는 데 도움이 되도록 클라이언트에게 현재 작업이 어떻게 진행되고 있으며 작업이 어떻게 변경되기를 원하는지에 초점을 맞춘 Before Sketch와 After Sketch를 그려 달라고 요청할 수 있다. 이를 위해 다양한 종류의 스티커 메모지를 준비해야 한다. 이상적으로는 세 가지 크기(큰 것, 중간 것, 작은 것)를 준비하고, 모양은 정사각형, 직사각형, 원형이나 타원형이 필요하다.

- **1단계**: Before Sketch에서 클라이언트에게 자신의 모든 직무에 대해 생각해 보라고 하고, 그것을 세 가지 범주로 나누라고 한다. 즉, 관심과 에너지를 많이 소비하는 범주, 중간 정도의 관심과 에너지를 요구하는 범주, 그리고 적은 양만 소비하는 범주의 세 가지로 나눈다. 높은 난이도의 과업을 큰 스티커 메모지에, 중간 크기의 과업은 중간 크기의 메모지에, 작은 과업은 가장 작은 메모지에 쓴 다음, 앞에 놓인 탁자 위에 올려놓으라고 한다. 클라이언트는 현재 직무가 구성되어 있는 방식을 반영하기 시작하고 에너지가 어디로 가고 있는지 명확하게 알 수 있기 때문에 그 자체가 클라이언트에게 흥미로울 수 있다.
- **2단계**: 여기서는 클라이언트가 자신의 직무를 더 의미 있게 만드는 데 도움이 될 수 있는 것이 무엇인지 생각하도록 돕고, 자신의 주요 강점, 동기, 열정을 식별하도록 안내해야 한다. 그런 다음 원형 또는 타원형의 스티커 메모지에 핵심 사항을 적을 수 있다. 그러고서 이 메모를 사용하여 1단계에서 식별된 각 과업이 자신에게 얼마나 적합한지, 즉 각 과업이 자신의 강점을 활용하고 동기부여하며 열정을 키울 수 있는지 평가할 수 있다.
- **3단계**: 다음 단계에서 클라이언트는 After Sketch를 작성해야 한다. 여기서 클라이언트는 자신의 강점, 동기, 열정과 잘 일치하는 과업에 가장 많은 관심과 에너지를 쏟는다면 자신의 일이 어떻게 보일지에 대해 생각한다. 그들은 가장 큰 스티커 메모지에 쓰여 있는 과업, 즉 대부분의 에너지와 관심을 차지하는 과업을 다시 살펴보고 싶어 할 수 있다. 자신의 강점, 동기, 열정과 밀접하게 연결되지 않는 것은 격하시켜 더 작은 스티커 메모에 넣는다. 대조적으로, 현재는 그다지 많은 에너지와 관심을 필요로 하지 않는 과업이 자신의 강점, 동기, 열정에 정말 잘 맞을 수도 있는데, 그것들은 더 큰 스티커 메모로 격상시킬 수 있다. 이 새로운 구성은 현재 직무의 보다 의미 있는 버전이 어떤 것인지 보여 줄 것이다.
- **4단계**: 마지막으로, 대화를 행동으로 전환하기 위해 클라이언트와 협력하여 클라이언트가 관리할 수 있는 스몰 스텝을 식별할 수 있도록 도와야 한다. 클라이언트는 수행할 수 있는 추가 작업 또는 관리자가 재할당하도록 설득할 수 있는 직무를 확인할 수 있다.

물론 커리어 의사결정은 모두 맥락 안에서 이루어지며, 이러한 개인적 요인 외에도 커리어 개발에 영향을 미칠 수 있는 수많은 환경적 측면이 있다.

환경적 요인

우리가 어떤 환경에서 성장했느냐가 일에 대한 이해에 막대한 영향을 미친다. 우리 커뮤니티는 우리가 처음 접하는 직업과 산업을 결정한다. 왜냐하면 우리가 접하는 직업을 통해 직업 세계에 관해 알게 되기 때문이다. 즉, 우리 주변에서 보는 직업과 우리가 보는 텔레비전에서 묘사되는 직업을 통해 직업 세계에 대해 먼저 알게 되기 때문이다(Law, 1981). Linda Gottfredson의 제한-타협 이론은 성별과 계층이 아이들에게 열려 있다고 생각하는 선택권에 미치는 강력하면서도 음흉한 영향력을 강조한다. 심지어 초등학교 시절에도 아이들은 주변에서 보는 것을 바탕으로 자신들에게 적합한 직업과 다른 사회 계층에 적합한 직업에 대해 가정한다(Gottfredson, 2002).

환경에 영향을 받는 커리어에 관해 배우는 것과 더불어, 우리는 실제로 일자리를 찾을 때 우리가 처한 상황과도 싸워야 한다. 구직자가 이용할 수 있는 기회는 특정 시기의 경제적 환경에 따라 달라지며, 세계적으로나 국가적으로나 노동시장과 이용 가능한 기회가 매우 다르게 보일 수 있기 때문에 지역도 중요한 역할을 한다(Alexander, 2015).

한 가지 중요한 환경적 영향은 우리 주변 사람들로부터 나온다. 관계가 커리어 의사결정에 미치는 영향에 대한 연구가 늘어나고 있다. 이 접근법은 커리어 의사결정에서 전통적으로 좋지 않은 방식으로 여겨져 왔다. 의사결정은 독립적이고 자율적으로 이루어져야 하며, 커리어 실무자의 역할은 클라이언트가 정체성을 확립하고 타인의 영향에서 벗어나도록 돕는 것이지만, Blustein(2004, p. 605)이 지적한 것처럼 우리는 "관계성이 결여된 상태에서 커리어 의사결정을 하는 것이 아니다." 오히려 우리의 커리어 의사결정에서 얼마나 광범위하게 관계성이 존재하고 있으며, 그것의 영향이 얼마나 긍정적인지를 보여 주는 증거들을 부인하기 어려워지고 있다.

2010년 연구에서 Amundson 등(2010)은 참가자의 94%가 커리어 의사결정에서 적어도 부분적으로는 '연결성(connectedness)'의 느낌을 기반으로 한다는 것을 보여 준다. 이 연구는 우리와 가까운 모든 사람들이 우리의 결정에 영향을 미친다는 새로운 방식의 그림을 그리기 시작한다. 대부분의 연구 참가자가 젊은 사람들이어서 부모의 영향이 주목을 받았다. 그러나 데이터에 따르면 형제자매, 파트너, 친구, 동료 모두가 커리어 의사결정에 영향을 미치는 것으로 나타났다(Keller & Whiston, 2008). 일반적으로 가장 가깝고 사랑하는 사람

코칭을 할 때 클라이언트가 타인과 나누었던 대화를 활용하여 토론을 하도록 하는 것은 귀중한 연습이 될 수 있다. 때로 클라이언트의 친구나 가족이 코치로서 하지 못할 조언을 하거나 우려를 표명할 수 있는데, 클라이언트에게 그 조언에 대해 어떻게 느꼈는지 물어보는 것은 매우 통찰력 있는 질문이 될 수 있다. 이러한 대화를 통해 클라이언트는 자신의 결정에 사랑하는 사람을 참여시키고, 다른 사람의 견해를 인정하며, 소중히 여기고, 평가하는 선택을 검증할 수 있다. 코치와의 토론을 통해 클라이언트는 친구의 부정적인 의견이 가치 있는 경고인지 아니면 이해 부족으로 말한 것인지를 구별해 준다. 그것은 클라이언트가 한 사람의 특정 견해를 쉽게 믿어 버리는 이유를 탐색하도록 돕는다.

들의 참여는 커리어 의사결정 능력과 우리가 내리는 결정에 대한 만족도에 긍정적인 영향을 미친다는 것이다.

최근의 많은 커리어 이론의 주제가 된 마지막 환경적 요인 중 하나는 우연한 사건의 역할이다. 그것이 기차 안에서의 예상치 못한 만남, 청하지 않은 유용한 조언, 우연한 인터뷰 질문 등 대부분의 사람은 자신의 커리어에 영향을 미친 우연한 사건을 꼽을 수 있다. 이 문제를 다루는 커리어 이론들은 운명을 통제하기 위한 아이디어를 제공하는 척하는 것이 아니라 사람들이 기회를 발견하고 식별할 수 있는 기회를 극대화하고 그것들을 활용할 수 있도록 돕는 것을 목표로 한다. Gelatt(1989)의 긍정적 불확실성 이론(theory of positive uncertainty)과 카오스 이론(chaos theory)을 커리어 모형에 적용(Bloch, 2005; Bright & Pryor, 2011)하는 것을 포함하여 꽤 다양한 이론이 이 넓은 범주에 속한다. 그렇지만 가장 유명한 것은 학계와 실무자들 사이에서 최근 몇 년간 통용되기 시작한 Mitchell 등(1999)의 '계획된 우연(planned happenstance)'이라는 개념이다.

이것은 커리어 경로와 커리어 의사결정에서 행운(luck)의 역할을 인정하는 규범적 접근법(prescriptive approach)이다. 그것은 사람들이 기회(opportunity)를 찾을 기회(chance)를 높이고 자신에게 오는 기회에 마음을 여는 행동을 하도록 격려한다. 이 접근법은 클라이언트가 무언가로 이어질 가능성이 희박한 상황에서도, 표면적으로는 그다지 매력적으로 들리지 않을 수 있는 기회가 있는 경우에도, 다양한 직무 경험을 해 보도록 유도할 수 있다. 예를 들어, 파티에서 뜻밖의 만남으로 인해 생겨날 수 있는 모든 기회에 클라이언트가 마음을 열도록 장려할 수 있다.

우리는 이 장에서 지금까지 사람들이 커리어를 선택할 때 기초가 되는 몇 가지 요인에 대해 살펴보았다. 직업이 그들의 관심사, 정체성, 가치관에 얼마나 잘 부합하는지, 그들의 친구와 가족이 어떻게 생각하는지, 또는 기회가 그들에게 오는지 여부이다. 우리는 이제 이러한 영향이 실제 결정으로 이어지는 과정을 검토할 것이다.

과정: 우리는 어떻게 의사결정을 하는가

커리어 의사결정이 무엇인지는 초기 성인기에 이루어지는 일회적인 커리어 선택에서 모든 결정이 커리어 관련 결정이며 경험을 쌓고 개발시켜 나가는 평생 과정(lifelong process)이라는 더 넓은 정의로 바뀌기는 했지만, 의사결정은 오랫동안 커리어 개발의 중요한 부분으로 인식되어 왔다.

커리어 의사결정은 복잡하다. 고려해야 할 다양한 대안, 즉 하나의 옵션과 다른 옵션 간의 미묘한 차이, 노동시장 내 빠른 변화 속도, 정보 출처의 불일치와 주관성, 결과의 불확실성 등이 모든 사용 가능한 옵션을 명확하게 파악하기 어렵게 만든다(Amir & Gati, 2006; Levin & Gati, 2015).

지난 40년 동안 사람들이 어떻게 결정을 내리는지에 대해 심리학자들이 수행한 방대한 연구가 있다. 우리 뇌가 결정을 내리는 데 사용하는 상호 보완적인 두 가지 사고 체계가 있다는 것이 우리가 얻은 지혜이다. 때때로 둘은 동시에 작용하기도 하고, 연속적으로 작용하기도 한다. 하나는 의식적이고 이성적이고 논리적인 접근이고, 다른 하나는 무의식적이고 순간적인 직감(gut instinct)이다.

의식적 추론

최초의(그리고 여전히 가장 영향력 있는) 의사결정 이론인 의사결정 분석은 의사결정이 의식적 추론(conscious reason)에 기반을 둔 것이고 또 그래야만 한다고 주장했다. 기본 전제는 자신에게 중요한 요소를 식별한 다음, 신중하고 이성적인 과정을 사용하여 어떤 요소가 최상의 결과를 제공하는지 파악해야 한다는 것이다.

표 3-1 **커리어 선택에 대한 시스템 2 접근법**

	간호사	광고 임원	경찰관	배관공	소설가
자율성	5	6	7	9	9
다른 사람 돕기	9	2	7	7	3
흥미	6	7	5	3	9
재미있는 환경	4	8	6	2	1
종합	24	23	25	21	22

이 이성적인 접근법의 핵심은 복잡한 의사결정을 일련의 단순한 판단으로 분해하여 의사결정자가 문제의 각 작은 부분에 집중할 수 있도록 함으로써 최선의 결정을 내릴 수 있다는 것이다.

따라서 각각 여러 속성이 있는 여러 옵션 중 하나를 선택할 때 모든 옵션과 모든 옵션의 다른 기능에 대해 생각하는 대신, 각 옵션의 개별 속성을 한 번에 하나씩 평가하여 의사결정자의 판단 작업을 단순화할 수 있다.

이것이 어떻게 이뤄지는지를 보여 주는 예를 들어 보겠다. 어떤 여성이 간호사, 광고 임원, 경찰관, 배관공, 소설가의 다섯 가지 직업

을 고려한다고 가정하자. 그녀는 그녀의 일의 맥락(work context) 안
에서 그녀에게 특히 중요한 네 가지 준거(자율성, 다른 사람들을 도울
기회, 그녀가 흥미롭다고 생각하는 직업, 일하기에 재미있는 환경)를 확인
했을지도 모른다. 그런 다음 이러한 모든 요소를 엑셀에 넣고 각 직
업에서 각각의 요소에 대한 등급을 부여한다. 단순한 계산을 통해 그
녀는 경찰관이 되는 것이 자신에게 가장 적합하다는 것을 발견한다.

그녀는 아마 재미있는 환경에서 일하는 것보다 자율성이 더 중요
하다고 여기면서 자율성에 가중치를 추가할 수 있으며 성공 가능성
을 고려할 수 있다. 예를 들어, 소설가는 그녀에게 최상의 결과를 가
져다줄지도 모르지만 그 선택을 해서 생계를 꾸릴 가능성은 희박할
것이다. 이러한 계산식의 변형은 올바른 선택을 식별하는 데 도움이
되도록 정량화되고 전체 방정식에 추가된다.

의식적이고 이성적인 추론은 앞에서 설명한 특성요인 접근법의
지지자들에게 힘을 얻은 의사결정 스타일이다. 전통적인 커리어 교
육 프로그램은 기술, 가치, 흥미를 발견하고 그것들을 직업 아이디
어와 일치시키기 위한 매우 신중하고 체계적인 계획을 옹호한다. 하
지만 그것들은 같은 것이 아니다. 이러한 유형의 의식적 추론은 앞
에서 다룬 특성요인 접근법에 적용될 수 있다. 예를 들어, 당신은 아
버지가 제안하는 직업을 선택하기 위해(관계형 모형에 따라), 또는 당
신의 전문직업 이미지에 가장 부합하는 직업(전문직 정체성)을 결정
하기 위해 의식적 추론 과정을 사용할 수 있다.

의식적인 추론이 제시하는 어려움

의식적이고 이성적인 접근법은 모두 훌륭하게 들릴 수 있지만(사
실 오늘날 많은 직업 교육 워크숍, 일대일 세션 및 책의 기초가 된다) 실제

로는 우리가 결정을 내리는 방식이 아니다. 우선 가능한 모든 작업 선택지를 통합할 수 있을 정도로 큰 스프레드시트로 작업할 수 없다. 가중치 시스템과 확률 추정도 계산을 복잡하게 만든다. 마지막으로, 실제로 커리어 의사결정에는 대체 보상이 없다는 것이 밝혀졌다. 즉, 한 가지 좋은 것이 있다고 다른 것의 부재를 보충할 수 없다는 것이다. 예를 들어, 만약 어떤 직업이 보수가 나쁘다면(그리고 우리에게 이것은 중요한 요소다) 그 직업이 흥미롭고, 집 근처에 있고, 좋은 동료들이 있어서 모든 체크리스트에 해당되더라도 그 직업을 받아들이지 않을 것이다.

게다가 우리가 아무리 열심히 노력해도 직감이 우리의 의식적이고 이성적인 마음을 방해하는 것을 막는 것은 거의 불가능한 것 같다. 커리어 분야에 관해 우리의 놀라운 두뇌에 너무나 많은 정보가 있다. 우리의 뇌는 몇 가지 지름길을 택함으로써 이에 대처한다. 즉, 우리가 이용할 수 있는 모든 정보를 조사하고 흡수하는 대신, 우리가 고려하는 선택지의 수를 제한하거나 광범위한 검토를 위해 승진 기회 같은 하나의 기준을 선택하는 식의 하위 집합(subset)을 선택할 가능성이 더 높다(Gati & Tikotzki, 1989). 이용 가능한 정보의 양에 대처하기 위해 우리의 뇌가 사용하는 또 다른 기술은 Brownstein(2003)이 "동기화된 추론(motivated reasoning)"이라고 부르는 것이다. 우리의 직감이 몰래 들어와 초기에 결정을 내려 버리고, 의식적인 마음(conscious minds)이 직감의 선택을 뒷받침하는 자료만을 선택하도록 강요한다. 결국 우리는 의식적인 마음에 의존했다고 생각하지만, 사실은 결과를 결정하는 것은 우리의 직감이었다.

마지막으로, 클라이언트가 다양한 선택권을 갖는 것이 좋다는 우리의 가정에 의문이 제기되고 있다. 선택권을 갖는 것이 의사결정에 도움이 되고, 자신을 통제할 수 있다고 여기게 하고, 최종 선택으로 더 행복을 느끼게 한다는 것은 수년 동안 입증되었다. 그러나 더 많은 선택지가 항상 더 좋은 것은 아니고 최적의 선택지 수는 약 7개 정도다(Iyengar & Lepper, 2000). 선택지의 수가 25개에서 30개가 되면, 사람들은 결정하는 데 어려움을 겪기 시작하고, 선택을 완전히 미루고, 결과에 대한 만족도가 저하되는 경향이 있었다. 만약 우리가 25개의 선택지에서 고민하기 시작한다면, 영국에 존재하는 553개의 직업군이 우리에게 어떤 영향을 미칠지 궁금하다.

직감

우리 대부분에게 직감은 커리어 의사결정에서 항상 중요한 역할을 할 것이다(Redekopp, 2017). 어떤 사람들은 본능(instinct)을 많이 믿는 반면에, 어떤 사람들은 처음에 선호한 이유를 분석하고 평가하는 데 더 열성적이지만, 모든 면에서 어떤 식으로든 직감이 우리의 선택에 큰 영향을 미친다. 어떤 사람들은 우리의 본능을 크게 신뢰하지만, Greenbank와 Hepworth(2008)는 대학생의 진로 의사결정 과정에 대한 연구를 수행했으며 학생 집단에서 "이성적 결정을 내린 증거가 전혀 없음"을 발견했다.

직감의 현상[혹은 학자들이 부르기 좋아하는 '시스템 1(System 1)']은 의사결정에 관한 학회에서 상당한 주목을 받았지만 커리어 분야에서 널리 시도되거나 실험되지는 않아 왔다. 직감은 무의식적이고 자동적인 과정이다. 추론에 기반을 두고 있으나 추론 과정이 다양한 지름길을 통해 매우 빠르게 일어나고 처리는 모두 우리의 무의식 세계에서 발생한다. 그래서 우리는 이러한 추론 과정에 접근할 수가 없다. 우리는 그것들이 어떻게 작용하는지 이해할 수 없을지 모르지만, 우리의 직감이 수년 동안 매우 똑똑한 시스템으로 진화했고 순간적으로 통찰력 있는 판단을 내릴 수 있다는 것은 잘 알고 있다.

본능은 종종 일관성 있게 믿을 만한 다양한 자기발견법(혹은 경험법칙)을 사용해서 다른 방식으로 작용한다. Gerd Gigerenzer의 책 『Gut Feelings』(2007)에서 저자는 주식 시장에서 거래하기, 좋은 학교 선택하기, 심장 상태 진단하기, 그리고 선거에서 어떤 후보자가 승리할지를 예측하기 등의 다양한 상황에서 직감이 어떻게 의식적 추론보다 더 나은 결과를 만들어 낼 수 있는지에 대한 실험을 설명한다.

본능은 당신이 창의적이게 해 주고, 어떤 패턴들을 볼 수 있게 해 주고, 당신의 의식적인 사고 과정이 할 수 없을지도 모르는 연결고리를 만드는 것을 가능하게 해 주는 경향이 있다. 이런 관점에서 직감은 사람들이 자신의 커리어 딜레마에 대한 생각과 해결책을 만들어 낼 수 있게 하는 커리어 의사결정의 매우 귀중한 요소이다.

직감은 철저하게 모든 정보를 다룰 수 없을 경우와 확실한 정답이 있는 결정보다 필연적으로 애매모호한 경우에 의사결정을 하는 데 특별히 도움이 되는 것으로 나타났다. 직업 관련 선택에도 이 두 가지 경우는 적용된다.

직감이 제시하는 어려움

직감이 제시하는 주된 어려움은 정보처리의 무의식적 특성으로 인해 발생한다. 이것은 직감에 기초해서 내린 결론이나 결정이 우리가 의식하지 못하고 통제할 수도 없는 결점, 편견, 선입견에 영향을 받기 쉽다는 것을 의미한다. 문학에는 본능적인 사고에서 흔하게 발견되는 편견의 증거로 가득하다. 합리적 의사결정 분야의 선도적인 학자 중 1명인 Daniel Kahneman은 자신의 저서 『Thinking, Fast and Slow』(2011)에서 다양한 실험을 통해 우리의 본능이 영향을 받기 쉬운 몇 가지 일반적인 편향을 설명한다. 전체적으로 보면 본능적 의사결정이 인생의 중요한 선택을 내리는 신뢰할 수 있는 방법인지 의문이 들 수 있지만, 커리어 의사결정 분야에서 특히 유의미해 보이는 몇 가지 편견이 있다.

우리는 믿을 수 있는 정보를 선택했을 때에도 편견에 사로잡힌 것이 아닌가 하는 의심을 해 볼 수 있다. 우리의 의식적이고 이성적인 마음은 커리어 정보의 한 조각을 가져다가 얼마나 많은 사람이 이 견해에 동의하는지 또는 그 출처가 얼마나 신뢰할 수 있는지와 같은 여러 요인들에 근거하여 얼마나 신뢰할 수 있는지를 결정할 것이다. 직감에 의존하는 마음은 다른 준거 세트를 가지고 있다. 우리의 직감은 작은 크기의 표본을 믿는 경향이 있고, 잘 재단된 스타일로 전달되는 메시지보다 자신 있게 전달되는 메시지를 신뢰하는 경향이 있다. 즉, 카리스마 있고 자신감 있는 화자는 건조하고 사실에 입각한 반증으로 가득 찬 데이터베이스보다 더 설득력이 있을 것이다. 우리의 직감은 예열(priming)에 매우 민감하다. 특정 단어를 읽거나 특정 이미지를 보는 것이 우리의 결정에 영향을 미칠 수 있다는 흥미로운 실험이 많이 수행되었다. 이 섹션 내의 많은 근거와 마찬가지로, 커리어 의사결정 분야에 모두 직접 적용되지는 않았지만 이러한 종류의 현상이 어떻게 영향을 미칠 수 있는지 확인할 수 있었다. 예를 들어, 화면 보호기에 잠깐 비춰지는 달러 표시는 개인주의적 행동을 강화하는 것으로 나타났다. 즉, 낯선 사람을 도울 가능성이 줄어들고 누군가와 마주보지 않기 위해 의자를 돌려 앉을 가능성이 높아졌다. 이를 통해 우리는 커리어 의사결정 과정에서도 이런 영향력이 있을 수 있다는 점을 생각해 볼 수 있다. 파운드 기호를 부적절하게 배치하면 셀렉션 센터라는 스포츠센터에서 '팀워크' 게임에서 좋은 성과를 낼 가능성이 줄어들 수 있겠지만 은행업을 매력적인 커리어로 여길 가능성은 높일 수 있다.

만약 우리의 본능이 질문을 너무 어렵게 여긴다면, 그것은 종종 다른 질문에 대답하지만 원래 질문에 대답하고 있다고 생각하게 만든다. "요즘 네 삶이 얼마나 행복해?"라고 물을 때, 사람들은 대체로 "지금 기분이 어때?"에 대한 대답을 하곤 한다. 이것이 커리어 코치가 묻는 몇 가지의 어려운 질문에 어떠한 영향을 끼칠까 궁금하다. 우리의 직감이 "당신은 어떤 종류의 직업을 좋아할 것 같나요?"라는 질문에 "다른 사람들은 어떤 종류의 직업을 좋아하나요?" 또는 "어떤 종류의 레저를 즐기십니까?"에 답하는 것으로 반응할까?

본능은 학습될 수 있고 특정 상황 속에서 매우 경험이 많은 사람이 더 나은 본능을 갖는 경향이 있다. Gigerenzer(2007)는 수천 시간의 연습이 그들에게 체스를 볼 수 있는 눈을 줬고 그 덕분에 다음에 말을 어디로 움직여야 할지 순간적으로 판단할 수 있게 됐다는 체스 고수의 예를 인용했다. 이것이 커리어의 맥락에서도 유용한 것인지는 아직 논란이 있다. 심지어 우리 중에 가장 만족할 줄 모르는 사람도 그의 일생에서 일하는 동안 겨우 여섯 번 정도 커리어를 변경하는데, 이것은 체스 선수가 직감을 연마하는 데 걸리는 시간에 미치지 못한다. 일반적으로 우리가 본능적인 판단을 내리는 우리 자신의 능력을 과대평가하는 경향이 있다는 점, 바르게 처리할 확률을 높게 잡고 있다는 점 또한 알아 두면 유용하다.

그렇다면 이제 우리는 어떻게 해야 할까? 만약 우리가 우리의 의식적 논리나 직감 모두에 의존할 수 없다면, 어떻게 앞으로 나아갈 수 있을까? 가장 최근의 생각은 두 가지 사고 체계를 결합하는 것이 좋은 커리어 의사결정으로 가는 최선의 경로인 것 같고(Krieshok et al., 2009; Xu, 2021) 클라이언트가 자신의 머릿속에서 무슨 일이 일어나고 있는지에 대한 이해도를 높임으로써 상당한 가치를 추가할 수 있다. 그래서 클라이언트가 자신만의 사고를 이해하고 정보에 입각한 결정을 내릴 수 있다. 이 정보는 또한 우리 클라이언트에게 정보를 제공하는 방법에 대해 생각하는 데 도움이 된다. 일부 통계치에 일화를 더하는 것이 통계치만 보여 주는 것보다 더 효과가 있다는 것을 고려해서 클라이언트가 선택지 수를 6~7개 정도로 줄여서 선택지에 압도되는 것을 막을 수 있다.

의사결정 방식

지난 수십 년 동안 진행된 학술 활동과 관련된 한 가지 추가 영역은 개인의 의사결정 방식에 관한 것이다. 이 모형의 지지자들은 우리 각자가 우리가 하는 어떤 선택에도 적용할 가능성이 높은 '전형적인' 의사결정 방식을 가지고 있다고 말한다. 이러한 방식들은 성격 특성이라기보다 학습된 반응으로 생각되며, 다른 결정을 해야 할 상황에서 다른 방식을 채택할 수 있다는 몇몇 증거가 있다.

의사결정 방식은 수백 가지 다른 방식으로 분류된다. 여기서 커리어 분야에 적용할 수 있는 의사결정 방식 중에 두 가지 모형을 살펴볼 것이고 실무자들이 이 모형들을 어떻게 사용할 수 있는지를 다룰 것이다.

극대화자와 만족자

우리가 다룰 의사결정 방식의 첫 번째 모형은 거의 60여 년간 우

리 주변에 있던 것으로 의사결정자를 극대화자(maximizer)와 만족자
(satisficer) 둘로 나눈다. 이 모형은 널리 시도되고 실험되었고 커리
어 분야에 구체적으로 적용되어 왔다(Iyengar et al., 2006). 이러한 구
분은 Simon(1955)에 의해 알려졌는데, 그는 사람들이 전형적으로 의
사결정에 있어 둘 중 한 범주에 속한다고 주장했다. 극대화자는 모
든 선택지를 확인하는 것을 선호하는 사람들로, 다른 준거들을 기반
으로 모든 선택지를 비교하고 어떤 것이 가장 좋은 것인지를 골라낸
다. 만족자는 최소 허용 임계치가 있어서 최소한의 기준을 만족하는
임계치를 초과하는 선택지를 찾을 때까지 선택지를 살펴보고 임계
치에 이르면 조사를 그만둔다.

　예를 들어, 극대화자는 대학교 과정을 고를 때 졸업 후 좋은 임금
의 직장을 제공할 가능성, 학생 수 대비 교수 비율, 역동적인 저녁생
활을 가능하게 하는 도시 내에서의 위치를 모두 고려하여 그들이 원
하는 과정을 선택하려고 한다. 그들은 이 세 가지 준거 모두에서 가
장 높은 점수를 기록한 대학 과정 한 가지를 고르려고 할 것이다. 그
래서 그들은 가장 적합한 한 과정을 결정하기 전에 영국 내에 있는
가능한 모든 과정을 살펴볼 것이고, 각각의 준거에 따라 각각의 과
정이 어떻게 나타나는지를 찾아낼 것이다. 이 접근법은 앞서 설명한
이성적 요인분석적 모형(rational componential model)을 염두에 두지
만 극대화자에 대한 핵심 사항 중 하나는 사용 가능한 모든 선택지
를 탐색하는 데 열심이라는 것이다. 이것은 물론 완벽한 과정을 식
별하는 훌륭한 방법이지만, 상당히 시간이 걸리고 모든 관련 정보가
이용 가능하고 비교 가능한지가 의문이고 꽤 좋은 선택지를 많이 버
려야 한다.

　만족자는 동일한 세 가지 준거를 지니고 있을지라도, 단지 가장

적합한 조합의 선택지를 선택하기보다 최소한의 수준을 정해 둔다. 그들이 졸업 후 실직률이 6%보다 낮은 통계치를 보이는 과정, 교실에 학생 수가 20명 이하가 되는 주말 세미나에 참여할 수 있는 과정, 그리고 학생 조합이 적어도 매년 세 번 이상의 공연을 캠퍼스에서 하는 과정을 듣고 싶어 한다고 하자. 만족자는 그 과정들이 준거에 부합하는지를 보기 위해 알파벳 순으로 과정을 살펴보기 시작할 것이다. 그리고 그들의 최소한의 요건을 충족하는 첫 번째 과정인 컴브리아 대학교의 지도 제작 과정을 선택하겠다고 말할 것이다. 이 접근법은 확실히 더 빠르지만 한편으로는 목록에서 더 내려가면 있는 이미 선택한 곳보다 모든 요건에서 우월한 요크 대학교의 청소년 연구 과정을 결코 찾을 수 없다는 것을 의미하기도 한다.

Iyengar, Wells와 Schwartz는 「Doing Better But Feeling Worse」라는 2006년 논문에서 어떤 과정이 '더 나은' 결과를 도출하는지 발견하기 위해서 두 가지 방식으로 이루어진 의사결정 과정을 비교하는 방법으로 이러한 의사결정 방식들을 직업 선택에 적용해 살펴보았다. 물론 이러한 종류의 연구에서 가장 어려운 것 중 하나는 무엇이 '더 나은' 것을 의미하는지를 정의하는 것이다. 이 연구에서 그들은 객관적인 측정치로 임금을, 주관적 측정치로 자기보고식 직무 만족도를 사용했다. 그들은 또한 참가자들에게 그들이 내린 결정에 얼마만큼 행복한지를 점수로 나타내 달라고 요청했다. 그 결과는 흥미로웠다. 극대화자는 일반적으로 결국 임금을 더 주는 직업을 가졌다. 그래서 당신은 객관적인 관점에서 그들이 '더 나은' 직업을 가졌고 '더 나은' 결정을 내렸다고 주장할 수도 있다. 반면, 만족자는 높은 수준의 직무 만족도를 보고했으며 의사결정 과정과 그들의 결정에 따른 결과에 대한 만족도가 모두 높았다. 논문의 제목이 말하는 것처럼, 극대화자는 더 잘 해냈지만, 더 나쁘게 느꼈다.

반직관적인 결과를 설명하는 Iyengar 등(2006)의 이론은 두 가지를 제시한다. 첫째, 극대화자는 자신의 커리어 선택에 그렇게 많은 생각을 했기 때문에, 결과가 좋을 것이라는 높은 기대치를 갖게 된다는 것이다. 즉, 많은 노력을 했으니까 완벽한 직업을 가지는 결과가 있어야 하는데, 그렇게 높은 기대를 충족시킬 결과가 존재하기는 어렵다는 것이다. 둘째, 극대화자는 잠재적으로 적절한 직업 가운데서 선택할 때 많은 수의 상대적으로 좋은 선택지들을 거절하면서 과정을 마치게 된다는 것이다. 이것은 후회를 불러와서 '만약에 내가 다른 선택을 했다면 어떻게 됐을까?'라는 생각으로 이어질 가능성이 있다. 만족자는 자신의 임계치를 넘어서는 첫 번째 선택을 만나면 찾아보는 것을 그만두었고 그래서 적절한 선택지를 거절하는 과정을 겪지 않았다.

커리어 의사결정 방식

커리어 의사결정 방식의 두 번째 틀은 Bimrose와 Barnes(2007)의 연구에서 비롯되었다. 그들의 커리어 의사결정에 대한 질적 종단연구를 통해 네 가지 커리어 의사결정 방식을 제시했다.

1. 평가적 커리어 지향: 이 유형의 사람들은 자신에게 맞을 법한 선택지들을 둘러보기 전에 자기인식과 자신의 욕구, 가치, 능력을 찾는 것에 집중한다. 이 방식은 시간이 지남에 따라 욕구, 가치, 능력이 변하는 것을 반영해 장기적으로 약간의 변화와 불확실성을 포함하는 경향이 있다. Bimrose와 Barnes는 이 유형의 사람들은 그들이 선택했던 길에 대해 자신감이 가장 낮았다

고 말했다. 이 유형의 의사결정은 특성요인 연결 짓기 접근법
과 연관성이 있다.

2. 전략적 커리어 지향: 이 유형의 사람들은 의사결정 과정, 선택지
   평가, 특정 항목과 비교해 중요도 측정하기, 그들의 욕구에 충
   족하는 선택지 골라내기 등에서 이성적이다. 이 사람들은 이성
   적인 방식으로 의사결정을 하는 것을 가장 편안하게 생각한다.

3. 포부가 있는 커리어 지향: 이 유형의 사람들은 장기적인 목표에
   집중하고 그들의 미래를 총체적으로 보는 경향이 있으며, 커리
   어 목표를 인생 계획과 불가분의 관계로 본다. 이 의사결정 집
   단은 커리어 정체성, 스키마, 니치(niche), 그리고 가능한 자기
   라는 개념이 특히 매력적이라고 생각할 수 있다.

4. 기회주의적 커리어 지향: 이 유형의 사람들은 그들에게 주어지
   는 기회의 장점을 발견하고 활용하는 경향이 있다. 사전에 결
   정을 내리거나 계획을 세우기보다는 기다리면서 삶이 그들에
   게 무엇을 던져 주는지를 살펴보고 기회에 반응한다. 이러한
   사람들은 계획된 우연의 생각에 잘 반응할지도 모른다.

클라이언트에게 이론 적용하기

우리가 커리어 의사결정을 내리는 방법을 알아내려고 한 이 모든
노력에도 불구하고, 어떤 접근법이 올바른 결정인지, 즉 어떤 접근
법이 최선의 결정으로 이어지는지를 보여 줄 수 있는 정보가 사실
상 없는 것 같다. 커리어는 크고 작은 많고 많은 선택 과정의 결과이
며, 의사결정에 대한 다양한 접근 방식에 대한 이러한 설명들이 책
에 활자화되어 있으면 매우 명확하게 보일 수 있지만, 아무도 한 가

지 방식만으로 주요한 결정을 내리지는 않는다. 따라서 어떤 의사결정 방식이 가장 유용한지 정확히 알아내려고 노력하는 것은 거의 불가능하다. 그러나 다양한 접근 방식에 대한 이해를 발전시켜 나가는 것은 곤경에 처한 클라이언트를 도울 수 있는 정말 유용한 방법이 될 수 있다. 클라이언트가 우리를 보러 오는 것은 그들 자신의 전통적이고 검증된 접근 방식이 효과가 없기 때문이다. 만약 여러분이 그들에게 보통 어떻게 결정을 내리는지에 대해 설명해 달라고 부탁할 수 있고, 이를 이 장에서 논의된 이론이나 아이디어 중 하나에 이것을 매핑할 수 있다면, 당신은 그들에게 시도해 볼 가치가 있는 대체 전략을 소개할 기회가 있다. 예를 들어, 의사결정에 대한 클라이언트의 일반적인 접근법이 매우 합리적이라면, 당신은 그들의 직감이 무엇을 말하고 있는지 알아내도록 도울 수 있다. 또는 만약 클라이언트가 평가 과정을 통해 이전의 결정을 내렸다면, 당신은 그들이 열망적인 접근법(aspirational approach)을 채택했다면 어떤 결정을 내릴지 숙고하도록 요청할 수 있다.

사례 연구

　　30대 중반의 여성인 제니스는 다음에 무엇을 할지 정하는 데 어려움이 있어서 커리어 코치를 방문했다. 그녀는 지금까지의 자신의 커리어에 대해서 그녀가 진짜로 능동적으로 결정을 하지 못했지만 그것을 왜 하는지나 그것이 자신을 어디로 이끌지에 대해 아무런 생각 없이 이 일 다음 저 일에 계속 '빠져들었다'고 말했다. 제니스는 전혀 관리가 안 되어 왔고 방향성이 없어 수년을 허비했다고 걱정했다.

커리어 코치는 그녀가 겪어 온 커리어 변경에 관해 이야기하도록 요청했고 계획된 우연 이론을 소개했다. 제니스는 즉시 이것을 자신의 경험에서 떠올렸고 코치와 이야기하면서 자신에게 온 기회를 활용할 수 있도록 실제로 내렸던 구체적인 결정 몇 가지를 확인했다. 제니스는 지금까지 자신의 커리어에 주도적으로 개입해 왔다는 부분에 대해 더 긍정적으로 생각하게 되었다.

그 후 코치는 제니스에게 그녀가 사람들에게 그녀의 현재 역할을 어떤 식으로 이야기하는지, 그렇게 말하고 나면 그녀가 어떻게 느끼는지에 대해 말해 줄 것을 요청했다. 이것은 제니스의 커리어 정체성에 대한 토론을 이끌어 냈고 그녀의 직업 정체성과 성격 정체성 사이에서 잘못 연결된 부분이 있다는 것을 발견할 수 있도록 해 줬다. 커리어 의사결정 자기효능감이 높아지고 현재 상황에서 무엇이 잘못된 건지 보다 명확하게 알게 됨으로써 제니스는 새로운 선택지에 관한 생각을 시작할 수 있는 주도적인 위치에 있게 되었다.

커리어 의사결정은 매우 복잡하고, 그 과정에 대해 완전히 이해할 수는 없다. 하지만 수십 년에 걸친 조사와 수백 개의 연구를 통해 관련된 의식적이고 무의식적인 요인들에 대해 상당한 통찰력을 얻었다. 많은 개념을 이해하기 시작했고 여전히 많은 것이 불분명하지만, 그 문헌들은 전반적으로 도움이 된다. 문헌을 이해하면 클라이언트를 적절히 지원하고, 커리어 의사결정을 더 빠르고 효과적으로 할 수 있는 다양하고 유용한 대안적 틀과 접근법을 제공할 수 있다.

참고문헌

Alexander, R. (2015). Career decision making in island communities: Applying the concept of the Aquapelago to the Shetland and Orkney Islands. *Shima, The International Journal of Research into Island Cultures, 9*(1), 38-52.

Allan, B. A., Batz-Barbarich, C., Sterling, H. M., & Tay, L. (2019). Outcomes of meaningful work: A meta-analysis. *Journal of Management Studies, 56*(3), 500-528.

Amir, T., & Gati, I. (2006). Facets of career decision-making difficulties. *British Journal of Guidance & Counselling, 34*(4), 483-503.

Amundson, N. E., Borgen, W. A., Iaquinta, M., Butterfield, L. D., & Koert, E. (2010). Career decisions from the decider's perspective. *The Career Development Quarterly, 58*(4), 336-351.

Bai, L., & Liao, H. Y. (2019). The relation between interest congruence and college major satisfaction: Evidence from the basic interest measures. *Journal of Career Assessment, 27*(4), 628-644.

Berg, J. M., Dutton, J. E., & Wrzesniewski, A. (2013). Job crafting and meaningful work. In B. J. Dik, Z. S. Byrne, & M. F. Steger (eds.), *Purpose and Meaning in the Workplace.* Washington, DC: American Psychological Association, pp. 81-104.

Bimrose, J. (2009). *Matching Theories (Trait/Factor).* Warwick: Institute of Employment Research/National Guidance Research Forum. www.guidanceresearch.org/EG/impprac/ImpP2/traditional/matching

Bimrose, J., & Barnes, S. A. (2007). Styles of career decision making. *Australian Journal of Career Development, 16*(2), 20-28.

Bimrose, J., & Barnes, S. A. (2011). *Adult Career Progression and Advancement: A Five Year Study of the Effectiveness of Career Guidance.* Warwick: IER Bulletin 99.

Bloch, D. P. (2005). Complexity, chaos, and nonlinear dynamics: A new perspective on career development theory. *Career Development Quarterly, 53,* 194-207.

Blustein, D. L. (2004). Moving from the inside out: Further explorations of the family of origin/career development linkage. *Counseling Psychologist, 32*(4), 603-611.

Both-Nwabuwe, J., Dijkstra, M., & Beersma, B. (2017). Sweeping the floor or putting a man on the moon: How to define and measure meaningful work. *Frontiers in Psychology, 8,* 1658.

Bright, J. E., & Pryor, R. G. (2011). The chaos theory of careers. *Journal of Employment Counseling, 48*(4), 163-166.

Brownstein, A. L. (2003). Biased predecision processing. *Psychological Bulletin, 129*(4), 545-568.

Dawis, R. V., & Loftquist, L. H. (1984). *A Psychological Theory of Work Adjustment.* Minneapolis: University of Minnesota Press.

Gati, I., & Tikotzki, Y. (1989). Strategies for collection and processing of occupational information in making career decisions. *Journal of Counseling Psychology, 36,* 430-439.

Gelatt, H. B. (1989). Positive uncertainty: A new decision-making framework for counseling. *Journal of Counseling Psychology, 36*(2), 252-256.

Gigerenzer, G. (2007). *Gut Feelings.* London: Penguin Books.

Gottfredson, L. S. (2002). Gottfredson's theory of circumscription, compromise and selfcreation. In D. Brown et al. (eds.), *Career Choice and Development,* 4th ed. San Francisco: Jossey-Bass, pp. 85-148.

Greenbank, P., & Hepworth, S. (2008). *Working Class Students and the Career Decision Making Process: A Qualitative Study. Report for the Higher Education Careers Service Unit (HECSU).* Manchester: HECSU.

Holland, J. L. (1997). *Making Vocational Choices: A Theory of Vocational Personalities and Work Environments*, 3rd ed. Englewood Cliffs, NJ: Prentice-Hall.

Hu, J., & Hirsh, J. B. (2017). Accepting lower salaries for meaningful work. *Frontiers in Psychology, 8*, 1649.

Iyengar, S. S., & Lepper, M. (2000). When choice is demotivating: Can one desire too much of a good thing? *Journal of Personality and Social Psychology, 76*, 995-1006.

Iyengar, S. S., Wells, R. E., & Schwartz, B. (2006). Doing better but feeling worse. *Psychological Science, 17*(2), 143-150.

Kahneman, D. (2011). *Thinking, Fast and Slow.* London: Allen Lane.

Keller, B. K., & Whiston, S. C. (2008). The role of parental influences on young adolescents' career development. *Journal of Career Assessment, 16*(2), 198-217.

Krieshok, T. S., Black, M. D., & McKay, R. A. (2009). Career decision making: The limits of rationality and the abundance of non-conscious processes. *Journal of Vocational Behavior, 75*(3), 275-290.

Law, B. (1981). Community interaction: A 'mid-range' focus for theories of career development in young adults. *British Journal of Guidance and Counselling, 9*(2), 142-158.

Levin, N., & Gati, I. (2015). Imagined and unconscious career barriers: A challenge for career decision making in the 21st century. In *Exploring New Horizons in Career Counselling.* Leiden: Brill Sense, pp. 167-188.

Mitchell, K., Levin, A., & Krumboltz, J. (1999). Planned happenstance: Constructing unexpected career opportunities. *Journal of Counseling and Development, 77*(2), 115-124.

Oh, I., Guay, R. P., Kim, K., Harold, C. M., Lee, J., Heo, C., & Shin, K. (2014). Fit happens globally: A meta-analytic comparison of the relationships of person-environment fit dimensions with work attitudes and performance across East Asia, Europe, and North America. *Personnel Psychology, 67*, 99–152. doi:10.1111/peps.12026

Redekopp, D. E. (2017). Irrational career decision-making: Connecting behavioural economics and career development. *British Journal of Guidance & Counselling, 45*(4), 441–450.

Rousseau, G. G., & Venter, D. J. (2009). Investigating the importance of factors related to career choice. *Management Dynamics: Journal of the Southern African Institute for Management Scientists, 18*(3), 2–14.

Schein, E. H. (1978). *Career Dynamics, Matching Individual and Organizational Needs.* Reading, MA: Addison-Wesley.

Simon, H. A. (1955). A behavioural model of rational choice. *Quarterly Journal of Economics, 59*, 99–118.

Su, R., Murdock, C., & Rounds, J. (2015). Person-environment fit. In P. J. Hartung, M. L. Savickas, & W. B. Walsh (eds.), *APA Handbook of Career Intervention, Vol. 1. Foundations.* American Psychological Association, Washington, pp. 81–98.

Weeks, K. P., & Schaffert, C. (2019). Generational differences in definitions of meaningful work: A mixed methods study. *Journal of Business Ethics, 156*(4), 1045–1061.

Xu, H. (2021). Career decision-making in an uncertain world: A dual-process framework. *Current Psychology*, 1–13.

4장
무엇이 성공적인 커리어를 이끄는가

🏢 커리어 성공

커리어 성공은 "업무(work) 경험의 결과로 축적된 긍정적인 심리적 또는 업무 관련 결과 또는 성취"로 정의된다(Seibert et al., 1999, p. 417). 언뜻 보기에, 이는 개인이 자신의 커리어에서 얼마나 잘해왔는지를 측정하는 것이기 때문에 완벽하게 이해가 된다. 그러나 커리어 성공이 실제로 의미하는 바는 클라이언트마다 크게 다를 수 있다. 커리어 성공에 대한 클라이언트의 개인적 정의를 명확히 이해하면 클라이언트가 자신의 커리어 가치를 파악하고 적절한 커리어 목표를 설정하는 데 도움이 될 수 있다. 실제로 최근 '커리어 성공 기준의 명확성', 즉 커리어 성공이 자신에게 어떤 의미인지 명확히 이해하는 것이 커리어 선택의 중요한 요소로 인식되면서 커리어 선택에 대한 자신감 향상, 커리어 결정력 증가, 삶의 만족도 및 직무 만족도

상승으로 이어지고 있다(Xin et al., 2020).

이 장에서는 커리어 성공을 예측하는 것으로 밝혀진 몇 가지 요인에 대해 논의하고 사람들이 생산적인 커리어 전략을 개발하는 데 도움이 될 수 있는 몇 가지 모델을 소개한다. 나는 개인이 직장 생활 동안 원하는 일자리를 찾을 수 있는 능력과 관련된 고용가능성의 개념을 살펴본 다음, 사람들이 자신의 커리어에서 잘할 수 있도록 도와주는 심리적 자산을 요약한 두 가지 개인 자원 모델을 소개할 것이다. 마지막으로, 개인이 통제할 수는 없지만, 사람들의 일과 관련된 기회에 큰 영향을 미치는 인구통계학적 요인에 대해 살펴볼 것이다. 하지만 먼저 커리어 성공의 정의에 대해 좀 더 자세히 살펴본다.

문헌에 나타난 한 가지 흥미로운 구분은 객관적인 커리어 성공과 주관적인 커리어 성공의 차이에 관한 것이다. 객관적인 커리어 성공은 외부에서 관찰할 수 있는 특성에 의해 판단된다. 객관적으로 성공한 사람은 수입이 많고 계층 구조에서 고위직으로 올라간 사람이며, 이러한 종류의 성공은 일반적으로 객관적으로 측정하기가 매우 쉽다. 객관적인 커리어 성공은 개인적 차이(높은 IQ, 적극적인 성격 등)와 구조적 변수(초기 커리어 성공, 가족의 사회경제적 지위, 네트워크 등)가 복합적으로 작용한 결과인 것으로 나타났다(Wang & Wanberg, 2017). 직장에서 일을 잘하고 싶어 하는 클라이언트에게 좋은 조언은 명확한 목표, 유용한 인맥, 지능, 노력이 모두 성과를 내리라는 것이다.

객관적인 커리어 성공에 이르는 전통적인 경로에는 스폰서십 이동성과 콘테스트 이동성이 있다(Ng & Feldman, 2014). 스폰서십 이동성을 통해 정상에 오른 사람들은 커리어 초기부터 주목받았으며, 잠재력을 인정받아 특별한 대우를 받아 왔다. 운이 좋은 이들은 추가 교육과 기회를 제공받으며, 전문성 개발에 도움을 줄 수 있는 코치와 멘토를 만날 수 있는 기회가 주어질 가능성이 높다. 정상에 오르는 두 번째 경로는 직접적인 경쟁의 한 형태인 콘테스트 이동성을 이용하는 것이다. 이 경로를 통해 성공하는 사람들은 열심히 일하고 목표를 초과 달성하며 자신의 역할에서 탁월한 능력을 발휘하는 사람들이다.

객관적인 커리어 성공에 대해 알게 된 가장 놀라운 사실은 그것이 삶의 만족도에 미치는 긍정적인 영향이 매우 미미하다는 것이다. 높은 연봉과 높은 직급은 성취에 대한 자부심과 다른 사람과의 비교를 통해 자신에 대해 좋은 느낌을 줄 수 있지만, 단점도 있다. 이러한 종류의 성공을 위해서는 일반적으로 긴 근무시간이 필요하며, 이는 이러한 '성공한' 사람들이 일반적으로 삶의 만족도에 더 많이 기여하는 의미 있는 인간관계를 만들고 기르는 데 투자할 시간이 적을 수 있음을 의미한다(Abele et al., 2016).

주관적인 커리어 성공은 개인이 자신의 커리어에서 얼마나 잘하고 있다고 느끼는지를 측정하는 척도이며, 사람에 따라 상당히 다른 의미를 가질 수 있다. 개인의 커리어 성공에 대한 견해는 직장에서의 동기부여와 참여도, 소셜 네트워크, 상사와 조직으로부터 받는 지원과 감사의 정도 등 다양한 요인에 의해 결정되지만, 무엇보다도 기대치가 가장 큰 영향을 미친다. 사람들은 자신에 대한 기대치를 초과하면 스스로 성공했다고 여기고, 이에 미치지 못하면 실패한 사람처럼 느끼게 된다(Ng & Feldman, 2014).

Ng 등(2005)의 메타 분석에 따르면 객관적 성공은 주관적 성공을 예측하지만, 그 상관관계는 0.3으로 상당히 약하다. 따라서 성공한 사람들은 그렇지 못한 사람들보다 자신의 커리어에 대해 긍정적으로 느낄 가능성이 약간 클 뿐이다. 다소 직관적이지 않은 이 결과는 사람들이 자신의 연봉에 대해 어떻게 느끼는지 조사한 연구에서도 반복된다. 사람들의 급여와 급여 만족도 수준 사이에는 약한 연관성만 존재하기 때문에 급여가 높은 사람은 급여가 훨씬 낮은 사람보다 자신의 급여에 만족할 가능성이 약간 더 높다(Judge et al., 2010). 이러한 결과는 동료 그룹과 비교한 결과라고 생각된다. 우리는 대부분 다른 사람들과 자신을 비교함으로써 자신이 어떤지를 판단한다. 사람들이 나이가 많아지고 보수가 높아질수록 역시 나이가 많고 보수가 높은 다른 사람들에게 둘러싸이기 시작하기 때문에 자신의 상황이 전체 인구와 어떻게 비교되는지 잘 인식하지 못한다.

객관적 성공과 주관적 성공 사이의 연관성은 반대 방향으로 더 강하며, 주관적 커리어 성공은 객관적 성공에 상당히 긍정적인 영향을 미치는 것으로 나타났다(Abele & Spurk, 2009). 즉, 자신이 실제로 동료나 또래보다 일을 잘하고 있다고 느끼면 자신감과 동기부여가 되어 더 열심히 일하게 된다.

여러분에게 '커리어 성공'이란 어떤 의미인가

매우 유용할 수 있는 한 가지 연습은 클라이언트에게 자신의 인생에서 '성공적인' 커리어를 쌓은 사람에 대해 생각해 보도록 요청하는 것이다. 성공에 대한 개념은 자신이 원하는 방식으로 정의할 수 있지만, 사람들은 대개 사회적으로 통용되는 연공서열, 부, 명성 등의 의미를 기본으로 삼는 경우가 많다. 당신의 클라이언트가 이 사람을 명확하게 떠올렸다면, 직장에서 행복하다고 묘사할 수 있는 다른 사람에 대해 생각해 보도록 초대하라. 그런 다음 두 인물과 일과의 관계에 대해 이야기해 달라고 요청하라. 두 사람 사이의 유사점과 차이점에 대해 생각해 보도록 격려한 다음, 이러한 사례를 통해 클라이언트가 '커리어 성공'에 대한 자신의 정의와 커리어에서 원하는 것에 대해 무엇을 알 수 있는지 토론해 보자.

당신 자신을 위해서도 이것을 해 보는 것은 흥미로운 성찰적인 아이디어가 될 수 있다. '커리어 성공'에 대한 우리 자신의 생각이 클라이언트의 이야기와 제안에 대응하는 방식에 영향을 미칠 수 있으므로, 자신의 가정과 판단이 무엇인지 파악하는 데 약간의 시간을 투자하여 코칭 대화에 방해가 되기 시작하는 시점을 알아차리는 것이 매우 유용할 수 있다.

🏢 고용가능성

고용가능성은 미래를 보장하는 커리어 성공의 방법이며, 개인이 현재뿐만 아니라 커리어 전반에 걸쳐 일자리를 찾고, 얻고, 유지하는 데 필요한 특성들의 조합을 의미한다. 2장에서 논의한 바와 같이, 노동시장의 변화 속도가 점점 빨라짐에 따라 우리 모두는 변화에 대해 경각심을 가지고 대응하며, 산업의 다음 발전을 바라보고 한발 앞서 나가는 것이 점점 더 중요해지고 있다.

고용가능성에 대한 다양한 모델이 있지만, 여기서는 경험적 증거에 의해 뒷받침되는 가장 간단하고 접근하기 쉬운 두 가지 모델을 소개한다. 이 모델들은 모두 커리어 관리의 책임을 개인에게 전적으로 맡기고 있으며, 이는 사람들이 우리가 일하는 방식의 미래 변화에 대비하고 보호하기 위해 고용주나 더 광범위하게는 사회에 의존해서는 안 된다는 것을 의미한다. 이는 논쟁의 여지가 없는 입장이 아니며, 우리 모두가 항상 자신의 자유 의지를 행사하고 자신의 커리어를 선택할 수 있는 위치에 있다고 가정할 수는 없다. 어떤 사람들에게는, 그리고 어떤 맥락에서는 이것이 더 쉬운 일인 것은 분명하다 (Forrier et al., 2009). 그러나 개별 클라이언트와 함께 작업하는 커리어 코치의 관점에서 볼 때, 함께 작업하는 각 개별 클라이언트를 돕는 것이 우리의 일이며, 이러한 모델은 개인이 취할 수 있는 가장 유용한 단계를 확인하는 데 유용한 프레임워크를 제공할 수 있다.

지능형 커리어 프레임워크

최초의 고용가능성 모델은 Parker 등(2009)의 지능형 커리어 프레임워크(Intelligent Career Framework: ICF)이다. 이 모델은 21세기 초 Arthur와 Rousseau(1996)가 기술한 새로운 무경계 커리어 경로의 요구 사항에 대응하기 위해 개발되었다. 이 새로운 업무 스타일(2장에서 자세히 설명함)은 평생직장이라는 개념을 거부하고 유동적이고 예측 불가능하며 조직이 아닌 개인이 통제하는 새로운 스타일의 커리어 경로를 수용한다. 많은 사람이 완전한 무경계 커리어를 가지고 있다고 확신하지는 않지만, 고용가능성 모델로서 이는 우리 모두에게 지속적으로 관련성을 유지하고 업무에 가치를 더하는 데 도움이 되는 프레임워크로서 유용할 수 있다. 이 모델에는 개인이 투자해야 하는 세 가지 '역량'이 있으며, 이 역량들이 모여 '커리어 자본' (직장 내에서 생존하고 성공하기 위해 운영할 수 있는 자원 은행)을 구성한다.

지능형 커리어 프레임워크

- **이유 알기**: 이것은 동기부여에 관한 것이다. '이유'를 아는 수준이 높은 사람은 명확한 커리어 목표를 가지고 있으며, 자신이 성취하고자 하는 것과 그것을 원하는 이유를 이해한다.
- **방법 알기**: 이는 실제로 업무를 수행할 수 있는 능력으로, 개인이 높은 수준으로 업무를 수행할 수 있도록 하는 기술, 능력 및 특성의 조합이다. 이는 인적 자본의 척도이며 경험, 성찰, 교육 및 훈련을 통해 개발할 수 있다.
- **누구를 알기**: 이것은 사회적 자본의 척도이다. 이는 네트워크와 당신의 커리어를 기꺼이 도와줄 수 있는 당신이 아는 사람들에 관한 것이다. 사회적 인맥은 다양하고 유용한 기능을 수행할 수 있으며, 사람들은 정서적으로 지지해 줄 수 있는 사람, 새로운 기술을 가르쳐 주고 자신의 경험을 활용할 수 있도록 도와줄 수 있는 사람, 자신에게 기회를 열어 줄 수 있는 사람으로 자신의 네트워크를 채워야 한다.

출처: Parker et al. (2009).

심리-사회적 구성으로서의 고용가능성

두 번째 고용가능성 모델은 Fugate 등(2004)이 고용가능성을 심리-사회적 구성으로 설명하며, 개인의 개인적 고용가능성은 개인의 특성('심리' 부분)과 맥락('사회' 부분)의 조합에 의해 결정된다고 설명한다. 지능형 커리어 프레임워크와 마찬가지로 이 모델 역시 직장 내 변화에 대응하지만, 특히 적응과 변화의 중요성을 강조하는 프로틴(protean) 커리어 모델의 개념에 중점을 둔다. 이 모델은 근로자가 빠른 변화를 예측하고 이에 대응할 수 있을 만큼 날렵하고 민첩하게 행동하도록 장려하며, 고용주에게 지속적으로 가치를 더할 수 있도록 끊임없이 자신을 재창조한다. 이 모델에는 커리어 정체성, 개인적 적응력, 사회적 및 인적 자본이라는 세 가지 요소가 있다.

고용가능성에 대한 심리−사회적 모델

- **커리어 정체성**: 이는 사람들이 커리어 맥락에서 자신을 어떻게 정의하는지에 관한 것이다. '나는 누구인가' '나는 어떤 사람이 되고 싶은가'라는 질문에 답하고 동기를 부여하여 자신에게 적합한 진로를 파악하고 목표를 실현하기 위해 노력하도록 돕는다. 여기에는 역할 정체성, 직업 정체성, 조직 정체성을 포함할 수 있으며, 사람들이 미래를 설계하기 위해 자신의 과거와 현재를 이해한다는 점에서 종단적이라 할 수 있다.
- **개인적 적응력**: 여기에는 직장의 요구를 예측하거나 이에 대응하여 개인적인 변화를 만드는 능력과 동기가 포함된다. 여기에는 미래의 변화를 긍정적인 기회로 보는 성향인 낙관주의, 학습능력, 변화에 대한 열정을 키우는 개방성, 자신의 운명을 통제할 수 있다고 느끼게 하는 내적 통제 소재, 필요한 변화를 만들 수 있다고 믿게 하는 자신감 등 다섯 가지 개인적 특성이 포함된다.
- **사회적 및 인적 자본**: 사회적 자본은 당신이 아는 사람들로부터 얻을 수 있는 가치, 즉 커리어를 발전시키는 데 도움이 되는 정보와 기회를 의미한다. 인적 자본은 특정 업무를 잘 수행하는 데 도움이 되는 기술, 지식, 능력, 특히 교육과 경험을 말한다.

출처: Fugate et al. (2004).

🏛 개인적 자원

커리어 성공의 또 다른 원동력은 높은 수준의 개인적 자원, 즉 개인이 커리어 목표를 달성하는 데 도움이 될 수 있는 성격 또는 특성을 개발하는 데서 비롯된다. 여기서는 두 가지 다른 개인적 자원 모델을 소개하고자 한다. 심리적 자본(Luthans et al., 2007)과 커리어 적응력 모델(Savickas & Porfeli, 2012)은 모두 개인이 자신의 목표를 명확히 하고 커리어를 발전시키는 데 도움이 되는 것으로 나타났다.

심리적 자본

우리는 이미 앞의 모델에서 어떤 식으로든 힘을 부여하는 자원으로서 '자본'이라는 개념을 접한 바 있다. 이 모델은 심리적 자본에 초점을 맞추고 있는데, 심리적 자본은 단순히 심리적 특성을 통해 활용할 수 있는 힘을 나타낸다. 심리적 자본은 희망, 효능감, 회복탄력성, 낙관주의(Hope, Efficacy, Resilience, Optimism: HERO)의 네 가지 요소로 구성된다. 가장 중요한 구성으로서, 심리적 자본은 더 나은 업무 성과와 직무 만족도로 이어지는 것으로 나타났지만, 각 요소는 선택과 실제 취업이라는 측면에서 커리어 개발에도 영향을 미치는 것으로 나타났다. 심리적 자본은 이 네 가지 측면의 조합이다. 이는 고차적 구조로 설명되는데, 네 가지 측면이 합쳐지면 각 개별 부분의 합보다 더 큰 영향을 미친다는 것을 의미한다.

심리적 자본

- **희망**: 여기에서 희망은 목표와 계획이라는 두 가지 요소를 통합하는 매우 뚜렷한 의미를 가진다. 높은 수준의 희망이 있는 사람은 자신이 가고자 하는 곳을 명확하게 볼 수 있고 그곳에 도달하기 위해 취해야 할 경로에 대해 구체적으로 이해할 수 있다.
- **효능감**: 흔히 '자기효능감'(HERO의 'E')으로 알려진 효능감은 좋은 선택을 하거나 목표를 달성할 수 있다는 자신의 능력에 대한 자신감 또는 자기 믿음을 나타내는 척도이다.
- **회복탄력성**: 회복탄력성은 일이 잘못되었을 때 대처할 수 있는 능력으로, 좌절에도 불구하고 다시 일어나 계속 나아갈 수 있는 능력이다. 개인이 현실에 대한 확고한 견해와 삶이 의미 있다는 깊고 확고한 믿음을 가지고 있다면 더 쉽게 달성할 수 있다.
- **낙관주의**: 낙관주의는 모든 일이 잘 풀릴 것이라는 일반적인 감각이다. Luthans는 일어날 수 있는 나쁜 일에 대해 마음을 닫는 것이 아니라 긍정적인 면을 보고 해결책에 대해 개방적이고 창의적이 되는 '현실적 낙관주의'의 필요성을 강조한다.

출처: Luthans et al. (2007).

커리어 적응력 모델

두 번째 자원 모델은 Savickas와 Porfeli(2012)가 개발한 커리어 적응력 모델이다. 이 모델 역시 개인이 자신의 커리어를 관리해야 할 필요성에 부응하지만, 빠르게 변화하는 노동시장 내에서 커리어를 관리하는 문제에 보다 구체적으로 초점을 맞춘다. 이 모델은 미래의 변화를 예측하고 대비할 수 있어야 하며, 변화가 발생하면 이에 대응하고 적응할 수 있어야 한다는 점을 강조한다. 이 모델은 4C[관심 (concern), 통제(control), 호기심(curiosity), 자심감(confidence)]로 알려진 커리어 적응력의 네 가지 측면을 식별하며, 사람들이 자신의 커리어 경로를 설계하고 개발하도록 장려하는, 2장에서 언급한 커리어 구성 이론(Savickas, 2005)과 밀접하게 연결되어 있다.

커리어 적응력 모델

- **관심**: 이것은 미래에 대해 생각하고 지금이 준비를 시작할 때임을 인식하는 것이다. 개인이 앞을 내다보고 다음에 올 일에 대비하도록 도와준다.
- **통제**: 이것은 결정에 대한 책임을 지고 스스로 선택해야 한다는 것을 인식하는 것을 의미한다. 이를 통해 개인은 자기규율, 노력 및 끈기를 통해 자신과 자신의 환경을 다음 단계에 맞게 변화시켜야 한다는 책임감을 갖게 된다.
- **호기심**: 이것은 어떤 옵션이 가능한지 둘러보고 그에 대해 알아내는 것으로 정의할 수 있다. 호기심은 사람들에게 다양한 상황과 역할에 처한 자신에 대해 생각하게 하고 자신의 다양한 미래 버전과 대안적인 미래 시나리오를 탐색하기 시작하도록 유도한다.
- **자신감**: 여기에는 자기효능감을 키우기 위해 새로운 기술을 배우고, 문제를 해결하고, 장애물을 극복하는 것이 포함된다. 이러한 탐구 경험과 정보 탐색 활동은 열망을 불러일으키며 좋은 선택을 하고 목표를 달성할 수 있는 능력에 대한 자신감을 키워 준다.

실제로 이러한 모델 사용하기

이 장에서는 나는 네 가지 모델을 제시했는데, 각 모델은 사람들이 커리어에서 더 성공하는 데 도움이 될 수 있는 몇 가지 기술 또는 특성을 강조하는 프레임워크를 제공한다. 각 모델마다 구체적인 초점은 다르지만 현재와 커리어 전반에 걸쳐 좋은 일자리를 찾고, 확보하고, 유지할 수 있는 기회를 극대화하는 방법에 대한 가이드를 제공한다.

이러한 모델 중 하나를 클라이언트와 공유하는 것이 생산적일 수 있다. 이 모델들은 모두 간결하고 접근하기 쉬우며, 클라이언트의 현재 위치를 분석하고 향후 조치를 위한 로드맵을 제시하는 데 유용한 프레임워크가 될 수 있다. 모델을 명시적으로 공유하면 클라이언트에게 프로세스에 대한 명확성과 자신감을 줄 수 있다는 것을 알게 되었다.

1. **가장 적합한 모델을 선택하라.** 당신의 개인 취향이나 클라이언트의 특정 요구 사항에 따라 선택할 수 있다. 나는 클라이언트가 자신의 상황에 대해 이야기하는 방식에 귀를 기울이는 것이 유용하다고 생각한다. 클라이언트가 논의하는 아이디어나 자신의 상황을 설명하는 데 사용하는 단어가 모델 중 하나에 반영되어 있다면, 나는 종종 그 특정 모델을 선택하여 클라이언트와 공유한다. 이러한 공통 기반은 클라이언트가 모델에 특히 쉽게 접근할 수 있게 하고, 이미 이룬 진전을 강조하는 데 도움이 되며, 자신의 생각을 검증할 수 있게 한다.

2. **현재까지의 진행 상황을 평가하라.** 클라이언트에게 각 요소에 대해 스스로 평가해 보도록 권유하고, 각 요소에 대해 얼마나 잘하고 있다고 생각하는지 1~10점 척도로 말하도록 요청하라. 클라이언트가 어떻게 그 점수에 도달할 수 있었는지, 성과는 무엇인지, 여기까지 오기 위해 어떤 자원을 활용했는지 등 자신감을 북돋우는 토론으로부터 시작할 수 있다.

3. **개선해야 할 부분에 대해 토론하라.** 성과와 강점에 대해 논의하는 데 시간을 할애했다면, 조금 더 노력이 필요할 수 있는 영역으로 대화를 전환하라. 클라이언트에게 해당 영역이 지금까지 잘 개발되지 않은 이유를 생각해 보도록 요청하고, 구체적인 장벽이나 잠재력이 분명한 영역을 식별할 수 있는지 살펴보라.

4. **취해야 할 구체적인 단계를 파악하라.** 그런 다음, 다음 단계로 토론을 이끌고 점수를 향상시키기 위해 어떤 전략을 세울 수 있는지 또는 어떤 조치를 취할 수 있는지 물어보라.

출처: Savickas & Porfeli (2012).

🏢 차별

이 장에서 지금까지 다룬 아이디어 대부분은 근로자 개개인의 주체성(agency)을 전제로 한다. 이들은 일의 세계가 어느 정도 변화했음을 인정하고, 조직이 더는 직원의 커리어를 책임지지 않기 때문에 자신의 커리어 목표를 파악하고 자신의 커리어 경로를 개척하는 것은 직원 개인에게 책임이 있다고 제안한다. 이러한 관점은 개인과 함께 작업하는 커리어 코치에게 유용하다. 우리의 임무는 클라이언트에게 가치를 더하고 클라이언트의 자산을 최대한 활용하도록 돕는 것이므로 개인이 통제할 수 있는 요소에 주의를 기울이는 것은 매우 중요하다. 하지만 모든 사람이 똑같이 스스로 선택하고 목표를 달성할 수 있는 능력을 갖추고 있지는 않다는 점을 기억하는 것이 중요하다. 이 마지막 섹션에서는 개인이 통제할 수 없는 몇 가지 요인에 대해 살펴본다.

커리어 성공은 여러 인구통계학적 요인에 의해 크게 결정되며, 중

산층 가정에서 장애가 없는 이성애자 백인 남성으로 태어났다면 대부분의 분야에서 유리하다는 것을 알고 있다. 여기에 정신적으로 건강하고, 키가 크고, 매력적이어야 한다는 조건을 추가하면, 당신은 그들이 입을 열기도 전에 능력이 있다고 여겨지는 사람들의 모습을 그려 볼 수 있다. 지난 수십 년 동안 공정한 경쟁의 장을 마련하고 차별을 받을 가능성이 있는 사람들에게 역할 모델, 기회에 대한 접근성, 그들을 보호하는 데 도움이 되는 정책과 법률을 제공하기 위해 큰 노력을 기울여 왔다. 이러한 노력은 중요하고 변화를 가져왔지만, 이 싸움에서 승리한 것은 결코 아니다.

이 장의 앞부분에서 언급했듯이 커리어 성공을 평가하는 한 가지 방법은 수입을 측정하고 비교하는 것이다. 물론 이것이 커리어 성공에 대해 생각하는 유일한 방법이나 가장 중요한 방법은 아니지만, 객관적으로 평가할 수 있으므로 서로 다른 그룹을 비교할 수 있는 명확한 방법이 될 수 있다. '임금 격차'라는 개념은 두 그룹의 평균 급여 차이를 의미하며, 미묘한 차이는 있지만, 직장에서 서로 다른 그룹이 직면한 장벽을 반영하는 데 유용하다.

장애인 임금 격차

최근 정부 통계에 따르면 영국의 장애인 임금 격차는 12%가 조금 넘는데, 이는 비장애인이 1파운드를 벌 때마다 장애인은 일반적으로 88펜스를 벌게 된다는 것을 의미한다(ONS, 2019a). 이는 장애 유형 간의 모든 종류의 차이를 가리고 있는데, 신체장애를 가진 사람들은 정신 질환 및 학습 장애와 같은 '정신적 장애'를 가진 사람들보다 노동시장 결과가 더 좋은 경향이 있다.

민족성에 따른 임금 격차

민족성과 관련된 임금 격차는 복잡하다. 정부 통계에 따르면 중국과 인도 출신 근로자는 백인 근로자보다 더 많은 임금을 받지만(중국인의 경우 최대 31% 더 높음), 흑인, 방글라데시, 파키스탄 근로자는 일반적으로 더 적은 임금을 받으며, 방글라데시 출신 근로자는 영국 백인 근로자보다 평균 20.2% 더 적게 받는다. 교육과 직업이 일부 차이를 설명하지만 모든 것을 설명하지는 못하며, 특히 영국에서 태어난 이민 1세대의 경우 격차가 여전히 남아 있다. 영국에서 태어난 사람들은 일반적으로 더 많은 소득을 얻는다. 대부분의 이러한 소수민족 그룹 내에서도 성별 임금 격차가 존재하며, 일반적으로 남성이 여성보다 더 많은 수입을 올린다(ONS, 2019c). 이러한 현상을 교차성이라고 하는데, 이는 하나 이상의 인구통계학적 문제에 직면한 사람들의 상황을 설명한다. 파키스탄 여성은 성차별만 겪는 백인 여성 근로자나 인종차별만 겪는 파키스탄 남성보다 직장 내에서 더 많은 어려움을 겪는다.

성별 임금 격차

성별 임금 격차는 최근 언론에서 자주 다루어지는 주제이며, 여전히 17.3%라는 실망스러운 수치이지만(즉, 일반적으로 남성이 1파운드 벌 때마다 여성은 82.7펜스를 벌고 있음) 적어도 어느 정도 개선이 이루어지고 있다. 전반적인 격차는 전년 대비 0.5% 감소했지만 젊은 층의 성 평등은 개선되었으며 40세 미만 정규직의 성별 임금 격차는 이제 거의 0에 가까워졌다(ONS, 2019b). 여성이 엄마가 되면 육아와 일을 병행하는 데 어려움을 겪게 되고, 지금은 예전보다 상당히 높아졌지만, 많은 고위직에 여전히 여성이 동등하게 접근하지 못하는 유리 천장에 부딪히면서 남녀 임금 격차는 실제로 시작된다. 또한 여성은 보건 및 사회복지 분야와 같은 저임금 직종에서 일할 가능성이 더 높다. 이는 어느 정도는 선택의 문제이지만, 여성의 배려심을 기대하고 좋아하는 사회에서 여성이 이러한 역할을 하도록 권장하기 때문에 우리의 선택이 완전히 자유롭지 않다는 주장이 제기될 수도 있다. 또한 이러한 역할이 여성으로 가득 차 있기 때문에 임금이 낮을 것이라고 추측할 수 있는 것은 결코 우연이 아니다.

성적 취향에 따른 임금 격차

성적 취향과 임금에 관한 통계는 그다지 강력하지 않다. 이전 섹션에서 인용한 수치는 방법론적으로 견고한 대규모 정부 데이터로부터 나온 것이다. 임금과 성적 취향을 조사하는 서베이는 소규모인 경향이 있지만 메시지는 여전히 상당히 일관성이 있으며 동성애자 남성은 이성애자 남성보다 수입이 적을 가능성이 있지만, 동성애자 여성은 이성애자 여성보다 수입이 더 많을 가능성이 있음을 시사한다(연구마다 다르지만 두 그룹 모두 약 10%의 차이가 나는 경향이 있음; Klawitter, 2015). 이 중 일부(전부는 아니지만)는 라이프스타일 선택과 학계에서 '업무 강도'라고 부르는 것으로 설명할 수 있다. 동성애자 남성은 이성애자 남성보다 근무시간이 적고, 동성애자 여성은 자녀를 가질 가능성이 적기 때문에 모성 불이익을 겪지 않는다는 증거가 있다(7장에서 비계획적인 커리어 전환에 대해 살펴볼 때 다시 설명한다).

사회 계층별 임금 격차

사회 계층은 커리어 성공에 가장 큰 영향을 미치는 요인 중 하나이다. 사회경제적 지위가 높은 집단과 낮은 집단 간의 임금 격차는 어떤 데이터 세트를 보느냐에 따라 다르지만, 40대가 되면 9%에서 26% 사이로 벌어지며, 공립학교와 사립학교에서 교육받은 사람들 간의 격차는 더욱 극명하게 드러난다(Green et al., 2017). 사교육을 받은 성인은 판사, 정치인, 방송인, 최고 비즈니스 리더와 같은 강력한 '제도권' 직종에 종사할 가능성이 더 높으며, 같은 교육을 받았지만 공립학교에 다니는 사람보다 더 많은 수입을 올릴 가능성이 높다(Green et al., 2017). 사교육으로 인한 임금 프리미엄은 특히 사립학교를 다닌 경우, 특히 수익성이 높은 분야의 직업을 추구할 가능성이 훨씬 더 높은 남성에게 두드러진다.

이 장에서 소개하는 고용가능성과 인적 자원에 초점을 맞춘 모델과 아이디어는 공통점이 많다. 근로자는 변화에 대응할 수 있는 준비를 잘하고 자신의 기술과 네트워크를 최신 상태로 유지해야 하며, 무엇이 동기를 부여하는지 명확히 파악하여 직장에서 진정성과 몰입감을 지속적으로 느낄 수 있도록 해야 한다는 데 의견이 일치하는 것 같다. 이 모델들은 노동력의 발전에 대응하여 개발되었는데, 특히 근로자가 지속적으로 기술을 업데이트해야 하는 노동시장의 빠른 변화 속도와 보다 유동적인 새로운 노동시장이 제공하는 변화의 기회 모두를 다루고 있다. 개별 주체성에 초점을 맞추고, 모든 클라이언트가 커리어 성공을 달성하기 위해 동등하게 잘 준비되어 있다는 가정은 물론 이야기의 일부분일 뿐이며, 커리어 성공을 촉진하거나 방해하는 다른 여러 요인이 있다는 점을 기억하는 것이 중요하다. 그러나 우리는 클라이언트가 자신이 처한 상황을 최대한 활용할 수 있도록 돕기 위해 존재하며, 이러한 모델들은 클라이언트가 자신의 자산을 활용하고 만족스러운 커리어로 나아가도록 돕는 생산적인 커리어 전략을 개발하는 데 유용한 초점을 제공할 수 있다.

참고문헌

Abele, A. E., Hagmaier, T., & Spurk, D. (2016). Does career success make you happy? The mediating role of multiple subjective success evaluations. *Journal of Happiness Studies, 17*(4), 1615–1633.

Abele, A. E., & Spurk, D. (2009). How do objective and subjective career success interrelate over time? *Journal of Occupational and Organizational Psychology, 82*(4), 803–824.

Arthur, M. B., & Rousseau, D. M. (eds.) (1996). *The Boundaryless Career: A New Employment Principle for a New Organizational Era.* Oxford: Oxford University Press.

Forrier, A., Sels, L., & Stynen, D. (2009). Career mobility at the intersection between agent and structure: A conceptual model. *Journal of Occupational and Organizational Psychology, 82*(4), 739–759. https://doi.org/10.1348/096317909X470933

Fugate, M., Kinicki, A. J., & Ashforth, B. E. (2004). Employability: A psycho-social construct, its dimensions, and applications. *Journal of Vocational Behavior, 65*(1), 14–38.

Green, F., Henseke, G., & Vignoles, A. (2017). Private schooling and labour market outcomes. *British Educational Research Journal, 43*(1), 7–28.

Judge, T. A., Piccolo, R. F., Podsakoff, N. P., Shaw, J. C., & Rich, B. L.

(2010). The relationship between pay and job satisfaction: A meta-analysis of the literature. *Journal of Vocational Behavior, 77*(2), 157–167.

Klawitter, M. (2015). Meta-analysis of the effects of sexual orientation on earnings. *Industrial Relations: A Journal of Economy and Society, 54*(1), 4–32.

Luthans, F., Youssef, C. M., & Avolio, B. J. (2007). Psychological capital: Investing and developing positive organizational behavior. *Positive Organizational Behavior, 1*(2), 9–24.

Ng, T. W. H., Eby, L. T., Sorensen, K. L., & Feldman, D. C. (2005). Predictors of objective and subjective career success: A meta-analysis. *Personnel Psychology, 58*, 367–408.

Ng, T. W. H., & Feldman, D. C. (2014). Subjective career success: A meta-analytic review. *Journal of Vocational Behavior, 85*, 169–179.

Office for National Statistics. (2019a). *Disability Pay Gap in the UK*. London: Office for National Statistics. www.ons.gov.uk/peoplepopulationandcommunity/healthandsocialcare/disability/articles/disabilitypaygapsintheuk/2018

Office for National Statistics. (2019b). *Gender Pay Gap in the UK*. London: Office for National Statistics. www.ons.gov.uk/employmentandlabourmarket/peopleinwork/earningsandworkinghours/bulletins/genderpaygapintheuk/2019

Office for National Statistics. (2019c). *Ethnicity Pay Gaps in the UK*. London: Office for National Statistics. www.ons.gov.uk/employmentandlabourmarket/peopleinwork/earningsandworkinghours/articles/ethnicitypaygapsingreatbritain/2019

Parker, P., Khapova, S. N., & Arthur, M. B. (2009). The intelligent career framework as a basis for interdisciplinary inquiry. *Journal of Vocational Behavior, 75*(3), 291–302.

Savickas, M. L. (2005). The theory and practice of career construction. *Career Development and Counseling: Putting Theory and Research to Work, 1,* 42–70.

Savickas, M. L., & Porfeli, E. J. (2012). Career adapt-abilities scale: Construction, reliability, and measurement equivalence across 13 countries. *Journal of Vocational Behavior, 80*(3), 661–673.

Seibert, S. E., Crant, J. M., & Kraimer, M. L. (1999). Proactive personality and career success. *Journal of Applied Psychology, 84,* 416–427.

Wang, M., & Wanberg, C. R. (2017). 100 years of applied psychology research on individual careers: From career management to retirement. *Journal of Applied Psychology, 102*(3), 546–563.

Xin, L., Zhou, W., Li, M., & Tang, F. (2020). Career success criteria clarity as a predictor of employment outcomes. *Frontiers in Psychology, 11.*

5장

직무 만족: 직장에서 우리를 행복하게 하는 요인은 무엇인가

앞 장에서 보았듯이 직업을 결정할 때에는 많은 요인을 고려하게 된다. 직장 위치, 근무시간, 급여와 같은 일부 항목은 보통 예견할 수 있지만, 얼마나 즐겁게 직장 생활을 할 수 있느냐 같은 것은 알기도 예측하기도 훨씬 어렵다. 커리어 코칭은 클라이언트가 직장 생활을 잘할 수 있도록 도와주는 일에 상당히 큰 비중을 두고 있기에, 만족스러운 직장 생활을 하게 하는 보편적 요인들을 확실히 인식한다면 클라이언트가 미래의 직장 생활을 잘 예견하도록 도움을 줄 것이다.

다행히도 우리가 알아보고자 하는 직무 만족에 영향을 주는 요인에 대한 연구가 많이 이루어져 왔다. 연구 결과가 항상 확정적이지도 않고 어떤 결과는 완전히 정반대인 것도 있으나 몇 가지 실질적인 메타 분석을 통해 직무 만족 데이터를 잘 이해할 수 있을 것이다. 이 장에서는 핵심적인 연구 결과에 대해 정리하면서 논의해 보고자 한다.

당신의 지난 직업 경력에 대해 생각해 보고 각각의 직업에 1~10점으로 등급을 매겨 보세요. 가장 높은 점수와 가장 낮은 점수를 선택해서 당신의 경험을 긍정적이게 또는 부정적이게 하는 요소는 무엇인지 분석해 보세요.

직장에서 얼마나 행복한지는 직무요인, 성격 및 인생 사건의 조합에 의해 결정되며, 각각을 차례로 살펴볼 것이다. 직무요인은 진로 또는 직업 선택에 도움이 될 수 있기 때문에 커리어 코칭 실습과 가장 관련이 있을 수 있다. 직무요인들은 직무 만족도의 55%가량 차지할 정도로 가장 크게 영향을 주고 있으므로 먼저 그에 대해 살펴보겠다.

직무요인

여러 논문에서 직무 만족에 영향을 주는 직무요인에 대해 연구하고 있지만, 직무요인 중 가장 많이 영향을 주는 것은 다음 여섯 가지다(예: Roelen et al., 2008).

1. 업무의 다양성: 직무 만족에 가장 큰 영향을 줄 것 같은 직무요인은 얼마나 다양한 업무가 있는가이다.
2. 직장 동료: 좋은 동료는 얼마나 즐겁게 일할 수 있는지의 차이를 만들며 공동체 의식의 핵심 요소이다. 직장에서 좋은 동료 1명은 얼마나 즐겁게 일할 수 있게 하는가에 영향을 준다(Rath & Harter, 2010). 직장 동료끼리 우리는 잘 지내야 하는 팀의 일

원이고, 공동의 목표와 가치를 공유하며 직업적으로나 개인적으로 서로를 배려하는 팀의 일원이라는 느낌만큼 중요하지 않다. 동료와 직무 만족과의 상관관계에 관한 연구에서, 직장 동료는 개인의 일상적인 행복감과는 관련이 많지만, 직장 상사와의 친밀감은 직무 만족과의 연관성은 별로 없는 것으로 나타났다. 이것은 다소 예상을 벗어나는 것 같지만, 대부분의 직원은 상사와 가깝게 지내는 시간이 상대적으로 적기 때문에 관련성이 없는 것으로 생각된다.

3. 근무환경: 직업을 고려할 때 개인은 근무환경에 상당한 비중을 둔다. 사무실 환경, 장소, 시설 · 설비 모두는 외부에서 그 일을 매력적인 것으로 평가할 수 있는 요소와 근무하는 사람이 봤을 때 업무 만족도를 가질 수 있는 요소이기도 하다. 이러한 근무 여건에는 작지만 영향을 줄 수 있는 것으로 밝혀진(예: Bellou, 2010) 창의성, 공정성, 열정, 만족할 만한 좋은 명성과 같은 개념과 함께 조직문화를 포함한다. 이와는 반대로 공격적이고 목표 달성을 지나치게 강조하거나, 경쟁에 초점을 맞춘 근무환경에서는 만족감을 갖지 못하게 한다.

4. 업무 부담: 업무량은 전반적인 업무 부담과 특정한 업무 부담으로 나누어진다. 업무 부담에는 시간에 대한 인식과 초과근무나 직책에서 오는 책임감, 근무 불안정성이 포함된다. 이러한 요소들은 대개 주관적으로 측정되고, 그래서 일 전체에 대한 객관적 평가보다는 개개인의 업무 능력에 대한 평가이다. 지나치게 적은 업무량은 근무시간을 지루하게 만들지만, 직무 만족도를 보다 낮게 만드는 것은 업무 과다이다.

5. 자율성: 근무시간 중에 갖게 되는 합리적인 자율성은 직무 만족

에 상당한 영향을 주는 것으로 밝혀지고 있고, 직무 만족에 가장 보편적으로 기여하는 요소 중 하나이다. 이런 맥락에서 자율성은 매우 밀접하지만 구별되는 두 가지 개념으로 구성되어 있다. 첫째는 일을 잘 수행했을 때 인정받거나 실패하였을 때 비난을 감수하며 분명하게 자신에게 귀책되는 일에 대한 개인적 책임감이다. 둘째는 보다 전통적인 개념으로 무엇을 어떻게 할지 선택할 수 있고, 계획을 실행하며, 문제들을 해결할 수 있는 자신의 의사결정에 대해 통제력을 갖는 것이다.

6. 교육기회: 핵심적인 직무요인 중 마지막 하나는 일을 통해 얼마나 자기를 발전시킬 수 있느냐 하는 것이다. 이것은 단지 공식적 자격 요건(비록 역할이라는 측면에서는 매우 매력적일 수 있겠지만)을 갖추는 기회와 관련된 것만이 아니라, 일을 통해 배우고 성장할 수 있는 기회로 여겨진다.

7. 의미: 여기에 포함하고 싶은 마지막 요소는 Roelen의 연구에는 없던 부분인데, 아마도 직장의 의미에 대한 아이디어를 탐구하는 것에 상당한 관심이 최근에 생겨났기 때문일 것이다. 의미 있는 일에는 세 가지 요소가 있다. 일 자체가 의미 있다고 느낄 필요가 있고, 자신이 하는 일이 더 넓은 세상에 어떤 긍정적인 이익이 되는지 알 필요가 있으며, 그리고 자신이 하는 일을 통해 자신의 삶 전체가 어떤 의미를 부여받았다고 느낄 필요가 있다. 지난 10년 동안 등장한 연구에 따르면, 자신의 일에 의미가 있다는 것을 발견하는 것이 직무 만족에 상당히 긍정적인 영향을 미칠 뿐만 아니라 전반적인 삶의 만족도에 기여하는 것으로 나타났다(Rothausen & Henderson, 2019).

이와 같은 직무요인들은 클라이언트와 공유할 수 있는 매우 유용한 정보이지만, 명심해야 할 중요 요점은 이런 요인들이 모두 고객에게 똑같이 적용될 수 없고, 그 직무요인 중 많은 것은 매우 주관적이라는 것이다. 예를 들면, '좋은 동료'라는 정의는 사람마다 다르다는 것이다. '업무의 다양성'이라는 개념을 어떤 사람은 "매일 전화로 하루 종일 시간을 보내는 것이 매우 지루해."라고 할 수 있는 반면에 다른 사람은 "매일 20명의 다른 사람들과 이야기를 할 수 있고, 그 어떤 전화도 똑같은 내용은 없으니 매우 매력적인 일이야."라고 다르게 해석할 수 있다. 근거에 대한 정보를 공유하는 것은 클라이언트가 이런 직무요인들을 잘 이해하고 우선순위를 정할 수 있도록 생산적인 대화를 이끌어 낼 수 있을 것이다.

지금까지 직무 만족에 영향을 미칠 수 있는 직장 내 요인에 대해 살펴보았다. 우리의 전문적인 관행에 관한 한, 직장 내 요인들은 클라이언트가 직장 생활에서 가장 잘 통제할 수 있는 것이기 때문에 고려해야 할 가장 유용한 요인이다. 직무의 다양성과 자율성이 결여되어 역할이 보람이 없다면 클라이언트는 더 큰 책임과 통제를 허용하는 다른 역할을 찾을 수 있다. 그러나 직장 내 요인들은 우리가 직장에서 얼마나 행복한지에 영향을 미치는 유일한 요인은 아니다. 이제부터 직무 만족에 영향을 미치는 개인적 요인을 살펴보겠다. 직장 내 요인들을 바꾸는 것은 더 까다롭다. 당신에게 더 많은 자율성을 제공하는 직무를 찾는 것이 외향적인 성격을 더 많이 개발하는 것보다 더 쉽다. 이런 이유로 클라이언트와 논의하는 데 신중을 기할 필요가 있다. 하지만 실무자로서 직무요인뿐만 아니라 개인을 이해하는 데 도움이 될 수 있으므로 여기에 포함시켜 전체를 이해할 수 있도록 하겠다.

개인적 요인

직무 만족에서 약 45%의 변화는 연령, 성별, 성격과 같은 개인적 요인에 기인할 수 있다(Judge et al., 2002).

성격 특성

성격은 직무 만족에 결정적인 영향을 미치는 것으로 나타나 왔던 영역이다. 성격과 직무 만족의 연관성에 관한 초기의 연구는 직장에서 만족감을 느끼도록 만드는 분명한 성격 특성이 있다고 말한다. 후속 연구에서는 업무에 더 만족하는 성향을 가진 성격은 사실 다른 일련의 요소로 구성되어 있음을 밝힌다. Judge 등(2002)은 메타 분석을 통해 'Big Five' 성격요인 중 네 가지 분명한 연결고리를 발견하였는데, 직무 만족과 관련이 없는 하나는 경험의 개방성이었다.

어떤 직업이든 상관없이, 자신의 직장 생활을 즐기는 성격 유형은 예민하지 않고 신경질적이지 않고 매우 외향적이며 성실하고 친화적이다.

신경질적인 성향은 직무 만족과 반비례한다(신경질적인 성향에서 매우 높은 점수를 받은 사람들은 직무 만족도 점수가 낮은 경향이 있다). 신경질적인 성향에서 높은 점수를 받은 사람들은 부정적인 감정을 쉽게 경험하고, 그런 감정을 느끼게 하는 상황으로 빠져든다. 그들은 자신의 상황이 어떤 것이든 관계없이 불만족스러워한다. 대조적으로, 외향적 성향의 사람들은 긍정적인 직무 만족과 매우 연관이 크다. 외향적인 사람들은 긍정적인 감정을 경험하는 성향과 사회적 상황으로부터 더 얻으려는 경향이 있기 때문에(거의 모든 일은 다른 사람들과 접촉해야 한다), 직업 환경의 본질은 그들에게 사회적 만족도를 주는 것 같다. 성실성은 일에 대한 몰입도와 관련이 있다. 성실성에서 높은 점수를 받은 사람들은 열심히, 오랜 시간 일하고 더욱 적극적으로 직무와 직장 생활에 참여하는 경향이 있다. 결과적으로 이들은 직장에서 급여 인상과 승진과 같은 공식적인 보상과 인정, 자기평가와 성취감 같은 비형식적인 보상을 모두 받는 것이다. 마지막으로, 친화성에서 높은 점수를 받은 사람들은 근무환경에 대한 만족으로 이어지는 동료들과의 친밀감 형성에 매우 노력하는 경향이 있다.

연령과 성별

연령과 성별에 관한 연구는 약간 모순되지만, 현재 광범위한 인구 조사에 의하면 여성이 일반적으로 남성보다 직장에서 조금 더 만족한다는 것이다. 직무환경과 동료와 같은 요인은 여성에게 더욱 중요하며, 급여나 승진과 같은 요인은 남성에게 더욱 큰 영향을 미친다(Andrade et al., 2019; Okpara et al., 2005). 우리는 앞 장에서 급여와 승진(객관적인 경력 성공의 지표)이 직무 만족과 강하게 연결되어 있지 않다는 것을 보았다. 그래서 급여와 승진에 이끌릴 가능성이 더 높은 남성들은 보수는 좋지만 만족스럽지 못한 직무에 머물러 있을 수 있다.

일반적으로 직무 만족은 나이가 들수록 증가한다(Wilks & Neto, 2013). Clark 등(1996)은 남성의 경우, 연령과 직무 만족 사이의 상관관계가 U자형 곡선을 더 많이 형성한다는 사실을 발견했으며, 이것은 근무 초기와 말기에 더 큰 만족도를 느낀다는 것을 보여 준다. 여성의 경우는 패턴이 약간 다르다. 여성의 직무 만족도는 직선 형태의 경향이 있으며, 이것은 일반적으로 여성이 나이가 들수록 자신의 직장 생활에 더욱 만족한다는 것을 나타낸다.

적합성

적합성이란 직업이 개인에게 맞는 정도를 설명하는 데 사용되는 용어다. 그러므로 앞서 언급했던 직무요인과 개인적 요인의 상관관계를 조사하여 결합시키는 것이다.

개인-환경 적합성의 영향을 조사한 상당히 많은 연구가 있어서 성과를 향상시키고 이직률을 줄인다는 것을 보여 주지만, 여기서 우리가 가장 관심을 두는 직무 만족에 미치는 영향은 덜 명확하다. 수많은 연구는 그것이 차이를 만든다는 것을 보여 주는 것 같지만, 당신에게 맞는 직무를 찾는 것이 당신의 직무 만족도를 높일 것임이 얼마나 분명한지를 고려할 때는 놀라울 정도로 작은 차이이다. 개인-환경 적합도와 직무 만족의 상관관계는 일반적으로 약 0.25(Spokane et al., 2000)로 직무 만족의 약 5%만을 차지함을 의미한다.

한 가지 주목해야 할 점은 대부분의 연구가 관심의 일치에만 초점을 맞추고, 적절하게 일치하는 가치, 성격 및 기술의 중요성을 무시했다는 것이다. 이 편중된 초점은 아마도 현장에서 John Holland의 지배력을 반영한다. Holland는 관심 있는 직업에 대한 종합적인 분류 체계(RIASEC로 알려진 현실형, 탐구형, 예술형, 사교형, 기업형, 관습형 범주로 구분됨; 자세한 내용은 3장에서 설명)를 만들었고, 그의 작업은 반세기 이상 이론과 실천에 막대한 영향을 미쳤다. 그러나 우리는 흥미로운 직업을 찾는 것이 중요하다는 것을 알 수 있지만 우리에게 적합한 환경을 위해서는 우리의 가치, 기술 및 성격에도 적합해야 한다는 것을 알고 있다. (추가로 직무요인들을) 더 많이 정의

하고 연구한다면 합동이 될 수 있다. 광범위하게 현재 학자들이 종
종 가정하는 것보다 실제로 훨씬 더 중요한 것으로 입증될 수 있다
(Wilkins & Tracey, 2014).

일과 삶

물론 일은 우리 삶의 한 부분에 불과하지만 우리가 일에 대해 느
끼는 감정과 가정에서 느끼는 감정은 필연적으로 상호 의존적이다.
맞벌이 부부와 한부모 가정이 증가하면서 일과 가정의 상호작용에
대한 연구가 주목을 받고 있다. 갈등은 두 가지 방향으로 개념화된
다. 일이 가정생활에 영향을 미치는 일-가정 갈등, 가정생활이 일에
영향을 미치는 가정-일 갈등이 그것이다. 육아나 가족의 건강 문제
등 가정에 문제가 있을 때 일에 미치는 영향은 낮은 수준의 직무 만
족도로 이어질 수 있으며, 반대로 일이 가정생활에 지장을 줄 경우
직무 불만족과 낮은 수준의 삶의 만족도로 이어질 수 있다(Allen et
al., 2000).

연구는 또한 일-가정의 풍요로움, 즉 삶의 두 부분이 서로에게 미
칠 수 있는 긍정적인 영향에 초점을 맞추기 시작했다. 연구자들은
긍정적인 파급효과가 양방향으로 영향을 줄 수 있음을 발견했다. 긍
정적인 직무는 가정생활을 향상시킬 수 있고 행복한 가정생활은 직
장에서의 경험에 긍정적인 영향을 미칠 수 있다(Greenhaus & Powell,
2006). 긍정적인 영향은 사회적 교환 이론으로 설명할 수 있다. 직원
들이 자신의 조직이 삶의 두 부분을 통합하는 데 도움이 된다고 느
낄 때, 직원들은 감사함을 느끼고 일에 더 긍정적인 기여를 위해 노
력한다. 가족에게도 마찬가지이다. 배우자가 자신의 일을 지원한다

고 느끼면 집에서 힘을 다해 감사를 표하고 싶을 것이다. 직장과 가정 사이의 긍정적인 관계에 기여하는 또 다른 요인은 자원 개발과 관련이 있다. 우리는 한 상황에서 특정 기술이나 태도를 개발하고 다른 상황에서 유용할 수 있음을 발견한다. 멀티태스킹 능력을 연마하는 부모는 직장에서 이 새로운 기술에 대한 보상을 얻을 수 있고, 새로운 소프트웨어 사용법을 배우기 위해 교육 과정에 참석하는 부모는 집에서 배운 것을 사용할 수 있음을 알 수 있다. 이러한 종류의 일-가정 강화는 직업 및 삶의 만족도 증가를 포함하여 여러 가지 긍정적인 결과로 이어진다(McNall et al., 2010).

중요한 생활 사건 또한 직무 만족에 영향을 미칠 수 있다(Georgellis et al., 2012). 결혼이나 출산과 같이 보통 기쁜 것으로 여겨지는 일들은 그해에 혹은 지속적으로 직무 만족도에 긍정적인 영향을 미친다. 이러한 일들과 함께 수반되는 긍정적인 분위기는 일을 포함해 삶의 여러 측면에 영향을 끼친다. 당신이 방금 아기를 낳은 여성이 아니라면 기쁜 사건이 있은 지 1년여의 시간이 지나면 직무 만족도는 다시 이전 수준으로 돌아온다. 아이가 5살이 될 때까지 계속해서 떨어지다가 서서히 그리고 부드럽게 다시 올라오기 시작한다.

많은 클라이언트에게 도전이 되는 것은 직무 만족과 자존감 사이의 관련성에 있다. 직무 만족도가 높은 사람은 심리상태나 신체 건강, 자존감 등 여러 삶의 요소에 긍정적인 영향을 미친다(Faragher et al., 2005). 선순환 관계에서 이러한 요소는 어떤 커리어 변화를 줄 것인지, 인터뷰에 어떻게 성공적으로 임할 것인지 등에 영향을 미친다(Kanfer et al., 2001). 현재의 일에 충실하다면 더욱 성공적으로 커리어 전환을 할 수 있을 것이다.

그러나 커리어 코치를 찾는 클라이언트들은 보통 악순환의 고통을 겪는다. 낮은 직무 만족도 때문에 그들은 당신을 찾게 되나. 이러한 낮은 직무 만족도는 그들의 자존감에 해로운 영향을 끼치고 그 결과로 성공적인 커리어 전환에도 영향을 미친다. 그래서 때로는 클라이언트의 커리어 전환을 다루기에 앞서 그들의 현재의 직무에 대해 느끼는 바를 긍정적으로 바꾸는 것이 중요하다. 긍정적 접근을 다룬 12장에서는 긍정적 기분을 증대시킬 수 있는 몇 가지 간단한 방법이 제시되어 있으며, 목표 설정 도구에 관해서는 15장이 도움이 될 것이다.

사례 연구

사라는 졸업할 때, 자신이 무엇을 하고 싶은지 명확히 알지 못했다. 하지만 사람을 상대하는 데 재능이 있으며, 무역/상업에 관심이 있고, 쇼핑을 무척 좋아해서 유통업이 이상적이라 판단하였다. 그녀는 유명한 유통 훈련 프로그램을 받게 되어 기뻐했지만 이 시작이 문제였다. 그녀는 새로운 일에 바빴고, 시간은 순식간에 지나갔다. 그녀는 고객들을 상대하는 것을 좋아했지만 열정을 느끼지 못했고, 이내 매니저는 그녀에게 뭐가 문제냐고 묻기 시작했다. 사라는 이 일이 자신에게 맞지 않는다는 것을 알았지만, 정확히 무엇이 문제인지 알지 못했고, 그래서 다른 직업을 선택하는 문제에 있어서도 불안해하였다. 무엇이 잘못되었는지 알지 못하는데, 어떻게 자신감을 가지고 다음번에 올바른 선택을 할 수 있겠는가?

사라는 커리어 코치를 찾았고, 코치와 함께 왜 자신이 일에 보람을 느끼지 못하는지 파악해 보려고 했다. 사라는 고객을 상대하는 것은 재미있지만 외로움을 느낀다고 설명하였다. 코치는 직무 만족도의 중요한 요소 중 하나가 마음이 맞는 동료들과 함께하는 것이라고 설명해 주었고, 사라는 이것이 그녀의 일에서 부족하다는 것을 알게 되었다. 그들은 다양한 일에 대해서도 이야기했다. 사라는 다양한 일에 책임을 맡고 있고 신경 써야 할 재고 라인이 있다는 것, 그리고 이는 매우 반복적인 일이라는 것을 발견하였다. 그녀는 매일 여러 가지 일을 하고 있기는 하나, 매일이 거의 비슷했다. 사라는 그녀에게 부족했던 일에 집중할 수 있도록, 현재의 일에 대해 보다 분명한 이해를 하고서 만족할 수 있는 다른 일을 찾을 수 있을 거라는 자신감을 갖게 되었다.

직무 만족은 커리어 관련 문헌 중 가장 많이 연구되는 분야이다. 직무 만족의 여러 측면을 조사하거나, 다양한 산업 및 전문집단을 대상으로 직무 만족과 연관된 특이한 요소를 연구하는 조사나 출판물 등이 있다. 그러나 그것의 결과를 사실로 규정하기에는 무리이며, 어떤 사람이 어떤 일에서 최고의 능력을 낼 수 있는지에 대한 공식을 찾지 못했다. 다행스러운 것은, 직무 만족에 관한 연구가 빠른 속도로 진행되고 있으며, 학자들이 자료 연구에 모든 방법을 동원하고 있다는 것이다. 긍정적인 심리학자들은 직무 만족도가 삶의 만족도에 중요한 역할을 하는 것을 밝혀 왔으며(Rath & Harter, 2010), 기존 직업심리학 및 커리어 연구에 증거를 더하고 있다. Song과 Arvey(2011)는 심지어 분자유전학을 직무 만족과 관련시켰는데, 이러한 생물학적 세부 수준에 대한 관심은 '도파민 수용기 유전자인 DRD4 VNTR과 세로토닌 변환 유전자인 5-HTTLPR라는 두 가지 유전적 요인이 미약하지만 분명하게 직무 만족과 연관된다'는 것이 나타나고 있다.

직무 만족에 관한 연구 자료를 읽으면서 흥미로웠던 점은 직장에서의 행복이 중요하다는 것이 널리 받아들여지고 있지만, 실제로 만족에 영향을 미치는 요소는 널리 알려지지 않았고, 사람들이 자신의 커리어를 결정할 때 기준으로 삼는 것이 아니며 일반적으로 조사하기 어렵다는 점이다. 새로운 직위를 알아볼 때, 급여, 직장 위치, 서열, 흥미영역과 같은 요인은 보편적인 핵심 고려요인이다. 그러나 연구에서 보고된 요인 목록을 보면, 자율성이나 업무의 다양성과 같은 것들은 전반적인 직무 만족도 결정에 그리 영향을 미치지 못한다. 전자(급여, 직장 위치, 서열, 흥미영역)는 구인광고 등에서 쉽게 찾을 수 있는 반면, 후자(자율성, 업무의 다양성)는 확인하기가 까다롭다. 이러한 요소에 대한 지식을 공유하면 클라이언트가 이러한 요소를 조사하고 선택할 때 이를 고려할 수 있으므로 클라이언트에게 큰 도움이 될 수 있다.

참고문헌

Allen, T. D., Herst, D. E., Bruck, C. S., & Sutton, M. (2000). Consequences associated with work-to-family conflict: A review and agenda for future research. *Journal of Occupational Health Psychology, 5*(2), 278-308.

Andrade, M. S., Westover, J. H., & Peterson, J. (2019). Job satisfaction and gender. *Journal of Business Diversity, 19*(3), 22-40.

Bellou, V. (2010). Organizational culture as a predictor of job satisfaction: The role of gender and age. *Career Development International, 15*(1), 4-19.

Clark, E. A., Oswald, A. J., & Warr, P. (1996). Is job satisfaction U-shaped? *Journal of Occupational and Organizational Psychology, 69*, 57-82.

Faragher, E. B., Cass, M., & Cooper, C. L. (2005). The relationship between health and job satisfaction: A meta-analysis. *Occupational and Environmental Medicine, 62*(2), 105-112.

Georgellis, Y., Lange, T., & Tabvuma, V. (2012). The impact of life events on job satisfaction. *Journal of Vocational Behavior, 80*(2), 464-473.

Greenhaus, J. H., & Powell, G. N. (2006). When work and family are allies: A theory of work-family enrichment. *Academy of Management Review, 31*(1), 72-92.

Judge, T. A., Heller, D., & Mount, M. K. (2002). Five-factor model of personality and job satisfaction: A meta-analysis. *Journal of Applied Psychology, 87*(3), 530-541.

Kanfer, R., Wanberg, C. R., & Kantrowitz, T. M. (2001). Job search and employment: A personality-motivational analysis and meta-analytic review. *Journal of Applied Psychology, 86*(5), 837-855.

McNall, L. A., Nicklin, J. M., & Masuda, A. D. (2010). A meta-analytic review of the consequences associated with work-family enrichment. *Journal of Business and Psychology, 25*(3), 381-396.

Okpara, J. O., Squillance, M., & Erondu, E. A. (2005). Gender differences and job satisfaction: A study of university teachers in the United States. *Women in Management Review, 20*(3), 177-190.

Rath, T., & Harter, J. (2010). *Well Being: The Five Essential Elements.* New York: Gallup Press.

Roelen, C. A. M., Koopmans, P. C., & Groothoff, J. W. (2008). Which work factors determine job satisfaction? *Work, 30,* 433-439.

Rothausen, T. J., & Henderson, K. E. (2019). Meaning-based job-related well-being: Exploring a meaningful work conceptualization of job satisfaction. *Journal of Business and Psychology, 34*(3), 357-376.

Song, Z., Li, W., & Arvey, R. D. (2011). Associations between dopamine and serotonin genes and job satisfaction: Preliminary evidence from the add health study. *Journal of Applied Psychology, 96*(6), 1223–1233.

Spokane, A. R., Meir, E. I., & Catalano, M. (2000). Person–environment congruence and Holland's theory of careers: A review and reconsideration. *Journal of Vocational Behavior, 57*, 137–187.

Wilks, D. C., & Neto, F. (2013). Workplace well–being, gender and age: Examining the 'double jeopardy' effect. *Social Indicators Research, 114*(3), 875–890.

Wilkins, K. G., & Tracey, T. J. (2014). Person environment fit and vocational outcomes. In M. Coetzee (ed.), *Psycho–Social Career Meta–Capacities.* Cham: Springer, pp. 123–138.

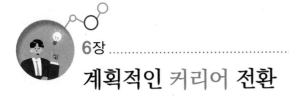

6장

계획적인 커리어 전환

커리어 전환(career change)을 하기 위해 필요한 것은 무엇인지 정확하게 정의하는 것은 어렵다. 커리어 전환을 위해 구성해야 하는 요소는 어떻게 다른가? 초등학교 선생님이 되려는 투자은행의 직원은 자격을 얻어야 하지만, 저널리즘의 강의를 시작해야 하는 저널리스트의 경우는 어떠한가? 또는 학교장이 되고자 하는 선생님의 경우는 어떠한가? 법무법인의 도서관 사서로 일하기 위해 지역 도서관을 떠나는 사서는 어떠한가? 이러한 예들은 어느 쪽이든 논쟁거리가 될 수 있다. 용어는 그다지 중요하지 않지만, '나는 커리어 전환을 원한다.'는 지각은 우리의 가설을 점검하는 데 도움을 줄 것이다. 커리어 전환은 많은 커리어 코치들이 일하는 분야에서 특히 두드러지는 특징이다. 커리어 코치가 커리어 전환을 일으키는 이유는 무엇인지, 어떻게 접근해야 하는지, 그 효과는 무엇인지를 이해하는 것이 중요하다.

물론 직업 또는 커리어 전환에는 여러 조짐이 있다. 이 장에서 우리는 어느 정도 개인이 선택하는 커리어 전환에 초점을 맞출 것이며, 그런 다음에 다음 장에서 개인이 통제할 수 없는 커리어 전환을 탐색해 나갈 것이다. 이런 구별은 다소 인위적이다. 즉, 커리어 전환을 선택하는 사람 중 다수는 사실 그들이 현재 직장에서 인원이 삭감될 거라는 암시에 대응하고, 그중 많은 사람들은 변화를 가질 수 있는 기회를 내심 기뻐한다. 그러나 이것은 정보를 구분 짓는 민감한 방식으로 보이기 때문에, 커리어 전환의 선례를 보는 것에서 시작할 것이다. 그 후 커리어 전환 과정을 탐색하는 것으로 넘어갈 것이다. 그런 후 커리어 전환을 촉발시키는 중년기 전환과 클라이언트 집단과 함께 일하는 커리어 코치들을 위한 조언을 좀 더 자세하게 검토할 것이다. 그리고 7장에서 실직의 영향과 충격, 정리해고의 구체적인 맥락, 부모가 되면서 발생하는 충격을 알아볼 것이다.

🏢 사람들에게 커리어 전환을 결정하게 하는 것은 무엇인가

사람들이 커리어 전환을 하는 이유에 대한 상당한 연구가 있었고, 커리어 전환을 하든 안 하든 그것은 어떻든지 직무 자체, 개인, 그리고 공동체와 관련된 종합적인 이슈 요인의 복잡한 그물망에 의해 결정되는 것처럼 보인다. 이러한 요인과 개인의 행동을 결정하기 위하여 요인들이 어떻게 결합되는지를 이해하는 것은 우리가 클라이언트의 선택을 이해하는 데 유용하다.

커리어 전환에 가장 큰 영향을 미치는 두 가지 범주의 요인은 기존 상황에 대한 불만과 매력적인 대안의 존재이다. 이것은 개인이 현재의 역할을 떠나 새로운 길을 시작하도록 동기를 부여받기 때문에 배출(push) 요인과 흡인(pull) 요인 모두를 포함한다(Greenhaus et al., 2010; Semmer et al., 2014; Yates et al., 2017). 일반적인 배출 요인에는 종종 직업 불안정, 직장 내 괴롭힘, 낮은 직업 만족도 및 낮은 업무 참여가 포함된다. 주요 흡인 요인은 분명하고 더 나은 대안을 갖는 것이며, 종종 그중 하나는 개인의 가치관이나 정체성과 일치하는 대안을 갖는 것이다.

이러한 배출과 흡인 요인 이외에도 커리어 전환을 하려는 사람들은 주변 사람들의 영향을 받는 경우가 많으며 커리어 전환 결정은 동지애와 지지를 포함하는 소속감에 대한 욕구일 수도 있고, 가족을 우선시하려는 욕구에 의해서일 수도 있다. 주변 상황도 영향을 줄 것이며, 커리어 전환은 필요와 욕구 사이의 긴장과 불확실성과 위험에 대한 다양한 접근 방식을 강조할 수 있는 경제적 고려 사항에 의해 형성될 수도 있다(Amundson et al., 2010). 마지막으로, 생애에서의 사건들은 사람들이 커리어 전환을 생각하게 할 수 있다. 직장에서 자신이 적합하지 않거나 가치가 없거나 발전할 수 없다고 느끼게 만드는 일이 발생할 수 있다. 즉, 직장 밖에서의 경험은 다른 분야에서의 미래의 성공에 대한 희망을 제공할 수 있다. 사람들이 일을 멈추고 자신의 커리어를 되돌아보도록 만들 수 있는 일련의 사건들은 생애단계와 관련되어 있으며, 커리어 전환이 인생 4단계와 일치하는 클라이언트를 보는 것은 드문 일이 아니며, '은퇴 연령'이라고 불렸던 중년기 전환에 도달한 것이다. 이제 이들을 각각 살펴보자.

청년기 커리어 전환

10대 후반과 20대 초반에 내리는 결정이 항상 현명한 것만은 아니다. 신경과학은 그중 일부가 뇌 발달에 달려 있다고 말한다. 복잡한 결정을 내리는 뇌의 영역은 20대 중반이 되어야 비로소 형성되기 때문에 그 이전에는 복잡한 결정을 내리기가 어려울 수밖에 없다. 여기에 더해 일에 관한 한, 젊은이들은 그들이 그 안에서 중요한 경험을 하기 전에 직업에 전념해야 하는 까다로운 상황에 처해 있다는 것을 알게 된다. 이 단계에서 올바른 직업 경로가 무엇인지 알아내려고 노력하는 것은 도전적이며 때로는 사람들이 학교를 그만두거나 처음으로 찾을 수 있는 직업을 취하는 것을 발견하게 된다. 다른 사람들은 결국 부모님이 추천하거나 학교에서 권유하는 직업을 선택하게 된다. 20대에 자신의 개인 정체성이 나타나고 이러한 초기 영향에서 벗어나면서 자신의 가치관이 현재의 진로 상황과 일치하지 않음을 발견하고 사적 자기(private selves)와 공적 자기(public selves) 사이의 단절감을 경험할 수 있다.

이러한 커리어 문제는 종종 비교를 통해 강화된다. 사람들은 (어쨌든 밖에서는) 직장에서 성공하고 만족스러워 보일 수 있는 동료와 자신을 비교한다. 또는 자신이 생각한 사람과 자신을 비교한다. 아마도 모든 사람이 자신이 가지고 있다고 생각하는 잠재력을 실현하지 못했다는 사실에 부끄러움을 느끼거나 항상 기대했던 진전을 이루지 못해 좌절감을 느낄 것이다. 그리고 그 모든 일이 커리어 전선에서 일어나고 있는 동안, 젊은이들은 전국을 돌아다니고, 친구를 떠나서, 학자금 대출을 갚아 가면서, 불안정한 임대 숙소에 살고, 장기 대출을 감당할 수 없으며, 주변의 모든 사람이 정착하는 것 같을 때, 로맨틱한 파트너와 헤어지고 있다. 그들 중 몇몇은 청년위기라고 불리는 것을 경험하는 것이 당연하다(Robbins & Wilner, 2001).

청년위기는 정체성에 관한 것이며, 사람들이 자신이 영위하고 있는 삶이 잘 맞지 않는다는 것을 깨닫기 시작하는 성인 초기(20대 중반에서 후반)에 나타난다. 청년위기와 관련된 부정적인 감정은 강렬할 수 있다. 사람들은 자기의심을 경험하고, 자존심과 싸우고, 자신의 결정에 의문을 제기할 수 있다. 이것은 불안, 혼란, 외로움, 그리고 매우 큰 고립감을 초래할 수 있다. 그들이 공적 자기와 사적 자기를 조화시키는 방법, 그리고 새롭게 등장한 성인 정체성(adult identity)에 맞는 삶을 사는 방법을 연구하기 시작할 때, 현재의 커리어 상황을 떠나 다른 어떤 것을 찾기로 한 결정은 중요한 진전이 될 수 있다. 그러나 이것은 어려울 수 있으며, 다음에 해야 할 일을 해결하는 데 도움이 되게 커리어 코치를 만나러 오는 것이 과정의 중요한 부분이 될 수 있다(Robinson, 2016).

중년기 커리어 전환

중년기 커리어 전환은 몇 가지 다른 특징을 가지고 있다. 중년기 전환의 개념(일부는 '위기'라고 불리며 경험됨)은 정신역동이론의 관점으로 설명할 수 있는 것 중 하나이다. 중년기 전환이론은 Carl Jung의 저작에 기초한다. Jung은 이 전환기를 동쪽에서 떠올랐던 태양이 서쪽으로 지기 시작하는 순간과 연결하였다. Jung은 중년기에 정서적인 반응을 불러일으킬 수 있는 두 가지의 성공요인을 구별하였다. 첫째, '개별화' 과정으로, 자신이 누구인지 깊이 있게 자기인식을 하고, 핵심 과정으로 자신의 정체성에 대한 이해를 발전시키는 단계이다. 삶이 자신에게 어떤 의미인지 그리고 '큰 그림'에 자신을 어떻게 맞추는지를 좀 더 잘 이해한다. 둘째, 우리 자신이 반응할 수밖에 없는 외부 변화다. 이 외부 변화에는 정리해고, 자녀의 분가, 더 이상 아이를 가질 수 없다는 깨달음, 부모의 죽음, 신체적 노화의 징후를 포함한 필연적인 자신의 죽음에 대한 인식의 증가로 이어지는 모든 것이 포함된다.

Levinson(1978)에 의하면 중년기 삶에는 세 가지 핵심 과제가 있다. 첫 번째는 과거를 재평가하는 것이다. 이것은 과거에 세웠던 목표에 대한 생각을 포함한다. 그중 어떤 목표는 이루지 못했고 어떤 목표는 시간만 허비했을 것이다. 전보다 자신의 삶을 더 명료하게 보고 자신의 일과 육체적 생명이 끝을 향해 가는 것을 볼 수 있으며, 우리 삶이 한계가 있다는 것을 인식하기 시작하는 중년기에 시간은 중요한 관심이 된다. 두 번째는 재평가 관점에서 자신의 삶의 구조를 수정하는 것이다. 그것은 이혼이나 커리어 전환과 같은 큰 변화를 초래할 수 있다. 세 번째 핵심 과제는 '개성화' 과정에 의하여 일어나는 내부의 딜레마를 조화시키는 것(자신의 성격, 다양한 경험, 정신요소를 일관성 있는 '전체'로서 조화시키는 것)이다. 가장 긴급한 것은 보통 젊음/나이 듦의 이분법에서 자신의 위치를 재평가하는 것이다. 중년기에 접근할 때, 우리는 자신이 어디에 서있는지 이해해야만 한다. 우리는 더 이상 젊지 않지만 어떤 점에서 이것은 뚜렷한 이점을 가진다. 예를 들면, 우리는 좀 더 자신감 있게 되고, 좀 더 경험이 풍부하다는 것이다. 그러나 이러한 성숙함이 발전함에 따라 우리는 필연적인 죽음을 인식하게 되고 그 결과로 인생에서 의미를 찾고자 한다.

중년기 커리어 전환이 커리어에 미치는 영향을 구체적으로 살펴보면, 한 가지 공통적인 효과는 사람들이 자신의 커리어가 끝날 때까지와 그 이후를 바라보고 궁금해하기 시작한다는 것이다. 이것은 죽음에 대한 새로운 인식과 삶의 마지막에 대한 선입견 사이에 관련이 있다. 그들이 남기게 될 것에 초점을 맞추면 사람들은 용인된 규칙과 가치에 의문을 제기하고 더 의미 있는 것을 찾을 수 있다. 정체성과 진정성은 점점 더 중요해질 수 있다. 중년기의 사람들은 자신이 누구이며, 자신에게 중요한 것이 무엇인지에 따라 커리어를 조정하기를 원하기 때문이다(Chuang, 2019).

 사례 연구

벤은 그의 삶을 통해 우수한 잠재력을 보여 왔다. 학급에서 가장 영리한 아이였던 그는 상위 레벨에서 모두 A 학점을 받았고, 대학 진학 후 영문학과에서도 최우수 등급을 받았다. 그는 자신이 믿고 있는 이념을 실천하는 NGO에서 일을 하였고, 정상에 오르기 위하여 일하였다. 마침내 조직 커뮤니케이션 간행물과 그 웹사이트를 감독하게 되었으며 최연소로 고위 경영진의 일원이 되었다. 그러나 벤은 너무 빨리 고위직으로 승진해 버렸다는 것과 그런 결과에 적절하게 대처하지 않았음을 알게 되었다. 그는 자신의 사업을 시작하기로 결심하고 사임 후 프리랜서로 일을 시작하였다. 그는 어린 아들과 좀 더 많은 시간들을 보낼 수 있으리라는 생각에 흥분되었다. 일은 잘 진행되었고, 점차 대출금을 갚을 만큼 충분한 일감과 고객을 확보하였다. 프리랜서의 일로 그는 일에 유연성을 갖게 되었다. 하지만 명성은 얻었지만 여성의 흥미 웹사이트에 대한 질문지 작성 업무와 같은 반복적인 일을 한다는 것을 깨닫게 되었다. 이것은 그가 커리어 초기에 추구하던 가치 중심의 일과는 거리가 먼 것이었다. 벤은 핸드백에 대한 설문지를 조사하고 있던 어느 날 스무 살에 가졌던 포부를 기억해 냈다. 청년기 목표와 중년기 성취 사이의 간극은 고통스러울 만큼 컸다. 그는 자신의 길을 찾기 위한 도움을 받고자 커리어 코치를 찾기로 했다.

초기 몇 번의 상담에서 코치는 매우 인본주의적 접근법을 사용했고 벤이 잃어버린 감정과 충족되지 않은 포부의 고통을 이해하도록 함께하였으며, 벤이 초기의 열망과 현실 사이에서 차이점을 깨닫도록 했다. 벤은 그 분야의 연장자를 통해서 자신의 상태를 판단할 수 있음을 깨닫기 시작하였고, 좀 더 균형적인 관점을 갖기 시작하였다. 다음 상담에서는 코치와 함께 미래를 위한 좀 더 유연한 '성공'에 대해 해석과 아이디어를 갖기 시작하면서 진전을 보였다. 그는 자신이 유지하기를 원하는 것과 미래에 변화했으면 하는 것을 구별해 냈다. 비록 그가 예전처럼 젊지 않다는 걸 받아들이긴 했지만, 아직도 자신의 새로운 목표를 이룰 수 있을 만큼 충분한 시간이 있다.

후기 커리어 전환

우리가 살펴볼 마지막 삶의 단계는 전통적인 은퇴 연령과 고령화 인구, 노년층 근로자를 차별로부터 보호하기 위한 법률 및 진화하는 연금 위기와 관련되어 있다. 이것은 커리어 코치들이 점점 더 관심을 가질 영역이 될 수 있다고 생각하는 이유이다. 60세 생일에 정규직에서 완전한 여가 생활로 전환되는 벼랑 끝 은퇴는 점점 드물어지고 있으며, 고령의 근로자들은 이제 다양한 일과 삶의 선택을 추구하려 하고 있다. 그들은 점차적으로 근무시간을 줄이거나, 다른 종류의 계약으로 같은 일을 계속하거나, 은퇴하고 완전히 새로운 직업으로 일을 시작할 수 있다(Rice, 2015). 이들은 정년퇴직 후 이렇게 많은 활동적인 삶을 예상한 첫 번째 세대이다. 따라서 이러한 커리어 전환은 필연적으로 잘못 정의되고는 한다. 커리어 전환을 원하는 나이 많은 사람들에게는 검증된 커리어 경로, 사례 및 배우고 싶은 역할 모델이 없다. 이 클라이언트 집단은 클라이언트가 처음부터 자신의 미래를 설계할 때, 다음 단계에 대한 선택과 접근 방식에 대해 창의적으로 생각하여 지원을 받는 것이 유용하다는 것을 알 수 있다.

이 단계에서 사람들은 매우 다양한 재정 상황에 처해 있을 수 있다. 어떤 사람들은 경제적으로 안정되어 있지만 변화된 업무환경에도 불구하고 자신을 재발견하고, 오랜 꿈을 추구하거나 긍정적인 정체성을 유지하는 방법을 찾기를 원한다. 다른 사람들은 안정적인 수입을 찾아야 하며, 일자리를 구하거나 고용주와 협상하는 데 도움이 필요할 수 있다. 법률, 인구통계, 경제의 변화로 인해 사람들이 더 오래 일할 수 있는 환경이 조성되고 있음에도 불구하고 사회적 태도는 뒤처지고 있으며, 고령 근로자들은 차별적인 태도와 관행에 맞서야 하므로 구직활동의 어려움이 특히 심각할 수 있다.

🏢 커리어 전환은 어떻게 이루어지는가

직업과 커리어 전환에 대한 모든 사람들의 경험은 다르지만 클라이언트를 도울 수 있는 참고문헌들이 있다. 여기에는 순차적 단계로서 커리어 전환의 과정을 이해하는 데 도움이 되는 틀로서 Prochaska 등(1992)의 초이론적 변화 모델을 제시하고, 그런 다음 커리어 전환을 정체성의 전환으로 보는 Ibarra의 잠정적 자기 모델(2005)을 살펴보겠다.

초이론적 변화 모델

초이론적 변화 모델(Prochaska et al., 1992)은 변화의 다섯 단계를 자세히 설명하는 데 널리 사용되는 심리적 모델이다. '초이론적 (transtheoretical)'이란 그것의 기원이 다양한 이론적 접근법에서 도출되었다는 것을 시사한다. 비록 근본적으로 건강한 환경(예: 금연하고 몸무게를 관리하는)에서 사용하도록 발전되었지만 여러 가지 다른 맥락에 쓰이도록 개발되고 적용되었다. 비평가들은 실제로 그 단계들이 모델에서 제시되는 것만큼 별개의 것은 아니라는 비판을 제기해 왔지만(예: West, 2005), 커리어 전환을 하는 과정에 있는 클라이언트와 일을 할 때 유용한 틀임을 염두에 두어야 한다.

모델은 다음 5단계로 되어 있다(Prochaska et al., 1992).

1. 전숙고 단계: 개인은 변화의 필요성을 받아들이는 것에 대해 행복하지 않고 준비되어 있지 않음
2. 숙고 단계: 개인은 근본적 불행의 원인을 인식하고 변화의 가능성을 고려하기 시작함
3. 준비 단계: 클라이언트는 자신의 새로운 가능성 자체를 실험하고 아이디어를 탐색함
4. 실행 단계: 개인은 아이디어를 계획하고 실천함
5. 유지 단계: 개인은 통합하고 안정화하는 시기를 찾음

모델이 발전해 온 특별한 영역 중 하나는 커리어 전환이다(예: Barclay et al., 2011). 그리고 다음 표에서, 각 단계가 커리어 전환에 어떻게 적용될 수 있는지, 그리고 각 단계에서 유용한 커리어 코칭 접

근법에 대한 몇 가지 제안을 제공한다(⟨표 6-1⟩ 참조).

표 6-1	초이론적 변화 모델과 커리어 전환의 단계	
단계	클라이언트 관점	커리어 코칭 접근법
전숙고 단계	이 단계에서 개인은 상황이 적절하지 않다는 것을 막연하게 인식하지만, 변화가 올바른 행동이라는 생각은 아직 하지 않는다.	이 단계에서 코치의 목표는 클라이언트의 자기인식의 수준을 높여 생각하게 하고 자신의 생각, 감정, 행동을 되돌아보는 시간을 가질 수 있도록 하는 것이다. 이 단계에서는 강한 유대 관계가 중요하므로 공감과 적극적인 경청을 보여 주는 것이 특히 중요하다.
숙고 단계	숙고 단계에서 고객은 변화가 필요하다는 것을 알게 된다. 그들은 자신들이 무엇을 하고 싶은지 모를 수도 있지만, 점차적으로 그들의 요구가 현재의 위치에 만족하지 않는 것임이 분명해지고 있다.	이 단계에서 고객이 떠나거나 머물기의 장단점에 대해 생각하도록 격려하는 것이 유용할 수 있다. 만약 당신의 클라이언트가 자신의 발뒤꿈치를 약간 질질 끌고 있다고 느낀다면, 당신은 도움이 되는지 보기 위해 동기부여 면담 기법(11장 참조)을 시도해 볼 수 있을 것이다. 사람들은 매력적인 대안을 찾을 때까지 보통 직업을 바꾸지 않으므로 옵션에 대해 생각하는 데 소요되는 시간을 잘 활용할 수 있다(제안을 위해 16장 참조). 정체성에 대한 초점은 가치가 있을 수 있으며 가능한 자기 훈련(이 장의 뒷부분에서 설명)은 통찰력일 수 있다.

준비 단계	클라이언트는 커리어 전환을 할 준비가 되어 있다. 이 단계에서 그들은 가능한 미래의 길에 대한 한두 가지 아이디어를 가지고 있으며, 과정을 듣거나 현장 사람들과 이야기를 하는 것처럼 가능성을 시험하고 있을지도 모른다. 그들은 지원해 볼 가시적인 기회를 찾고 있을 수 있다.	준비 단계에서 클라이언트가 아이디어를 철저히 조사하도록 도울 수 있다. 당신은 클라이언트가 자신의 성공 가능성을 극대화하기 위해 무엇을 해야 하는지 알아내도록 도울 수 있다. 당신은 클라이언트와 함께 협력하여 연락할 조직이나 개인을 파악하고, 어떤 종류의 정보가 필요한지 생각해 보며, 찾은 정보를 분석하고 반영할 수 있도록 도울 수 있다.
실행 단계	실행 단계에서 클라이언트는 자신의 계획을 실행에 옮기기 시작하고 적합한 교육 과정이나 직업에 지원한다.	지원 과정에 실질적인 도움을 줄 수 있으며, 클라이언트의 이력서 또는 지원서가 그들을 잘 나타내는지 확인하고 특정 기회에 대한 모의 인터뷰를 제공할 수 있다. 이와 함께 당신은 감정적인 지지를 제공하고, 클라이언트가 지원 거절에도 자신을 정비하고 배울 수 있도록 동기를 부여하고 궤도에 오르도록 도울 수 있다.
유지 단계	모델의 마지막 단계인 유지 단계는 클라이언트가 커리어 전환을 하고 새로운 환경에 적응한 후에 발생한다.	얼마 후에 새로운 역할에 대해 클라이언트와 함께 점검하는 것이 유용할 수 있다. 그들은 새로운 업무정체성을 개발하고, 새로운 역할에 발을 들여놓을 때 당신과 이야기하는 것이 유용하다고 생각할 수 있다.

🏢 잠정적 자기

여러분과 공유하고 싶은 커리어 전환에 대한 두 번째 접근 방식은 커리어 전환을 정체성의 전환으로 개념화한 Herminia Ibarra의 잠정적 자기(provisional selves) 모델이다. Ibarra는 우리 모두가 여러 개의, 때로는 상충되고, 종종 변화하는 정체성을 가지고 있다고 설명한다. 그녀는 일의 정체성을 "일과 관련된 자기 정의"라고 묘사한다. 그것은 우리가 하는 일이나 일하는 사람이 아니라 일의 맥락에서 우리 자신을 보는 방식이며, 우리가 생각하는 사람이라고 그녀는 설명한다. Ibarra의 모델은 '책을 쓰고 싶다.'가 '나는 작가입니다.'가 될 때처럼, 사람들이 아이디어와 가능성을 정체성으로 번역할 때 커리어 전환이 발생한다고 주장한다. 그녀는 정체성 이동의 세 단계가 있다고 제안하는데, 이 모든 단계는 개인이 변화를 일으키기 전에 일어나야 한다.

1. 사람들이 변화에 대해 생각하기 시작하는 초기 단계에서, 그들은 먼저 아이디어를 탐구한다. 사람들은 현재의 정체성에 대해 생각하는 방식을 바꾸기 시작하고, 정체성의 중요성과 정체성에 대한 자신의 헌신에 의문을 제기한다. 이 기간 동안 사람들은 다른 가능성이 있는지 보기 위해 주위를 둘러보기 시작하고 취미나 다른 관심사와 그들이 이끌어 나갈 수 있는 곳에 대해 더 많이 생각하기 시작한다.
2. 두 번째 단계는 Ibarra가 말하는 한계기로, 이 시기에는 더 많은 탐색을 위해 한두 가지 새로운 커리어 정체성을 선택하고 새로

운 정체성과 기존 정체성 간의 갈등이 고조된다. 사람들은 정
체성 놀이에 참여하고, 새로운 정체성을 시도하고, 자신이 새
로운 사람이 된 느낌을 확인한다.

3. 마지막으로, 세 번째 단계에서 사람들은 새로운 정체성을 설명
하기 위해 일관된 이야기를 개발하기 시작한다. 이러한 전환
내러티브는 사람들이 자신의 경험을 이해하고 선택하는 데 도
움이 된다. 의심은 줄어들고, 정체성은 더 명확해지고, 불확실
성은 사라진다. 사람들은 과거, 현재, 미래를 이해하면서 자신
의 이야기를 할 수 있게 되기 시작한다.

이 세 단계 모두에서 사람들은 가능한 정체성을 시험해 볼 필요가
있다. 그들은 세 가지 방법, 즉 직접 행동(활동), 사회적 상호작용(관
계) 및 감각 만들기(이벤트)로 잠정적인 자기를 테스트할 수 있다.

- 직접 행동: 행동은 정체성으로 이어지기 때문에 사람들이 새로
운 정체성의 일부 요소를 시험해 볼 수 있는 몇 가지 일을 실제
로 시작하는 것이 중요하다. 행동은 단지 재미로 직장 경험, 달
빛, 자원봉사 또는 강좌를 듣는 것일 수 있다. 이 모든 것은 사람
들이 아무런 위험 없이 새로운 정체성을 시험할 수 있게 한다.
- 사회적 상호작용: 사회적 상호작용은 새로운 사회적 정체성의
개발을 돕고, 사람들이 서클 내의 규칙과 기대에 대해 배울 수
있게 하며, 새로운 세계에 있는 사람들과 섞일 수 있는지에 대
한 가능성을 엿볼 수 있다. 이러한 새로운 관계는 의도하지 않
게 시작될 수도 있고, 커리어 코치는 이러한 사람들을 찾기 위
해 적극적으로 노력할 수 있다.

• 감각 만들기: 이야기는 사건을 중심으로 만들어지며, 변화 과정
   에서 자신의 커리어 전환에 대한 시각을 통해 외부 사건을 해석
   한다. 직장에서의 나쁜 하루, 우연한 기회 또는 실현의 순간은
   모두 사람들이 자신의 정체성 변화에 대한 이야기를 하는 데 도
   움이 될 수 있다. 정체성 이동의 초기 과정에서, 이러한 사건들
   은 초기 탐험을 정당화할 수 있다. 나중에 그들은 도약을 정당
   화할 수 있다.

　사람들이 자신의 새로운 정체성에 전념하고 커리어 계획을 실행
에 옮길 위치에 있다고 느끼는 것은 이 세 단계를 모두 거친 후에야
가능하다고 이 모델은 주장한다. 이런 식으로 Ibarra의 모델은 정체
성 변화(개인이 자신을 보는 방식의 변화)가 커리어 변화 자체보다 먼
저 발생해야 한다는 점에서 커리어 변화에 대한 대부분의 전통적인
개념과 다르다. 이 과정을 통해 사람들은 자신의 커리어에서 동기부
여, 자신감, 신뢰를 할 수 있고 새로운 단계에 착수할 준비가 되었다
고 느낀다.

커리어 전환과 커리어 코치

　이 장에서는 특히 유용할 수 있는 두 가지 주제, 즉 커리어 전환을
통해 클라이언트를 코칭할 때 가치와 미래 지향성에 대해 논의하는
것으로 마무리하고자 한다.

가치

가치(values)는 종종 사람들이 커리어를 바꾸고 싶게 만드는 것의

핵심일 수 있으며, 무엇이 중요하고 클라이언트의 직업에 의미를 가져올 수 있는지에 대한 토론은 유익할 수 있다. Brown(1995)은 가치에 대한 좋은 검토는 두 단계를 포함해야 한다고 제안한다. 구체화(자신의 가치가 너무 명확해져서 이름을 붙일 수 있을 때) 그리고 우선순위 결정하기(어떤 가치가 당신에게 가장 의미가 있는지 식별할 때)가 그것이다.

클라이언트가 자신의 가치를 구체화하도록 돕는 데 활용할 수 있는 많은 기술이 있다.

- 인터넷에서 대화의 시작점으로 사용할 수 있는 가치에 대한 다양한 목록을 많이 찾을 수 있다. 내가 좋아하는 것 중 하나는 Russ Harris의 Act Mindfully 웹사이트에서 가져온 것이지만, 그 외에도 선택할 수 있는 많은 것들이 있다. 클라이언트에게 목록을 살펴보고 그들에게 중요한 것들을 확인하도록 권유하고 나서, 어떤 종류의 직업이 어떤 가치를 충족시킬 수 있는지에 대한 대화의 기초로 사용할 수 있다.

- 기존 목록에서 선택하는 대신 클라이언트에게 가치를 직접 매기도록 요청할 수도 있다. 이는 시간이 더 많이 소요될 수 있지만 클라이언트가 자신의 가치를 정의하고 설명할 수 있다는 이점이 있다. 클라이언트에게 존경하는 사람을 식별하도록 요청할 수 있고, 그들이 그 사람들을 그렇게 평가할 만하게 만드는 요인을 밝히도록 도울 수 있다. Corlozzi(2003)는 "깊이 지향적 가치 추출(depth-oriented values extraction)"이라고 불리는 효과적인 방법을 제안한다. 이것은 사람들이 선호하는 여가활동에 초점을 맞춘 방법이다. 클라이언트가 가장 행복하다고 느끼는

시간을 생각해 보라고 하는 것은 그들의 가치를 확인하는 데 도움이 될 수 있다. 그러고 나서 클라이언트가 탐구할 수 있도록 클라이언트의 삶에서 최고의 경험과 최악의 경험을 확인하도록 질문을 계속할 수 있다.

- 마지막으로, 13장에서 더 자세히 설명하는 수용전념 치료(ACT)에는 가치를 탐색하고 노출하는 데 도움이 되는 다양하고 유용한 연습이 있다. 내가 가장 좋아하는 것 중 하나는 사람들에게 은퇴 파티를 미리 생각하고, 사람들이 그들에 대해 하는 연설에서 그들이 듣고 싶어 하는 것을 구별하도록 요청하는 것이다. 이것은 누군가에게 가장 중요한 업무 관련 업적을 밝힐 수 있는 좋은 방법이다.

일단 클라이언트가 자신의 가치를 결정짓고 나면, 다음 단계는 자신에게 어떤 것이 가장 중요한지 알아내는 것이다. 구체화가 우선순위를 명확하게 드러낼 수 있기 때문에 가치를 식별하는 것만으로도 우선순위를 발견할 수 있지만 클라이언트는 조금 더 도움이 필요할 것이다. 가장 눈에 띄는 방법은 클라이언트에게 선택권을 제시하고 클라이언트가 어떻게 반응하고 무엇을 선택하는지 확인하는 것이다. 시각화는 흥미로운 이해를 제공해 줄 수 있다. 예를 들어, 클라이언트에게 두 가지 다른 가능한 자기를 상상하고, 이미지가 만들어낸 다른 감정들을 비교하도록 요청할 수 있다. 또 다른 예로, 클라이언트에게 두 갈래 길을 상상하고 두 가지의 가치 중심의 목표를 가지고 갈림길에 있다고 상상하도록 요청하라. 그들은 어느 쪽을 선택할 것인가?

한쪽은 높은 급여를 받고, 해외여행을 자주 하는 대단한 성공이 있고, 다른 한쪽 끝에는 매주 학교에서 아이들을 데려오고, 주말을 가족 활동으로 보내는 만족스러운 가정생활이 있다.

대조적인 가치를 가진 질문에 즉각적인 답을 요청하는 것은 생산적인 토론을 이끌어 낼 수 있다.

미래 지향

중년기 전환에 직면해 있는 클라이언트는 자신이 과거에 지나치게 집중하여 앞으로 나아갈 수 없다. 이러한 상황에서 시도해 볼 수 있는 방법이 '커리어 시간 조망(career time perspective)'이라는 기법이다. 이것은 Savickas(1991)가 개발한 것으로 클라이언트가 '미래 지향', 즉 과거에 초점을 두는 것에서 벗어나 미래를 생각할 수 있도록 제시된 방법이다. 미래 지향은 커리어 개발에 있어 중요하고, 또 개발될 수 있는 자질이다. 커리어 시간 조망은 방향성, 변별성, 통합성으로 구성된 일련의 훈련으로 이루어져 있다. 방향성 훈련에서, 코치는 클라이언트가 자신의 과거, 현재, 미래를 나타내는 3개의 원을 그리고, 클라이언트 자신의 과거, 현재, 미래의 상호관계에 대하여 어떻게 느끼는지 보여 줄 수 있게 정리하도록 요청한다. 그런 후 클라이언트는 원의 상대적 크기와 위치에 대한 이유를 성찰할 수 있다. 변별성 단계에서 코치는 클라이언트에게 태어나서 죽을 때까지의 생애사를 그리도록 요청하고, 미래 10년의 생애 사건을 그리도록 요청하고, 미래 10년의 생애 사건을 작성해 보고, 특히 '나는 무엇을 할 것인가?'와 '나는 어떤 사람이 될 것인가?'에 대한 답을 생각하도록 요청한다. 마지막 통합성 단계에서 코치는 클라이언트에게 미래의 결과물과 현재의 행동이 연결되도록 하고, 미래를 위한 단계별 계획을 수립하도록 요청한다.

클라이언트가 미래 지향적이 되도록 돕는 또 다른 기술은 가능한 자기(possible selves)이다. 이것은 Ibarra의 정체성 전환 이론과 잘 맞으며, 창의적인 사고를 장려하고 사람들이 아이디어를 잘 활용할 수 있게 해 주는 훌륭한 기술이다. 가능한 자기는 이 기술이 목표 설정 및 동기부여에 도움이 된다는 것을 보여 주고(Strauss et al., 2012), 상상력을 자극하고 사람들이 다양한 종류의 미래에 대해 창의적으로 생각할 수 있도록 돕기 때문에 나이 든 커리어 전환자와 함께 사용하는 것이 특히 유용하다고 생각한다.

가능한 자기는 미래에 당신이 누구인지에 대한 생각이다. 우리 각자는 여러 가지 가능한 자기, 즉 현실적인 자기(내가 강좌를 마치는 것), 희망적인 자기(내 사업을 운영하는 것), 완전히 공상적인 자기(나는 노벨상을 수상했다)를 가지고 있다. 가능한 자기들은 커리어 대화를 위한 유용한 도구가 될 수 있다. 왜냐하면 가능한 자기들은 고객이 미래를 향해 빠르게 나아갈 수 있도록 격려하고, 고객이 어떤 도전, 장벽 또는 '그래. 하지만……'이라고 생각하면서도 상상력을 사용하도록 장려하고 가능하게 만들기 때문이다.

가능한 자기는 막연하고 흐릿한 아이디어로 시작할 수 있지만, 이것이 커리어 코칭의 강력한 도구가 되려면 더 나아가야 한다. 첫째, 미래의 이미지는 시각적이면서 서술적이어야 한다. 개인은 미래의 특정 상황에서의 자신을 상상해야 하고, 자신을 이해하고, 몇 가지 아이디어를 말로 표현하고 이야기로 전달해야 한다. 가능한 자기는 또한 '경험 이전'이어야 한다. 이것은 시각화가 가능한 한 생생해야 하며, 개인이 자신의 미래 버전을 경험하고 있다고 거의 느낄 수 있어야 한다는 것을 의미한다.

첫 번째 단계는 클라이언트에게 자신의 몇 가지 가능한 미래 버전을 생각하도록 요청하는 것이다. 당신은 클라이언트에게 다양한 종류의 정체성을 확인하도록 격려할 수 있다. 어떤 것은 현실적이고, 어떤 것은 희망적이고, 어떤 것은 약간 장난기가 있다. 그리고 당신은 또한 클라이언트가 그들의 직업적 자기와 개인적 자기 두 가지 모두에 대해 생각하도록 격려할 수 있다. 어떤 사람들은 이 과정이 매우 쉽고, 순식간에 5~6개의 미래 자기를 만들어 낼 수 있다고 생각한다. 또 어떤 사람들은 1~2개 이상의 자기를 떠올리려고 애쓴다. 하지만 우리는 클라이언트가 가장 가치 있다고 생각하는 일들 중 일부가 가장 어려운 일이라는 것을 알고 있다. 왜냐하면 그들은 정말로 새로운 사고를 자극하는 일이기 때문이다. 그래서 클라이언트에게 시간을 주고 부드럽게 격려해 주기만 하면 된다.

다음 단계에서는 클라이언트에게 그들이 만들어 낸 가능한 자기들 중에서 (더 깊이 탐구하고 싶은 자기들 중에서) 하나를 선택해 달라고 요청한다. 그런 다음에 클라이언트에게 눈을 감고 마음속에서 미래의 자기의 이미지를 떠올려 달라고 요청한다. 클라이언트가 이것을 했을 때, 가능한 한 많은 세부 사항을 곁들여 이미지를 설명하도록 요청한다. 당신은 몇 가지 공개적인 질문을 하고, 클라이언트에게 말을 하도록 격려한 다음, 필요한 세부 사항을 작성하도록 촉구할 수 있다. 다음 상자에는 유용하다고 생각되는 질문에 대한 몇 가지 제안이 제공되어 있다. 이 질문에 대한 서술이 상세하고 생생할수록 클라이언트에게 더 유용할 것이므로 풍부한 설명을 제공하도록 요청한다.

할 수 있는 한 최선을 다했다고 느끼면, 클라이언트가 구축한 미

가능한 자기 질문들

• 어디에서 근무합니까? 근무환경은 어떻습니까?

• 누구와 함께 일합니까? 당신과 그들의 관계는 어떠합니까?

• 아침에 출근해서 제일 먼저 하는 일은 무엇이고 그다음에 하는 일은 무엇입
  니까?

• 당신은 출근할 때 무엇을 입습니까?

• 출근할 때 기분이 어떻습니까?

• 집으로 퇴근할 때 기분은 어떻습니까?

• 당신의 하루를 기분 좋게 만드는 것은 무엇입니까?

• 사람들에게 자신이 하는 일을 말할 때 기분이 어떻습니까?

• 요즘 당신의 주말은 어떤가요?

• 당신의 가족은 당신의 새로운 직업에 대해 어떻게 생각합니까?

• 지금의 나와 가장 다른 점은 무엇인가요?

래에 대한 그림을 고려하여 클라이언트가 특히 좋아하는 점과 놀란 점을 묻는 시간을 함께 가져야 한다. 그런 다음에 함께 작업을 하여 이를 몇 가지 실용적인 아이디어로 변환할 수 있다. 이것이 클라이언트가 원하는 미래에 대해 무언가를 말해 주고 있으며, 어떻게 클라이언트가 이러한 아이디어들 중 일부를 실행으로 옮길 수 있을까?

커리어 전환을 만드는 것은 상당한 시간과 노력을 필요로 하며, 항상 위험 요소가 있지만, 다행스럽게도 이 연구는 일반적으로 커리어 전환이 가치가 있음을 분명히 알려 준다. 일반적으로 자신의 일에 몰두하는 사람들은 자신의 커리어에 더 만족하며, 특히 직무 만족도가 높고, 직업 안정감이 증가하고, 노동시간이 단축되는 것으

로 나타났다(Khapova et al., 2007). 고령의 커리어 전환자의 경우, 그
들이 경제적으로 안정적이면 그들은 자신이 만든 변화에 대해 매우
긍정적이라고 느낀다(Vogelsang et al., 2018). 전반적으로 자신의 커
리어 전환에 가장 만족하는 경향이 있는 집단은 새로운 역할 자체에
관심이 있는 사람들이다. 더 나은 급여와 지위, 즉 이득의 변화를 꾀
한 사람들은 일반적으로 자신의 선택에 덜 만족하는 것으로 보고되
었다(Green et al., 2007). 모든 커리어 전환이 미래의 커리어 성공을
보장하는 것은 아니지만 전체적인 그림은 고무적이며, 커리어 전환
을 고려 중인 클라이언트와 공유할 몇 가지 긍정적인 정보가 있다는
것은 좋은 일이다.

참고문헌

Amundson, N. E., Borgen, W. A., Iaquinta, M., Butterfield, L. D., &
　　Koert, E. (2010). Career decisions from the decider's perspective.
　　The Career Development Quarterly, 58(4), 336-351.

Barclay, S. R., Stoltz, K. B., & Chung, Y. B. (2011). Voluntary midlife
　　career change: Integrating the transtheoretical model and the life-
　　span, life-space approach. *The Career Development Quarterly, 59,*
　　386-399.

Brown, D. (1995). A values-based approach to facilitating career
　　transitions. *Career Development Quarterly, 42,* 137-142.

Chuang, S. (2019). Generation Xers' performance and development in
　　midlife transition. *Human Resource Development International, 22*(1),
　　101-112.

Corlozzi, E. A. (2003). Depth-orientated values extraction. *Career*

Development Quarterly, 52, 180–189.

Green, L., Hemmings, B., & Green, A. (2007). Career change and motivation: A matter of balance. *Australian Journal of Career Development, 16*(1), 20–27.

Greenhaus, J. H., Callanan, G. A., & Godshalk, V. M. (2010). *Career Management.* London: Sage.

Ibarra, H. (2005). *Identity Transitions: Possible Selves, Liminality and the Dynamics of Career Change* (No. 2005/51). Fontainebleu Cedex, France: Insead.

Khapova, S. N., Arthur, M. B., Wilderom, C. P., & Svensson, J. S. (2007). Professional identity as the key to career change intention. *Career Development International, 12*(7), 584–595.

Levinson, D. J., Darrow, C. N., Klein, E. B., Levinson, M. H., & McKee, B. (1978). *The Seasons of a Man's Life.* New York: Knopf.

Prochaska, J. O., DiClemente, C. C., & Norcross, J. C. (1992). In search of how people change: Applications to addictive behaviors. *American Psychologist, 47,* 1102–1114.

Rice, C. K. (2015). The phenomenon of later-life recareering by well-educated baby boomers. *Journal of Psychological Issues in Organizational Culture, 6*(2), 7–38.

Robbins, A., & Wilner, A. (2001). *Quarterlife Crisis.* London: Bloomsbury.

Robinson, O. (2016). Emerging adulthood, early adulthood, and quarter-life crisis. In R. Zukauskiene (ed.), *Emerging Adulthood in a European Context.* London: Routledge, pp. 17–30.

Savickas, M. L. (1991). Career time perspective. In D. Brown & L. Brooks (eds.), *Career Counseling Techniques.* Boston: Allyn & Bacon, pp. 236–249.

Semmer, N. K., Elfering, A., Baillod, J., Berset, M., & Beehr, T. A.

(2014). Push and pull motivations for quitting. *Zeitschrift für Arbeits-und Organisationspsychologie A&O, 58,* 173–185.

Strauss, K., Griffin, M. A., & Parker, S. K. (2012). Future work selves: How salient hopedfor identities motivate proactive career behaviors. *Journal of Applied Psychology, 97*(3), 580–598.

Vogelsang, E. M., Shultz, K. S., & Olson, D. A. (2018). Emotional well-being following a later life career change: The roles of agency and resources. *The International Journal of Aging and Human Development, 87*(4), 327–346.

West, R. (2005). Time for a change: Putting the transtheoretical (stages of change) model to rest. *Addiction, 100*(8), 1036–1039.

Yates, J., Oginni, T., Olway, H., & Petzold, T. (2017). Career conversations in coaching: The contribution that career theory can make to coaching practice. *Coaching: An International Journal of Theory, Research and Practice, 10*(1), 82–93.

7장 ⋯⋯⋯⋯⋯⋯⋯⋯⋯⋯⋯⋯⋯⋯⋯⋯⋯⋯⋯⋯⋯⋯⋯⋯⋯⋯⋯⋯

비계획적인 커리어 전환

우리는 앞 장에서 우리가 통제할 수 있는 커리어 전환의 성격, 출처 및 결과를 살펴보았다. 그러나 커리어, 업종, 직무, 근무 방식 변경 등 직장 생활에서 일어나는 많은 변화는 항상 우리가 결정할 수 있는 것은 아니며, 우리가 원하는 시점에 이루어지지 않을 수도 있다. 이 장에서는 비계획적인 커리어 전환의 몇 가지 유형을 살펴보겠다. 먼저 실직이 미칠 수 있는 영향을 조사한 다음, 정리해고, 생활 사건들, 부모 역할에 대해 연구는 우리에게 무엇을 알려 줄 수 있는지, 그리고 그 일련의 일들이 우리의 정서와 커리어에 어떻게 영향을 미칠 수 있는지 자세히 살펴볼 것이다. 비계획적인 커리어 전환에 대한 장에 부모역할을 포함시키는 것이 놀랍게 보일 수 있다. 어쨌든 우리 대부분은 자녀가 있는지 여부, 자녀가 있는 시기 및 자녀의 존재가 경력에 어느 정도 방해가 되는지에 대해 어느 정도 통제할 수 있다. 그러나 실제로는 상황이 그렇게 간단하지 않은 경우가 많다. 자녀를 갖는 것은 순서대로 일어날 수 있으며 부모가 기대했던 부모의 커리어에 정확히 영향을 미칠 수 있다. 자녀를 갖는 것은 부모가 예상하는 대로 부모의 직업에 명확하게 영향을 미칠 수 있지만, 많은 사람에게 자녀의 탄생은 삶과 직업을 큰 혼란에 빠뜨릴 수 있다. 가족을 갖기로 한 결정이 계획되어 있다고 하더라도 가족과 관련된 변화는 그렇지 않은 경우가 많다.

실직

분명한 경제적인 이익을 포함해, 일은 시간 구조(체계)와 사회적 접촉을 통해 기본적인 심리적 욕구를 충족시키고 집단적 목적, 지위, 규칙적인 활동을 제공하며, 개인의 정체성과 의미의 원천을 제공하는 등 주관적 웰빙을 위한 여러 중요한 기능을 수행한다. 일은 우리의 삶을 채워 주고, 우리에게 아침에 일어나야 하는 이유를 부여한다.

그러므로 비자발적 실직이 우리의 가치와 삶의 만족에 거의 도움이 되지 않는다는 사실을 알게 되는 것은 그리 놀라운 일이 아니다. 강제적인 실직은 더 높은 스트레스 수준, 우울증과 불안, 그리고 낮은 자기존중감(self-esteem)으로 이어질 가능성이 높다는 것은 잘 문서화되어 있다(예: Paul et al., 2018). 정체성은 상실될 수 있고, 자기 가치는 급락할 수 있으며, 삶과 세상에 대한 생각이 때로는 산산조각 날 수 있다. 실직은 신체 건강에도 중요한 영향을 미친다. 실업자는 신체 건강 수준이 낮고, 실업자들의 사망 위험은 놀랍게도 63%가 더 높다. 이는 교통사고 및 자살과 같은 질병 이외의 요인과 관련된 위험 증가를 포함하는 수치이다. 실직 기간은 또한 더 높은 수준의 음주, 흡연, 기분 전환용 약물 사용 및 이러한 행동과 관련된 문제와 관련이 있다. 실직과 그에 따른 실업 상태의 영향은 몇 년 동안 지속될 수 있으며, 개인의 새로운 직업에도 영향을 줄 수 있다. 또한 이와 같은 부정적인 영향은 널리 퍼져 그들의 가족에게 장기적인 영향을 미치고, 자녀의 정신 건강 및 교육에도 영향을 미친 연구 결과가 있다. 이러한 신체적 · 심리적 위험과 함께 경제적 어려움은 일반적으로 실직과 관련이 있으며, 위기를 완화시키는 역할을 할 수 있는 소셜 네트워크 삭제의 관련성이 종종 목격되기도 한다.

실직과 실업 상태는 모든 사람에게 동일한 정도로 영향을 미치지 않으며, 성별, 사회 계층, 연령, 실업 기간 및 상황 전부가 사람들이 실직에 얼마나 쉽게 적응하고 대처하는지에 영향을 미치는 것으로 보인다(Paul et al., 2018). 이제 이들 중 몇 가지를 더 자세히 살펴보겠다.

실직의 고통은 남성이 여성보다 더 많이 겪는다는 연구 결과가 있다. 이것은 부분적으로는 남성이 여성보다 더 많은 돈을 벌 가능성이 높기 때문에 경제적 상실이 더 크며, 부분적으로는 남성이 가장이라는 고정관념에 대한 사회적 기대의 결과로, 남성의 경우 실직문제는 더 심각하다.

일부 연구에 따르면, 지위가 높은 사회경제적 계층의 사람들이 특히 실직에 대처하기가 어렵다고 한다. 이에 대한 설명은 세 가지이다. 첫째, 이 사람들은 회사에서 더 높은 지위에 있고 더 많은 돈을 벌 가능성이 높다. 즉, 그들의 낙폭은 더 클 것이고, 따라서 더 많이 적응해야 한다는 것을 의미한다. 둘째, 사회경제적 지위가 높은 집단의 사람들은 일이 그들의 정체성이 될 가능성이 높으며, 이로 인해 실직을 더욱 예민하게 느낄 것으로 생각된다. 세 번째 이유는, 집단 내에서 정리해고가 덜 일반적이기 때문에 결과적으로 더 불명예스럽다는 느낌을 받을 수 있다는 것이다. 그러나 이러한 가정들은 논쟁의 여지가 남아 있다. 지위가 더 높은 사회경제적 집단에 속한 사람들은 일반적으로 경제적 안정성이 더 높기 때문에 저소득 기간을 더 잘 견뎌 낼 수 있다는 주장이 있다. 지위가 높은 직업에 종사하는 사람들은 일을 하지 않을 때에도 직업적 정체성을 유지할 가능성이 더 높다. 실직한 건축가는 실직한 판매 보조원이 할 수 없는 방식으로 여전히 건축가로 정체화할 가능성이 높으며, 이러한 정체성을 유지하면 자존감 상실을 방지하는 데 도움이 될 수 있다. 마지막으로, 더 높은 사회경제적 집단의 사람들은 더 나은 연구 기술, 더 유용한 네트워크 및 지원 비용을 지불할 수 있는 경제적 자원을 가지고 있어 구직을 위한 유용한 자원을 더 쉽게 활용할 수 있다. 전반적인 메시지는 다양한 사회 계층은 특정 어려움을 다양하게 가질 수 있다는 것이다. 하지만 실직은 모두에게 힘든 일이다.

나이는 사람들이 실직에 얼마나 잘 대처하느냐에 영향을 미치는 또 다른 요인이며, 각 단계마다 나름대로의 문제가 있다. 나이가 많은 구직자는 재취업에 어려움을 겪고 고용주에게서 자신의 가치를 인정받지 못해 자신감을 잃을 수 있다. 젊은 구직자는 실직으로 인해 자존감에 큰 타격을 입어 더욱 취약하고 진화하는 정체성을 무너뜨릴 수 있다. 커리어 중기에 실직을 경험한 사람은 모기지, 부양 자녀 등 소득에 대한 요구가 많아져 재정적으로 더 큰 어려움을 겪을 수 있다.

실직 기간과 관련하여 정신 건강과의 곡선 관계라고 불리는 것이 있다. 사람들은 실직상태가 약 9개월이 될 때까지 점점 더 기분이 나빠진다. 이 시점에서 사람들은 자신이 있는 위치를 받아들이고 정신 건강이 안정되거나 심지어 개선될 수 있다. 오랜 기간 동안 실직을 한 사람들은 패배감을 느끼고 다시 일할 희망을 잃기 때문에, 실직한 사람들은 실직 후 2년 정도 즈음에 정신 건강이 더 악화될 수 있다.

인구통계학적 요인과 함께 사람들이 처한 상황은 실업 기간 동안 정신 건강에 영향을 미칠 수 있다. 사람들의 경험은 그들이 사는 곳에 따라 다르며, 가난한 나라와 부의 불평등이 더 큰 나라에서 실직자들이 정신 질환을 앓을 가능성이 더 높다는 것이 밝혀졌다. 경제 환경이 영향을 미치는지 여부에 대한 합의가 없는 것 같다. 어려운 경제 상황은 정신 건강에 부정적인 영향을 미칠 수 있다. 이러한 경제 환경은 사람들이 빨리 일자리를 찾을 것이라는 확신을 덜 가지게 할 수 있고 높은 실업률을 유발할 수 있기 때문이다. 그러나 높은 실업률은 사회적 영향 및 실직과 관련될 수 있는 오명을 줄일 수 있을지도 모른다.

정리해고 또는 해고의 정서적 영향은 사별과 같은 중대한 상실 사유로 인해 사람들이 경험하는 슬픔의 단계를 반영할 수 있다. Kubler-Ross(1969)는 개인이 견뎌 내야 할 상실에 따른 부정, 분노, 타협, 우울, 탐색 및 수용의 여섯 가지 비탄 단계(반드시 이 단계를 순서대로 겪는 것은 아니다) 모델을 제시했다. Kubler-Ross는 개인의 감정이 단계가 지날수록 점진적으로 나빠지며 가장 아랫단계인 우울 단계에 이른다고 말한다. 그 후에 개인은 자신의 상황과 미래에 대해 더 긍정적으로 느끼기 시작한다고 언급한다.

많은 저자(예: Blau, 2007; Brenner et al., 2014)이 이러한 비탄의 단계가 종종 실직과 관련이 있음을 보여 주었고, 다음 상자에서 각 단계와 관련될 수 있는 사고의 종류에 대한 몇 가지 아이디어를 제공한다.

- **부정**

  - 진심일 리가 없어. 그들은 분명히 다른 해결책을 찾을 거야.

  - 그런 일은 나에게 일어나지 않을 거야.

  - 나는 그것에 대해 생각조차 할 수 없어.

- **분노**

  - 내가 그들에게 헌신한 것이 몇 년인데!

  - 어떻게 감히 나를 이렇게 대하지?

  - 무능한 고위 관리자들!

- **타협**

  - 다른 방법이 있지 않을까?

  - 아마도 내가 그들에게 제대로 설명한다면 그들은 나를 해고하는 것이 올바른 선택이 아니라는 것을 알게 될 거야.

  - 만약 그들이 우리에게 6개월만 더 줄 수 있다면, 우리는 그들에게 우리의 능력을 보여 줄 수 있어.

- **우울**

  - 나는 내 나이에 다른 것을 찾지 못할 거야.

  - 아무리 봐도 소용이 없어.

  - 나는 실패자야.

- **탐색**

  - 다른 선택이 있을 수 있어.

  - 저녁 수업을 시도해 볼까.

  - 이력서를 보낼 수도 있어.

- **수용**

  - 왜 그런 일이 일어나야 했는지 이해가 돼.

  - 좋은 직업이었지만 완벽하지는 않았어.

  - 나는 다른 곳에 나에게 좋은 미래가 있을 수 있다고 생각해.

만약 당신에게 정리해고에 직면한 클라이언트가 있다면, 이것은 그들과 나눌 수 있는 매우 유용한 모델이 될 수 있을 것이다. 이 모델은 그들의 현재 감정을 확인하고, 그들의 반응이 매우 '정상적'이라고 느끼게 할 것이다. 이것은 그들이 특정한 단계에 갇혀 있다고 자각하게 해 줄 수도 있고, 다음 단계로 나아가게 도울 수도 있다. 이것은 그들이 현재 어디에 있는지 이해할 수 있도록 도와 그들에게 미래에 대한 희망을 느낄 수 있도록 해 줄 것이다.

경계(영역)

실직으로 겪는 정서적 충격은 격심할 수도 있고 오래갈 수도 있다. 커리어 코치로서, 당신은 이 시기에 당신이 하는 지지에 자신감이 드러날 수 있도록 이것을 인지하고 있어야 한다. 언급했듯이, 달갑지 않은 실직에 대한 감정적 대응은 사별 뒤에 따라오는 모든 감정과 같은 것일 수 있다. 특정 직업에 오랫동안 종사했고, 부양해야 할 가족이 있으며, 자신이 실직하게 될 것에 대해 적절한 예고를 받지 못한 사람들은 공통적으로 "절망, 분노, 적대감, 사회적 고립, 통제력 상실, 몰개인화, 엄청난 긴장감"을 포함하는 비탄의 감정을 경험한다 (Brewington et al., 2004, p. 81).

커리어 코치로서, 만약 당신이 이러한 감정들을 잘 살핀다면, 클라이언트가 생산적으로 새로운 단계를 밟기 위해 준비하는 데 도움을 줄 수 있다. 당신은 실직의 고통을 겪고 있는 클라이언트를 코칭할 때, 당신의 전문적인 경계에 대해 아주 분명하게 할 필요가 있다. 만약 실직에 대한 당신의 정서적인 반응이 클라이언트의 커리어 목표에 방해가 된다고 느낀다면, 당신은 클라이언트와 상담가로서 만나는 것의 잠재적인 가치에 대해 논의해 볼 때라고 판단할 수 있다.

실직 후 커리어 성장

실직이 모두에게 암울하고 우울하지만은 않다. 실직으로 지난 몇 년 동안 매우 힘든 시간을 보냈지만 어려움을 극복하고 결국 더 나아지고 만족스러운 삶을 얻은 사람들의 외상 후 성장(post-traumatic growth)이라는 주제에 대한 많은 연구가 있었다. 이 접근법은 커리어 분야에서 최근에 더 많이 적용되고 있으며, 다수의 학자가 정리해고나 다른 강제적인 커리어 중단이 결과적으로는 더 나은 직무 만족을 얻고 그들이 이전 직장에 남아 있었다면 경험하지 못했을 주관적인 커리어 성공으로 연결되는 '실직 후 커리어 성장(post job-loss careergrowth)'이라는 주제에 대해 탐구하고 있다(Zikic & Richardson, 2007).

Eby와 Buch(1998)는 실직 후 커리어 성장이 더 잘 일어날 수 있도록 하는 세 가지 요소를 범주화하였다. Eby와 Buch는 '개인적 성격' 범주에서 이전의 직업에서 특별히 행복을 느끼지 못했고, 직업 탐색 기간에 적극적이지도 않았던 커리어 중기에 있는 개인들이 오히려 만족스러운 새 직업을 더 찾을 가능성이 있다는 사실을 발견하였다. 개인적 환경이라는 측면에서 보면, 이것은 가능한 한 빨리 직업을 찾아야 하는 압박감을 줄여 주고, 경제적으로 자기 스스로 해결할 수 있는 능력을 찾도록 돕는다. 집에서 멀리 떨어진 곳에 직장을 얻거나 교대 근무도 해야 하는 직업들처럼 더 넓은 구직 기회에서 당사자가 직업을 고르고 선택할 수 있도록 하는 융통성 있는 가족의 동의처럼 친구들의 지지 또한 활기를 찾도록 도움을 준다. 마지막으로, Eby와 Buch는 실직이 어떻게 처리되는지, 직업들 간의 실직기간이 얼마나 지속되는지, 개인의 실직 기간에 어떻게 분노와 비탄을 성공적으로 풀어내는지를 포함하는 '전환 과정 특징'이라 부르는 것의 영향을 밝혀냈다.

그렇다면 클라이언트의 실직 후 커리어 성장을 경험하도록 어떻게 도울 수 있을까? Waters와 Strauss(2016)는 두 가지 과정에 초점을 맞춘 커리어 코칭 개입으로 성공을 거두었다. 두 가지 과정은 의도적 반추와 변증법적 사고이며, 그것은 그들의 실직한 클라이언트에게 긍정적인 결과를 가져왔다. 이 두 과정은 사람들이 긍정적인 것과 부정적인 것 모두에 대해 생각할 수 있도록 함께 작용하며, 명확성과 자기인식을 증가시킴으로써 긍정적인 결과를 촉진한다. 변증법적 사고는 여러 관점에서 사건을 보고 반대 또는 모순된 증거를 조화시키려고 노력하는 것을 포함한다. 의도적 반추는 사건과 결과에 대해 생각하고 그것을 적절하게 이해하려고 노력하는 의식적인 시도다. 그것은 당신이 보통 '반추'라는 단어와 연관시킬 수 있는 보다 긍정적이고 통제된 과정이다. 이 두 가지 과정을 함께 사용하면, 클라이언트가 실업문제를 해결하고 내면의 강점을 더 잘 인식하며 새로운 커리어 경로로 나갈 수 있게 돕는다. 이 개입에서 중요한 메시지 중 하나는 긍정적인 감정과 부정적인 감정이 공존할 수 있다는 사고다. 실직과 실업은 고통스럽고 코치는 실직이 가져올 수 있는 치명적인 영향을 최소화하거나 무시해서는 안 된다. 그러나 이러한 부정적인 감정과 함께 사람들은 무슨 일이 일어났는지, 왜 그런 일이 일어났는지 이해하도록 격려받을 수 있으며, 이는 상황에 적응하는 데 도움이 될 수 있다. 결과적으로, 이것은 부정적인 감정을 완화하고 사람들이 미래에 직면하는 것에 대해 더 자신감을 갖게 할 수 있다.

이것으로 실직의 좀 더 일반적인 측면에 대한 간략한 탐구를 마친다. 우리는 이제 정리해고, 해고, 외상적 생활 사건으로 분류되는 세 가지 특정한 유형의 실직에 관한 연구를 살펴볼 것이다. 우리는 부모, 특히 어머니가 되는 경험에 관한 연구의 요약으로 이 장을 마칠 것이다.

정리해고 후 커리어 전환

일자리를 잃는 대부분의 사람은 정리해고로 인해 일자리를 잃게 된다. 커리어 코치로서, 정리해고, 재취업알선 상담 또는 코칭이 이제 정리해고 동의서의 일부로 주로 제공되기 때문에 커리어 코치인 우리는 이 범주에 속한 많은 사람을 만나게 될 것이다.

연구 결과에 따르면, 일반적으로 구조조정(downsizing)이 긍정적인 결과를 가져오는 경우는 드물기 때문에 조직은 매우 신중하게 정리해고에 접근해야 한다. 항상 많은 피해자가 발생한다. 이 장의 앞부분에서 보았듯이 첫 번째이자 가장 분명한 것은, 정리해고는 정리해고를 당한 사람들의 삶에 중대하고 때로는 지속적인 영향을 미친다는 점이다. 그들의 직장을 안전하게 보존한, 즉 정리해고를 당하지 않은 사람들도 정리해고를 목격했고, 그 과정에 관련된 사람으로서 영향을 받는다. 그들은 동료가 고통받는 것을 보는 것과 관련된 부정적인 감정을 묘사하는 '생존자의 죄책감'이라고 불리는 것으로 고통받고 있으며, 그들은 또한 자신의 직업이 불안정하다는 느낌과 관련하여 정신 질환의 가능성이 증가하는 것으로 나타났다(de Jong et al., 2016). 해고 담당부서 직원, 즉 실제로 나쁜 소식을 전해야 하는 사람들은 특히 영향을 받는다(Parker & McKinley, 2008). 이 사람들은 전체 과정에서 매우 많은 스트레스와 심각한 심리적 불편함을 경험하며, 팀을 구성하고 개발하는 것에서 팀을 파괴하는 것으로 이동하면서 정체성과 역할의 변화로 어려움을 겪는다. 이러한 개인적이고 부정적인 경험 외에도, 구조조정이 조직의 재정에 많은 긍정적인 영향을 미치지는 않는 것 같다. 정리해고는 주가, 고객 서비스 및 평판에 부정적인 영향을 미치며, 보다 간결한 조직구조를 안정적으로 생성하지 못하는 것 같다(Quinlan & Bohle, 2009).

그러나 정리해고는 계속 발생한다. 지난 20년 동안의 데이터를 보면, 매 분기마다 평균적으로 1,000명당 5명 정도의 사람들이 정리해고를 당하고, 더 많은 사람이 그들의 직업이 위험하다는 말을 듣는 것 같다(ONS, 2019).

정리해고에 대한 윤리적 접근

고용주가 어떻게 정리해고 과정을 예고하고 처리하는지에 대한 상세한 사항을 알면 실직이 가질 수 있는 정서적 충격을 짐작할 수 있다. Eby와 Buch(1998)는 정리해고에 대한 '윤리적' 접근이 직원들에게 미치는 영향을 조사한 결과, 정리해고에 대하여 사전 경고를 받은 직원들은 조직이 자신의 미래에 대해 더 많은 관심을 갖고 있다고 느꼈으며, 이로 인해 자신의 상황을 정서적으로 더 잘 받아들인다는 사실을 발견했다. 또한 직속 상사보다 인사부서나 조직 내 고위 관리자로부터 실직에 대한 이야기를 들었을 때 직원들의 정서적 수용도가 더 높은 것으로 나타났다. 다소 직관에 반할 수 있지만, 직원들은 중앙의 누군가로부터 통보를 받으면 조직 전체가 자신에 대해 관심을 가지고 있다고 생각하게 된다고 느꼈다. 이 연구에서 밝혀진 세 번째 요인은 정리해고에 대한 타당한 이유가 있으면 이후 직원들의 건강 및 정서적 수용에 긍정적인 변화를 가져온다는 점이다.

외상적 생활 사건 때문에 필요시되는 커리어 전환

　사람들의 실직 뒤에는 다양한 이야기가 있으며 모든 이야기마다 감정과 어려움이 각각 다르지만, 인생에서 충격적인 사건의 결과인 상실은 대처하기 가장 어려운 것 중 일부일 수 있다. 삶을 변화시키는 사건들은 언제 어떤 각도에서든 다가올 수 있으며, 부상, 만성 질환, 암, 정신 질환, 소진, 사업 실패 등 다양한 유형의 외상 사건에서 비롯되는 실직이나 커리어 전환을 살펴본 연구들이 있다. 이러한 종류의 상실은 개인이 비슷한 역할로 돌아갈 수 없기 때문에 완전히 새로운 커리어 계획을 필요로 하는 경우가 많다. 즉, 커리어 경로의 상실은 업무 정체성의 상실과 함께 발생한다. 미래에 대한 희망과 꿈이 산산이 부서지고, 정체성의 일부가 벗겨지면 적응하기가 매우 어려울 수 있으며, 이 시점에서 삶을 재건하려면 상당한 노력이 필요할 수 있다.

　Rock Bottom 모델(Shepherd & Williams, 2018)은 이전 커리어에 등을 돌릴 수밖에 없는 클라이언트와 작업하는 데 유용한 틀을 제공한다. 이 모델은 개인이 가장 낮은 지점에 집중하고, 개인이 더 이상 가라앉을 수 없다고 느끼는 순간이 재활과 회복에 결정적이라고 제안한다. 여기에서 Rock Bottom은 현재 상황에 대한 부정적인 생각이 모두 합쳐져 미래에 대한 생각과 융합되는 시간으로 설명된다. 이 순간, 개인은 현재의 부정적인 요소에서 벗어나는 것을 상상할 수 없으며, 부정적인 감정을 넘어서는 미래를 볼 수 없다. 이 시점에서 개인은 상황에 대한 그들의 견해를 바꾸고, 그것을 단순한 실직이 아니라 더 깊은 정체성의 상실로 보고, 그들이 단지 실직한 것이 아니라 자신이 누구인지를 잃어버렸다는 것을 이해하고, 이것을 다시 알 수 있는 방법이 없다는 것을 깨닫는다. 개인에게 이것은 중요한 순간이 될 수 있다. 이 시점까지 그 사람의 예전의 직장 신분은 여전히 그들의 일부이며, 그들이 누구인지에 대한 중심 사항이다. 앞으로 나아가기 위해서는 그들이 회복되거나 다시 예전의 사람이 될 수 있는 희망도, 가능성도 없다는 것을 깨달아야 할 필요가 있다. 그때 비로소 개인은 새롭고 대안적인 정체성을 찾고 개발하기를 시작할 수 있다.

실제에서 Rock Bottom 모델

Shepherd와 Williams는 클라이언트가 새로운 정체성을 찾고 포용하는 데 도움이 되는 세 가지 과정을 확인한다.

1. 정체성 놀이

정체성 놀이는 목표에 초점을 맞추는 것이 아니라 탐색적인 것이며, 오히려 '새로운 정체성의 범위'를 시도하고 고객들이 자신의 새로운 버전이 되는 것에 대해 어떻게 느끼는지, 그리고 그들이 어떻게 적합하다고 느끼는지를 보는 것을 목표로 한다. 그들이 탐구하는 다양한 정체성은 현실적이거나 합리적일 필요는 없다. 가능성을 심사숙고할 수 있는 권한을 부여하는 마음가짐에 관한 것이다. 정체성 놀이는 단순한 상상 이상이어야 하며 새로운 정체성을 향한 유용한 첫걸음이 되려면 어떤 행동이 수반되어야 한다. 클라이언트는 자원 봉사, 취미 활동 또는 과정 등록을 고려할 수 있으며, 새로운 사교모임에서 시간 보내기를 시작할 수도 있다.

2. 훈련된 상상력

정체성 놀이와 함께, 클라이언트는 훈련된 상상력에 참여하도록 장려되어야 한다. 이것은 용어상 모순처럼 들리지만, 두 가지 과정을 번갈아 가며 수반한다. 분별 있는 질문을 하는 것(훈련된 것)과 가능한 해답의 무제한 목록을 생성하는 것(상상력)이다. 분별 있는 질문은 "내가 무엇을 하는 것을 좋아하는가?" "어떤 종류의 직업이 내 기술을 소중하게 여길 것인가?" "다른 사람들의 커리어가 나에게 흥미롭게 들리는가?"와 같은 것들이 될 수 있으며 개인이 가능한 미래, 방향 또는 유용한 첫걸음에 대한 아이디어를 개발하는 데 도움이 되도록 사용되어야 한다.

3. 정체성 개선

마지막 과정은 개선의 하나이다. 이 과정에서 클라이언트는 시간을 보내며 클라이언트의 아이디어와 활동에 대해 논의하고, 점차 선택 사항을 줄이면서 다음 단계에 대한 결정을 내릴 수 있도록 돕는다.

부모가 된 후의 커리어 전환

우리가 살펴볼 비계획적인 커리어 전환의 마지막 집단은 부모역할의 영향과 관련이 있다. 지난 수십 년 동안 정책과 법률이 크게 바뀌었고, 이제 새로운 가족구성원과 그들이 맡은 새로운 삶의 역할을 수용하기 위해 일하는 패턴을 변경하려는 부모를 위한 지원이 상당히 많이 있다. 그러나 사회적 기대와 직장 문화는 보조를 맞추지 못했고, 맞벌이 부모는 종종 다른 방향으로 끌려가면서 모든 것을 가질 수 없다는 것을 알게 되었다.

어머니들

양성평등을 향한 진전과 법률, 정책 및 기대에 대한 긍정적인 변화가 있었음에도 불구하고 여성들은 너무나 자주 타협해야 한다는 것을 알게 된다. 엄마가 된 후의 커리어 개발은 일반적으로 절충의 과정이며 여성에게는 선택권이 있지만 모든 선택에는 대가가 따른다.

요즘 엄마들의 커리어는 일을 하지 않는 사람, 시간제로 일하는 사람, 정규직으로 일하는 사람의 세 그룹으로 상당히 깔끔하게 나뉜다. 여성은 첫아이를 낳은 후에도 계속 일을 하지만 두 번째 또는 세 번째 아이를 낳은 후에는 시간제 근무나 커리어 단절을 선택할 가능성이 더 높으며, 자녀가 나이가 들면 직장으로 복귀할 가능성이 더 높다. 자녀가 16~18세가 되면 전업주부가 줄어들고, 약 절반이 풀타임으로 일하고 있다(ONS, 2017).

어머니가 된 후 이전 직장을 그만두는 여성은 일반적으로 배출(push) 요인(직장을 떠나는 이유) 및 흡인(pull) 요인(집에 있어야 하는 이유)을 포함한 여러 가지 이유 때문에 그렇게 한다. 자녀와 함께 시간을 보내는 것이 직장을 떠나 집에 머물게 하는 이유의 첫 번째이기는 하지만 그것이 유일한 요인인 경우는 드물다. 직장으로 돌아가는 여성들은 지적 도전, 좋은 동료들이 있는 회사, 일에 대한 본질적인 관심을 찾고 있기 때문에 그렇게 한다. 그들은 또한 전반적인 가정 경제에 기여하거나 자신의 수입과 관련된 독립을 원하기 때문에 돈에 열중한다(McGrath et al., 2005).

커리어 단절과 업무 복귀

커리어 코치로서 커리어 시장에 재진입하는 방법을 연구할 때, 커

리어 코치의 지원을 자주 찾는 집단이기 때문에 커리어 단절 여성
의 경험에 특히 관심이 있을 수 있다. 이 집단의 여성들은 이전 커리
어로 되돌아가거나 적절한 대안을 찾는 것이 항상 쉽지 않다는 것을
알게 된다. 이 집단과의 코칭에는 여성이 자신의 커리어 목표를 재
협상하도록 돕는 시간과 옵션을 탐색하기 위한 협력적인 창의적 사
고가 포함될 수 있다.

　여성의 커리어 단절에는 불이익이 생긴다. 여성들은 종종 커리어
단절 후 직장에 복귀할 때, 출산 이전의 직책보다 낮은 수준이나 낮
은 급여를 받는 직업에 종사하고 있다는 것을 발견하게 되고, 그들
은 대기업에서 볼 수 있는 승진의 기회가 없는 소규모 조직에서 일
할 가능성이 더 높다는 것을 알게 된다. 출산 여성들은 커리어 단
절 기간에 따라 증가하는 임금 불이익을 받게 되며(일을 하지 않는
3년의 경우 약 37%), 커리어 단절 후 25년이 지나도 자신의 커리어를
중단하지 않았을 때보다 적은 급여를 받고 있다(Reitman & Schneer,
2005).

　집 밖에서 유급의 일을 찾고 있는 어머니에게는 네 가지 가능한
옵션이 있다. 여성들은 자신의 직업과 업종을 바꿀 것인지, 계약된
근무방식을 바꿀 것인지, 시간제, 단축시간 또는 프리랜서로 옮길
것인지에 대한 선택을 할 수 있다. 〈표 7-1〉은 이러한 선택을 보여
준다.

표 7-1 출산 여성의 커리어 선택

동일한 업무, 동일한 모드: 이전과 동일하게 업무에 복귀	완전히 새로운 경력: 재창조의 기회
이것은 거의 항상 출산 휴가 직후에 발생한다. 조직과의 관계가 단절되면 여성은 이전 역할로 돌아가는 경우가 거의 없으며, 커리어 단절(즉, 출산 휴가보다 긴 기간)을 가진 여성의 5%만이 이전 직장으로 복귀한다. 출산 여성은 두 번째, 세 번째보다 첫 번째 자녀 출산 이후 이전 직장으로 돌아갈 가능성이 더 크다.	여성의 상당수(61%)는 커리어 단절 후 직종을 변화시키는 데 관심이 있으며, 이는 종종 더 가치 중심적인 직업으로의 전환에 대한 욕구와 연결된다. 이러한 선택은 종종 커리어 단절 후에 이루어지며, 이 기간 동안 출산 여성은 자신이 원하는 미래에 대해 생각할 시간이 있고, 종종 적절한 옵션을 식별하고 선택하는 데 도움이 되는 커리어 코치의 도움을 구한다. 여성들이 자주 채택하는 전략 중 하나는 시간제로, 즉 아마도 자녀가 아직 어릴 때 자발적으로 새로운 분야에서 시작한 다음, 점차 시간을 늘리는 것이다. 자녀가 여전히 매우 의존적인 상태일 때, 또 다른 선택은 재교육을 통해 새로운 자격을 얻기 위해 노력하는 것이다.
동일한 업무, 다른 모드: 다양한 시간에 일하러 가기, 일자리 공유 또는 프리랜서	새로운 가족 친화적 직업: 새로운 가족과 어울리는 새로운 커리어
시간제로 일하는 것은 대부분의 출산 여성들이 선호하는 선택이다. 많은 사람이 그것이 자신의 독립적인 정체성이나 수입을 유지하면서 원하는 어머니가 될 수 있다고 느끼기 때문이다. 그러나 이 선택이 항상 실현 가능한 것은 아니며 고용주들은 슬프게도 여전히 그것을 작동시킬 방법을 찾는 것에 대해 그다지 창의적이지 않다. 자영업은 여성이 자신의 근무조건을 통제할 수 있고, 여전히 지위와 수입의 가능성이 있기 때문에 일부 사람들에게는 매력적인 선택 중 하나다.	많은 어머니, 특히 커리어 단절을 가진 출산 여성들에게 있어 가족에 대한 책무에 부합하는 직업을 찾는 것이 첫 번째 고려 사항이다. 많은 시간제 및 유연한 선택은 소매 판매와 같은 낮은 수준의 역할에 있으며 교육 및 사회복지와 같이 주로 여성이 지배하는 특정 영역에 집중되는 경향이 있다. 어머니들은 또한 더 넓은 범위의 선택에 접근하기 위해 원거리 통근을 할 수 있는 것은 아니므로 사용 가능한 선택이 제한적이라는 것을 알게 된다. 많은 여성이 낮은 수준의 직업을 선택한다.

사례 연구

캐롤라인은 미술 학위를 가지고 있었고, 갤러리와 박물관과 같은 도전적인 세계에서 성공적인 커리어를 쌓기 위해 직장 생활의 첫 10년을 보냈다. 그녀는 자신의 분야를 사랑했고, 예술 작품과 열정을 공유하는 동료들과 밀접하게 일하는 것을 즐겼다. 그러나 그 일은 그다지 좋은 보수를 받지 못했다. 어쨌든 그녀는 아이들의 숙제를 도와주고, 학교 박람회를 위해 케이크를 굽고, 방학 동안 항상 곁에 있어 주는 그런 어머니가 되고 싶다고 항상 스스로에게 다짐했다. 그래서 아들과 딸이 태어나자 캐롤라인은 기꺼이 일을 그만두고 아이들이 어렸을 때 원하는 어머니가 될 수 있는 기회를 즐겼다. 아이들이 자라면서 캐롤라인은 학교에 더 많이 참여하기 시작했다. 그녀는 일주일에 한 번 아이들과 함께 책을 읽기 위해 자원했고, 아이들의 수업을 위해 미술 워크숍을 운영했다. 그녀는 일부 아이들이 다른 아이들보다 생활이 더 힘들다는 것을 알게 되었고, 특히 학교생활에 어려움을 겪고 있는 한 어린 소년을 좋아하게 되었다. 이와 함께 캐롤라인은 친한 친구들을 폭넓게 사귀었고, 사람들이 종종 자신의 문제를 가지고 그녀에게 온다는 것을 알아차리기 시작했으며, 그들의 고민거리를 이야기하는 기회를 소중하게 여겼다. 그녀는 사람들의 삶에서 우여곡절이 있다는 것을 발견하는 것이 얼마나 흥미로운지, 자신이 도울 수 있다는 느낌이 얼마나 즐거운지 알게 되었다.

캐롤라인은 자녀가 둘 다 중학교에 들어갔을 때 커리어 코치를 만나러 왔다. 그녀는 새로운 진로를 개척하고 싶었지만 정규직으로 복귀할 준비가 되어 있지 않았고, 새로운 분야에 본격적으로 뛰어들 자신도 아직 없었다. 그러나 그녀의 최근 경험에 대해 이야기하고 코치와 함께 그녀의 가치와 실질적인 제약에 대해 생각한 후에 캐롤라인은 새로운 세계에 발을 담그고 새로운 정체성을 시도하는 방법으로 자원봉사를 시작하기로 결정했다. 그녀는 아동상담서비스의 자원봉사자로 일하게 되어 기뻐했고, 긴장감을 가지고 교육프로그램을 시작했다. 그녀는 그 일을 좋아한다는 것을 알았다. 그녀는 훈련이 매력적이라는 것을 알았고 동료 자원봉사자들을 사랑했으며, 전화를 걸어 오는 사람과 함께 상담할 시간이 되었을 때, 그녀가 실제로 그들의 이야기를 잘 듣고 그들의 감정에 공감하며 그들이 대처하도록 돕는 것을 매우 잘한다는 것을 알게 되었다. 그리고 그녀는 자신이 진정으로 어떤 가치를 더하고 있다고 느끼며 그것이 자신에게 엄청난 성취감을 주는 것을 발견했다. 이러한 자신감으로 무장한 캐롤라인은 지역 소재 대학의 상담과정에 등록하기로 결정했다.

상담사가 되는 것은 시간이 오래 걸리는 과정이고, 일자리 구하기가 어려울 수 있지만 캐롤라인은 결심했다. 그녀는 점차 상담시간을 늘리면서 점점 더 자격을 갖추게 되었고, 무보수 일도 많이 하면서 몇 차례의 취업 실패 후에, 마침내 학교상담교사라는 시간제 근무 자리를 확보했다.

도전들

대다수의 출산 여성들은 직장으로 돌아가고 싶어 하고, 또 그렇게 하려고 하지만, 얼마나 힘든 일인지 과소평가하는 경우가 많다(Hewlett et al., 2005). 그들은 커리어 단절 자체에 대해서는 받아들이지만, 재진입 과정에 참여하기 시작하자마자 직면하게 될 장벽에 대해 준비가 되어 있지 않다는 것을 알게 된다(McGrath et al., 2005). 여성들은 종종 자신의 교육배경과 경험이 커리어 단절 후에도 계속 고용될 수 있을 것이라고 생각하지만 실제 그들이 직면하는 어려움에 놀란다. 이러한 어려움들은 여성들을 상당히 실망시키고 낙담하게 할 수 있다.

커리어 단절 후 직장으로 복귀하려는 엄마들이 겪는 어려움은 다음과 같다.

1. **직장의 변화**: 기술과 규제가 발전하고 합병으로 인해 새로운 산업 환경이 조성되었다. 이것은 개인이 자신의 커리어 개발을 돕기 위해 운용할 수 있는 지식, 기술 및 경험의 총합이며, 4장에서 커리어 성공의 중요한 요소로 확인된 인적 자본의 개념과 연결된다. 여성 지식의 격차는 종종 현실적이지만, 여성의 자신감(그리고 고용주의 인식)에 큰 영향을 미칠 수 있다.

2. **개인적인 변화**: 여성 네트워크가 휴면상태가 되면서 자신감이 약해진다. 그들은 또한 가족으로부터의 지지가 제한적일 수 있다. 왜냐하면 그들의 가족은 항상 아이들을 위해 누군가가 거기 있을 수 있고, 가정관리를 책임질 수 있는 누군가와 매우 행복할 수 있으며, 이러한 책임을 분담하고 싶어 하지 않을 수 있기 때문이다. 또한 추가 수입에 대한 기대조차 항상 잘 받아들여지는 것은 아니다. 가족이 외벌이 생활에 익숙해지면 두 번째 수입은 첫 번째 수입에 비해 비중이 낮아지고 집안일은 엄마의 책임으로 굳어진다.

3. **고용주들**: 직장여성들이 직면한 어려움에 대한 이해가 제한적이며, 이러한 여성이 추가할 수 있는 가치에 대한 진정한 인식이 없다. 여성의 커리어 자본에 대한 인식은 임신한 순간부터 영향을 받는 것으로 나타났다. 고용주들은 자녀양육을 위해 아이와 함께한 시간이 여성들을 더 나은 대인 관계 기술, 심리적 자원, 리더십 능력 및 시간관리 기술을 갖춘 능력 있는 근로자로 만든다는 증거(Ruderman et al., 2002)에도 불구하고, 이러한 여성들이 일에 덜 전념한다고 생각한다(Woolnough & Redshaw, 2016). 여성들은 자신의 경험이 인정되지 않기 때문에 시니어 자리를 얻을 수 없고, 너무 자격이 넘치기 때문에 주니어 일자리도 얻을 수 없다는 점에서 이중 구속을 받을 수

있다. 커리어 단절에서 벗어나는 여성들도 나이와 관련된 차별이라는 추가
적인 도전에 직면할 수 있다.

출산 휴가 또는 커리어 단절 후 성공적인 재취업을 개척한 여성
들은 ① 상사, 조직 정책 및 조직문화 측면에서 지지를 하는 고용주,
② 육아 및 가사에 기여하는 파트너 또는 다른 가족구성원 및 ③ 적
절한 보육 시설을 갖춘 사람들이 되는 경향이 있다.

조직은 새로운 정책을 수립하는 데 자원을 투입할 수 있고 정부는
진보적인 평등 법안에 대해 자랑할 수 있지만, 문화가 따라잡을 때
에만 평등에 대한 중요한 단계를 볼 수 있다. 고용주들은 오랜 시간
일할 수 있고 필요하다면 출장을 갈 수 있는 역할에 전적으로 헌신
하는 '이상적인 노동자'에 대한 생각이나 이미지에 여전히 집착하고
있는데, 이것은 시간제 근로자 또는 자녀에 대한 생각을 항상 첫 번
째로 하고 있을 어머니들과는 맞지 않는다.

아버지들

아버지들은 자신들이 매우 다른 위치에 있다는 것을 알게 된다.
어머니들이 이용할 수 있는 고용 옵션은 그녀들의 어머니들이나 할
머니들이 가졌던 고용 옵션과 상당히 다르지만 아버지들의 고용 상
황은 시간이 지나도 크게 변하지 않았다. 자녀가 생기면 커리어가
단절되는 사람은 여성이 압도적으로 많다는 증거는 분명하다. 그러
나 문화적 기대는 남성에게도 영향을 미치며, 아버지도 자신의 커
리어 경로에 대해 그렇게 많은 선택권이 있다고 반드시 느끼는 것
은 아니다. 영국에서 시간제로 일하는 남성의 수는 몇 년 동안 점차

적으로 증가해 왔지만, 현재 노동인구의 13%가 시간제로 일하는 등 상당히 낮은 수준을 유지하고 있다. 특히 직장에서 아버지들을 보면, 그 숫자는 훨씬 더 적다. 영국에서는 자녀를 가진 경제활동 아버지 중 93%가 정규직으로 일하고 있으며, 시간제로 일하거나 집에 머무르는 7%는 육아보다 건강 악화를 이유로 꼽을 가능성이 더 높다. 그리고 이 비율은 수년 동안 거의 변하지 않았다(ONS, 2019). 육아휴직의 경우 그 숫자는 더욱 극명하다. 지난 10년 동안 공동 육아휴직을 허용하는 법이 바뀌었음에도 불구하고 아버지들은 여전히 자녀 출산 후 시간을 내거나 시간제 일을 요청하지 않는다. 아버지들의 1/3은 자녀 출산 후 2주가 지나도 법정 휴가를 내지 않는다. 사실 아버지들은 자녀가 없는 남성보다 더 오래 일할 가능성이 높다(Biggart & O'Brien, 2010). 생계를 책임지는 사람으로서의 아버지라는 전통적이며 여전히 지배적인 이데올로기는 자녀와 더 많은 시간을 보내는 아버지의 경우 업무에 있어 덜 적극적인 사람으로 생각될 수 있으며, 가족과 시간을 보내기 위해 직장에서 성공할 수 있는 기회를 희생하는 아버지로 간주될 수도 있음을 의미한다(Sallee, 2012). 집에 머무는 아버지가 있는 가정은 일반적으로 자신의 설정이 잘 작동한다고 보고하지만, 아버지가 지역사회와 통합되기가 더 어려울 수 있으며, 일부 남성은 사회적 고립, 가족 및 친구의 엇갈린 반응 및 낙인찍힌 느낌의 사례를 보고한다(Lee & Lee, 2018). 남성 육아휴직의 부정적인 결과는 남성이 지배하는 영역에서 특히 강하게 느껴진다(Bygren & Duvander, 2006).

클라이언트는 일반적으로 일이 잘 풀리지 않을 때 우리를 만나러 오기 때문에, 이 장에서 설명한 시나리오는 실무자로서 당신에게 친숙할 것이다. 여기에 인용된 연구가 매우 일반화되어 있다는 것을 기억하는 것은 물론 중요하다. 모든 클라이언트는 자신의 개인적인 상황과 개인적인 반응으로 자신의 이야기를 가질 것이다. 일반적인 경험과 자주 경험하는 반응의 범위에 대한 이해는 클라이언트와 공감하는 데 도움이 될 수 있으며, 연구에 포함된 일부 이야기를 공유하면 클라이언트가 자신의 반응을 검증하는 데 도움이 되어 더 밝은 미래를 향한 길을 볼 수 있다.

참고문헌

Biggart, L., & O'Brien, M. (2010). UK fathers' longer worked hours: Career stage or fatherhood? *Fathering: A Journal of Theory, Research, & Practice about Men as Fathers, 8*(3), 341-361.

Blau, G. (2007). Partially testing a process model for understanding victim responses to an anticipated worksite closure. *Journal of Vocational Behavior, 71,* 401-428.

Brenner, H., Andreeva, E., Theorell, T., Goldberg, M., Westerlund, H., Leineweber, G., Hanson Magnusson, L. L., Imbernon, E., & Bonnaud, S. (2014). Organizational downsizing and depressive symptoms in the European recession: The experience of workers in France, Hungary, Sweden and the United Kingdom. *PLoS One, 9*(5), 1-14.

Brewington, J. O., Nassar-McMillan, S. C., Flowers, C. P., & Furr, S. R. (2004). A preliminary investigation of factors associated with job loss grief. *The Career Development Quarterly, 53,* 78-83.

Bygren, M., & Duvander, A. Z. (2006). Parents' workplace situation and fathers' parental leave use. *Journal of Marriage and Family, 68*(2), 363-372.

de Jong, T., Wiezer, N., de Weerd, M., Nielsen, K., Mattila-Holappa, P., & Mockałło, Z. (2016). The impact of restructuring on employee well-being: A systematic review of longitudinal studies. *Work & Stress, 30*(1), 91-114.

Eby, L. T., & Buch, K. (1998). The impact of adopting an ethical approach to employee dismissal during corporate restructuring. *Journal of Business Ethics, 17*, 1253-1264.

Kubler-Ross, E. (1969). *On Death and Dying.* New York: Macmillan.

Lee, J. Y., & Lee, S. J. (2018). Caring is masculine: Stay-at-home fathers and masculine identity. *Psychology of Men & Masculinity, 19*(1), 47-58.

McGrath, M., Driscoll, M., & Gross, M. (2005). *Back in the Game.* Pennsylvania, PA: Wharton Center for Leadership and Change.

Office for National Statistics. (2017). *Families and the Labour Market.* London: Office for National Statistics.

Office for National Statistics. (2019). *Redundancies by Age Group and Sex, UK.* London: Office for National Statistics. www.ons.gov.uk/employmentandlabourmarket/peoplenotinwork/unemployment/adhocs/10426redundanciesbyagegroupandsexukapriltojune2009toaprilto
june2019

Parker, T., & McKinley, W. (2008). Layoff agency: A theoretical framework. *Journal of Leadership & Organizational Studies, 15*(1), 46-58.

Paul, K. I., Hassel, A., & Moser, K. (2018). Individual consequences of job loss and unemployment. In U. Klehe & E. A. J. Van Hooft (eds.), *The Oxford Handbook of Job Loss and Job Search.* New York: Oxford University Press, pp. 57-86.

Quinlan, M., & Bohle, P. (2009). Overstretched and unreciprocated commitment: Reviewing research on the occupational health and safety effects of downsizing and job insecurity. *International Journal of Health Services, 39*(1), 1–44.

Reitman, F., & Schneer, J. A. (2005). The long-term negative impacts of managerial career interruptions: A longitudinal study of men and women MBAs. *Group & Organization Management, 30*(3), 243–262.

Roelfs, D. J., Shor, E., Davidson, K. W., & Schwartz, J. E. (2011). Losing life and livelihood: A systematic review and meta-analysis of unemployment and all-cause mortality. *Social Science & Medicine, 72*(6), 840–854.

Ruderman, M. N., Ohlott, P. J., Panzer, K., & King, S. N. (2002). Benefits of multiple roles for managerial women. *Academy of Management Journal, 45*(2), 369–386.

Sallee, M. W. (2012). The ideal worker or the ideal father: Organizational structures and culture in the gendered university. *Research in Higher Education, 53*(7), 782–802.

Shepherd, D. A., & Williams, T. A. (2018). Hitting rock bottom after job loss: Bouncing back to create a new positive work identity. *Academy of Management Review, 43*(1), 28–49.

Waters, L., & Strauss, G. (2016). Posttraumatic growth during unemployment: A qualitative examination of distress and positive transformation. *International Journal of Wellbeing, 6*(1).

Woolnough, H., & Redshaw, J. (2016). The career decisions of professional women with dependent children: What's changed? *Gender in Management: An International Journal, 31*(4), 297–311.

Zikic, J., & Richardson, J. (2007). Unlocking the careers of business professionals following job loss: Sensemaking and career exploration of older workers. *Canadian Journal of Administrative Sciences, 24*(1), 58–73. http://dx.doi.org/10.1002/CJAS_5

2부

커리어 코칭 접근법

8장

커리어 의사결정의 어려움: 클라이언트는 어디에서 막히는가

커리어를 결정하기 특히 어렵게 만드는 여러 가지 특성이 있다. 첫 번째 과제는 대체 가능한 선택지가 방대하게 많다는 것이다. 영국 정부는 표준 직업 분류 목록(ONS, 2020)에서 29,664개나 되는 다른 직업을 인정하고 있으며, 각각의 직업에 다양한 편차가 있고, 전문 분야, 교육 과정, 자격증, 고용주가 있다. 커리어를 결정할 때, 우리는 수만 개의 선택지를 하나의 선택지로 좁히는데, 이것이 쉽지 않다. 두 번째로, 각 선택지에 대해 우리가 이용할 수 있는 정보의 양이 상당히 많다. 소셜 미디어, 웹사이트, 책, 친구, 가족, 미디어, 일상생활 등에서 수집한 방대한 양의 정보를 바탕으로 세련되고 합리적인 선택을 하는 것은 결코 쉬운 일이 아니다. 세 번째로, 결정은 쉽게 비교할 수 없는 광범위한 요소들을 바탕으로 이루어진다. 회사가 집 근처에 있고 업무가 재미있고 훌륭한 동료가 있는 직업을 월급이 많고 업무가 다양하고 당신의 기술에 아주 적합한 다른 직업과 비교할 때, 당신은 자신의 선택에 확신을 갖기가 어렵다. 마지막으로, 결정을 할 때 어쩔 수 없이 약간의 불확실성이 있을 수 있다. 커리어 결정 과정에서 당신이 조사를 많이 했더라도, 당신이 면접에서 만난 겉보기에 매력적이고 지적이고 사려 깊은 사람이 실제로 훌륭한 상사일지, 당신이 클라이언트와 실제로 잘 지낼 것인지, 당신의 조직이 1년 이내에 폐업하지 않을지 완전히 확신할 수는 없다. 이런 관점에서 볼 때, 우리 중 많은 이가 확실한 선택을 하려고 몸부림치고 있는 것은 분명하다.

클라이언트는 커리어 의사결정 과정의 어떤 단계에서 막힐 수 있고 그들의 이야기는 각각 특별하다. 그러나 코치들은 다른 직업의 사람들보다 더 자주 접하게 되는 폭넓은 주제와 시나리오가 있다. 클라이언트가 직면하고 있는 일반적인 문제를 이해하는 것은 커리어 코치인 우리에게 도움이 되며, 그것을 이해하는 목적이 부분적으로는 우리가 클라이언트의 이야기 속에서 클라이언트를 쉽게 이해하고, 우리가 클라이언트를 도와줄 기법에 관한 책을 읽을 때처럼 우리 자신의 학습 구조로 사용하기 위함이다.

여러분이 유용하다고 생각할 수 있는 한 가지 모델은 내가 참여했던 대규모 연구에서 나왔다. 영국 전역의 커리어 코치들은 클라이언트가 직면하고 있는 문제를 기록했으며, 우리는 이 정보를 사용하여 커리어 코치가 가장 자주 직면하는 커리어 의사결정 어려움 모델([그림 8-1] 참조)을 개발했다. 클라이언트가 겪는 커리어상의 어려움은 행동적·정서적·인지적 어려움으로 분류할 수 있다. 클라이언트는 종종 한 번에 하나 이상의 어려움에 맞서 싸우고, 모형의 화살표에서 알 수 있듯이, 어려움은 서로에게 영향을 줄 수 있다. 즉, 부정적인 감정은 사람들이 계획을 실행에 옮기지 못하게 만들고, 행

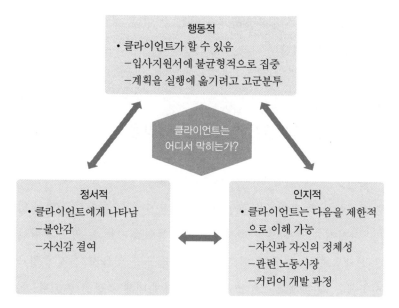

[그림 8-1] 클라이언트의 일반적인 커리어 의사결정 어려움

출처: Yates & Hirsh (2021).

동 부족은 정보 문제가 해결되지 않았다는 것을 의미하며, 이해 부족은 불안을 심화시키고 행동하기에 유용하지 않은 것에 초점을 맞추게 할 수 있다.

인지적 · 정서적 · 행동적 어려움 사이의 연관성은 치료적 (therapeutic) 문헌에서 광범위하게 논의되었으며 이전에 인지행동 치료를 접한 사람이라면 누구나 친숙할 것이다. 핵심 메시지 중 하나는 세 가지 범주 중 하나의 변화가 다른 두 범주에 영향을 미칠 것이라는 것이다. 전문가로서 이 다이어그램을 클라이언트와 공유하고 문제가 있는 곳을 함께 파악한 다음, 어떤 문제를 먼저 해결할지 공동으로 결정하는 것이 유용할 수 있다.

이 장에서 의사결정의 어려움을 이 세 가지 주제로 분류하여 설명하고, 커리어 실무에 유용하게 사용할 수 있는 코칭 접근법과 기법에 대해 제안하겠다.

커리어 의사결정의 정서적 어려움

불안

커리어 선택 과정에는 불안감을 유발할 수 있는 다양한 측면이 있다. 커리어 선택을 하는 과정은 불확실성으로 가득 차 있고 사람들은 선택을 할 수 있을지, 원하는 직업을 얻을 수 있을지, 심지어 일을 시작했을 때 실제로 그것을 즐길 것인지에 대해 걱정할 수 있다. 어떤 사람들에게는 그 불안감이 너무 압도적이어서 앞으로 나아갈 수 없을 수 있다.

- 적용 가능한 코칭 접근법: 경청하고 이해받는 것의 힘을 과소평가해서는 안 된다. 따라서 클라이언트가 약간의 불안을 겪고 있다고 느낀다면, 그들과 함께 시간을 보내고, 그들의 상황에 귀를 기울이고 공감하는 것이 정말 도움이 될 수 있다. 커리어 코치는 클라이언트의 경험이 일반적이라고 생각하게 하는 데 매우 중요한 역할을 할 수 있다. 즉, 클라이언트가 직면한 문제를 함께 나누면 클라이언트가 더 긍정적으로 느낄 수 있고, 일부 (관련된) 이론과 연구를 함께 나누면 클라이언트 자신이 혼자가 아니라는 것을 알 수 있게 해 준다. 불안의 영향을 다루는 데 매우 효과적인 것으로 밝혀진 한 가지 구체적인 접근법은 수용전념 치료(acceptance and commitment therapy)이다. 13장에서 이

에 대해 깊이 논의하겠지만, 본질적으로 사람들이 자신의 감정을 인정하고 받아들이도록 장려하면서도 감정이 꿈(dreams)을 추구하는 것을 방해하지 않도록 하는 접근법이다. 도움을 줄 수 있는 다른 접근법들은 CBT(13장에서도 논의됨)와 마음챙김을 포함하는데, 이것은 사람들이 현재를 살도록 돕고 과거를 반추하고 미래를 걱정하는 것을 멈추게 하는 비종교적인 형태의 명상(meditation)이다.

낮은 자신감

자신감이 부족한 클라이언트를 흔히 볼 수 있다. 클라이언트는 일이 잘 풀리지 않아서 종종 새로운 방향을 찾을 것이다. 정리해고의 위협을 받고 있거나, 목표를 달성하지 못하거나, 직장을 잠시 떠나 있는 커리어 전환자를 흔히 볼 수 있는데, 이 모든 것이 그들의 정체성을 불안정하게 하고 자존감을 손상시킬 수 있다. 우리는 또한 자신감 있는 사람들이 커리어 선택을 더 잘하고, 구직에 성공을 거두는 경향이 있다는 것을 알고 있기 때문에, 자신감을 높이는 것이 커리어 코칭의 중요한 측면이다.

- 코칭 접근법: Bandura와 Adams(1977)는 자기효능감의 네 가지 원천을 제시한다. 첫 번째, 실제로 일을 잘 해낸 성취 경험이다. 클라이언트와 함께 과거의 성과를 다시 살펴보고 클라이언트가 개발한 기술과 새로운 고용주에게 기여할 수 있는 점을 강조하면 도움이 될 수 있으며 모의 면접(19장 참조)과 이력서 작업(18장 참조)은 클라이언트가 관심 있는 직업의 구직 능력에 관한 자신감을 갖게 할 수 있다. Bandura의 자기효능감의 두 번째

원천은 대리경험이다. 즉, 타인으로부터 배우는 것이다. 만약 당신이 커리어 코칭을 그룹으로 진행한다면, 이것은 클라이언트가 다른 사람을 관찰하고 긍정적인 결과로 이어지는 행동을 식별하는 좋은 방법이 될 수 있다. 당신이 클라이언트와 일대일 방식으로 일하는 스타일이라면 클라이언트가 아는 사람에 초점을 맞추거나 직접 가져온 사례를 가지고 클라이언트와 다른 사람들의 이야기를 하면서 시간을 보낼 수 있다. 자기효능감을 높이기 위한 세 번째 접근법은 사회적 설득을 통한 것이다. 즉, 다른 사람들이 당신에게 당신이 할 수 있다고 말하는 것을 들으면 당신은 스스로 할 수 있게 된다. 따라서 코치로서 자신감을 높이는 피드백을 하면 긍정적인 영향을 미칠 수 있다. 마지막으로, Bandura는 긍정적인 정서적 각성을 강조하므로 긍정적인 접근법, 스트레스 감소 기술, 긍정적인 감정 증진 훈련을 공유하는 것이 정말 유용할 수 있다. 긍정심리학(12장에서 더 자세히 설명)은 이를 돕기 위한 유용하고 입증된 몇 가지 기법을 제공한다.

커리어 의사결정의 인지적 어려움

자신에 대한 정보 부족

훌륭한 커리어 의사결정은 종종 클라이언트가 자신의 기술, 관심, 동기 및 가치에 대한 진정한 통찰력을 가졌는가에 달려 있다. 우리 중 대다수는 자신에 대한 솔직하고 깊이 있는 이해를 발전시키는 것이 평생의 일이지만, 어떤 클라이언트(특히 인생 경험이 부족한 젊은 클라이언트)는 자신에 대한 대략적인 그림만으로는 커리어 의사결정에 확신을 가질 수 없다.

- 적용 가능한 코칭 접근법: 클라이언트 자신에 대해 더 잘 이해하도록 도움을 줄 수 있는 많은 코칭 접근법과 기법이 있다. 코치는 강점 찾기(Strengths Finder; www.authentichappiness.com)와 같은 토론을 이끌어 내는 온라인 평가 도구를 제안할 수 있다. 이 중 일부는 세션과 세션 사이에 수행될 수 있으며 토론의 기초가 되기도 한다. 다른 것(가령, 역할 모델에 관한 토론 같은 것)은 코칭 도중에 연습으로 해 볼 수 있다. 이런 코칭 도구들에 관해서는 15장에서 상세하게 다룰 것이다. 자신의 정체성에 대해 좀 더 도움이 필요한 클라이언트에게 가장 유용한 코칭 접근법 중 하나는 가능한 자기(possible selves)이다(6장 참조). 이것은 사람들이 미래에 자신을 상상하고 어떤 사람이 되고 싶은지, 어떤 삶을 살고 싶은지, 어떤 일을 하고 싶은지를 파악하는 시각화 기법이다. 이 기법은 사람들이 자신의 정체성을 구체화하고 스스로 목표를 설정하는 데 도움이 되는 것으로 나타났다.

관련 노동시장에 대한 이해 부족

나는 2장에서 VUCA 노동시장에 대한 아이디어를 소개하면서 변덕스럽고 불확실하고 복잡하며 모호한 직업 세계의 특성을 요약했다. 지원하는 역할 또는 산업의 특성을 이해하는 것은 중요하며, 그것은 사람들이 정보에 입각한 좋은 선택을 하는 데 도움이 될 수 있지만, 소화해야 할 정보가 많고 어디서에서 시작해야 할지 알기가 쉽지 않다.

- **코칭 접근법**: 커리어 코칭에 정보 제공이라는 요소를 포함해야 하는지에 대해 우리 직업 내에서 종종 논의가 있다. 정보를 제공하는 것은 9장에서 이야기할 인본주의 접근법과 어떤 면에서 상당히 상충되지만, 인본주의는 진정성 있는 관계의 중요성을 강조하고 1장에서 살펴본 바와 같이 좋은 관계는 코칭 성공에 결정적이다. 만약 당신이 커리어 코치로서 클라이언트에게 유용한 정보를 가지고 있다면, 그것을 공유하지 않는 것은 진정성이 없다고 느낄 수 있다. 하지만 코칭 세션에서 클라이언트가 인터넷에서 쉽게 찾을 수 있는 정보를 제공하는 것은 고객의 시간이나 전문 지식을 유용하게 사용하는 것이 아니다. 더 유용한 것은 클라이언트가 효과적인 조사 기술을 개발하도록 돕고, 지식의 격차를 알아차려서 그 격차를 메우는 가장 효과적인 방법에 대해 함께 생각하도록 격려하는 것이다.

커리어 개발 과정에 대한 이해 부족

커리어 선택을 하는 과정은 정말로 복잡하며 관련 단계를 명확하고 이해하기 쉬운 방식으로 또렷하게 표현하는 것은 꽤 어렵다. 우리는 클라이언트가 도전하는 과정의 불확실성이 어렵다고 생각한다는 것을 알고 있으며, 과정이 불분명하고 거의 수수께끼에 싸인 것처럼 보인다면 클라이언트가 성공적인 선택을 할 수 있는 능력에 대해 확신을 갖지 못할 것임을 쉽게 알 수 있다.

- **가능한 코칭 접근법**: 커리어 이론을 알고 공유하는 것이 효과적일 수 있는 분야 중 하나이다. 이 책에서 나는 광범위한 커리어 이론을 다루고 있으며, 코칭을 하는 동안 그중 몇 가지를 염두

에 둔다면 커리어 선택의 전체 과정을 이해하는 데 도움이 될 것
이다. 이러한 이론을 클라이언트에게 설명하면 클라이언트를
안심시키고 자신이 시작한 여정에 대해 더 자신감을 가질 수 있
다. 어떤 이론은 약간 복잡하기 때문에, 어느 이론 그리고 그 이
론의 어떤 측면을 공유하는 것이 가장 유용할지 판단하여, 사용
할 단어의 명확한 형태를 찾는 데 시간을 할애할 가치가 있다.

커리어 의사결정의 행동적 어려움

이력서에 불균형적인 초점

클라이언트는 자신이 지원하는 직업 분야를 고려하기도 전에 완
벽한 이력서를 만드는 데 많은 시간을 소비함으로써 구직 에너지를
잘못 쓸 수 있다. 이력서는 구직 무기고의 중요한 부분으로 널리 알
려져 있다. 즉, 이력서는 유형이 정해져 있고, 구체적이며, 일반적으
로 구직자가 심리적으로 깊이 파고들 필요가 없으므로 이력서 작성
을 구직의 시작에 부담스럽지 않은 작업으로 느낄 수 있다. 따라서
이력서 작성은 시작 단계에 좋은 작업으로 간주되며 커리어 코치가
전문 지식을 사용하여 클라이언트의 이력서가 최고인지 확인함으로
써 클라이언트에게 상당한 가치를 제공할 수 있다(이력서 코칭에 도
움이 되는 아이디어는 18장 참조). 문제는, 그리고 이 모델에 포함된 이
유는, 정말 좋은 이력서를 설계하려면 특정한 구인 공고에 맞게 손
을 봐야 하므로 이력서 작성 전에 많이 생각하고 조사할 필요가 있
다. 커리어 코치는 근본적인 실제 문제가 훨씬 더 복잡할 때 이력서
작성을 도와달라는 요청을 받는 경우가 많다.

- 코칭 접근법: 코치는 이를 신중하게 처리해야 하며 미리 가정하지 않고 클라이언트가 '잘못된' 질문을 했다고 느끼지 않도록 클라이언트의 근본적인 문제를 해결해야 한다. 새로운 커리어를 찾고 커리어 코치를 만나러 가는 일이 상당히 힘든 일이라는 사실을 잊기 쉽다. 따라서 우리는 클라이언트가 무언가 잘못한 것처럼 느끼지 않게 해야 한다. 동시에 코치는 클라이언트가 이력서를 코치와 함께 작성할 준비를 하기 전에 해야 할 작업이 더 많다는 사실에 주목해야 한다. 한 가지 유용한 시작점은 클라이언트에게 그 이력서로 어떤 직업을 얻고 싶은지 물어보는 것이다. 이는 이력서를 확인하기 위한 좋은 습관이며 확실히 토론을 시작할 수 있다. 클라이언트가 확신할 수 없다고 말한다면, 이력서가 특정 직업에 맞춤으로 작성되면 더 성공할 가능성이 크다고 설명하고, 이력서를 계속 검토하기 전에 다른 커리어 영역을 생각해 보는 것이 유용하다고 제안할 수 있다. 그런데도 클라이언트가 여전히 이력서에 집중하고 싶다고 하면 최선을 다해 클라이언트와 작업하고, 커리어 선택지를 토론하는 것은 그 세션이 끝날 때 다시 하는 것으로 할 수 있다.

계획을 실행에 옮기기 위해 고군분투

클라이언트 자신이 해야 할 일을 알고 계획을 실행에 옮기려는 진정한 동기부여가 된 클라이언트들을 자주 만나게 된다. 하지만 실제로는 말한 대로 실행하지 않는 클라이언트도 종종 있다.

- 코칭 접근법: 가장 먼저 할 일은 클라이언트가 계획을 실행에 옮기지 않는 이유를 찾기 위해 함께 노력하는 것이다. 클라이언트

가 하겠다고 말한 것을 하지 않은 데에는 매우 현실적인 이유가 있을 수 있고, 그들이 가능한 한 빨리 하지 못할 것이라고 장담할 근거는 없다. 만약 당신이 도움을 줄 수 있다고 생각한다면 도전해 볼 수 있다. 방해가 되는 다른 걸림돌이 있는지 물어보고 장애물을 극복하는 방법에 대해 함께 생각하면서 시간을 보낼 수 있다고 제안할 수도 있다.

또 다른 중요한 접근법은 코칭 대화의 마지막 단계에서 수행하는 행동 계획이 가능한 구체적이고 유용한지 확인하는 것이다. 클라이언트가 스스로 설정한 목표는 구체적이어야 하며, 클라이언트에게 언제 계획을 실행에 옮길 수 있다고 생각하는지, 방해되는 장애물은 무엇인지, 누가 도와줄 수 있는지에 대해 질문하는 것이 유용할 것이다. 당신은 코치로서 그들의 동기부여를 돕기 위해 할 수 있는 일이 있는지 알아볼 수 있다. 나는 때때로 클라이언트가 그들의 실행 계획상의 각 작업을 완료하면 나에게 이메일을 보낼 것을 제안한다. 이는 매우 위협적이지 않으면서도 책임감을 느끼게 하고, 클라이언트가 작업을 혼자 하는 것이 아니라고 느낄 수 있도록 도와준다.

계획을 실행에 옮기지 않는 클라이언트와 함께 일할 때 도움이 될 수 있는 마지막 접근법은 Verbruggen과 de Vos의 커리어 무행동 이론(2020)에 의해 설명된다.

🏛 커리어 무행동

때때로 우리는 전체 과정이 너무 어려워서 단순히 행동할 수 없는 클라이언트를 만난다. 이 현상에 대한 통찰력을 제공하는 새로운 이론은 '커리어 무행동(career inaction)' 이론이다. '아무것도 하지 않는 심리'에 대한 연구는 매우 풍부하며, Verbruggen과 de Vos는 해당 분야의 연구 결과를 바탕으로 커리어 무행동 이론의 형태로 커리어 개발에 적용했다. 이 이론은 자신이 가고 싶은 곳과 해야 할 일이 무엇인지 알고 있지만 여전히 아무것도 하지 않는 클라이언트에게 유용한 통찰력을 제공한다.

두 가지 전형적인 인간의 성향이 원인으로 보인다. 결정을 미루는 경향과 행동을 회피하는 경향이다. 이런 성향은 우리 자신에게서 그리고 클라이언트에게서 확인할 수 있다. 회피 행동은 세 가지의 관성 강화 기제(inertia-enhancing mechanism)에 의해 촉발된다. 첫 번째는 불확실성에서 비롯된 두려움과 불안이다. 두 번째는 눈앞의 이익만 생각하는 단기주의이다. 장기적인 목표보다 단기의 편리함과 편안함을 우선시하는 것이다. 세 번째는 너무 많은 정보와 너무 많은 선택이 사람들을 당황하게 만드는 인지적 과부하다.

이러한 관성 기제는 모든 맥락에서 우리 중 누구에게나 적용될 수 있지만, 특히 커리어 의사결정과 관련이 있으며, 이는 커리어 무행동이 왜 그렇게 흔한지 설명할 수 있다. 커리어 의사결정은 거의 항상 불확실한 결과를 가져온다. 실제로 해 보아야만 새로운 직업이 어떤 모습인지 알 수 있다는 것이다. 그래서 그것은 두려움과 불안의 원인이 된다. 커리어 선택은 사람들이 더 나은 미래의 가능성을 위해 이미 알고 있는 안정성과 친숙함을 포기하기 때문에 단기 손실을 수반하는 경우가 많다. 마지막으로, 커리어 결정 변수와 선택지가 너무 많아 복잡하다. 이 모든 것이 우리의 뇌에 엄청난 부담을 주어 인지적 과부하를 초래한다.

커리어 무행동에 대처하기—실제적 Tip

Verbruggen과 de Vos는 전진하기 위해 고군분투하는 클라이언트와 함께 일하고 있다고 느끼는 실무자들에게 몇 가지 실용적인 조언을 제공한다. 그들은 사람들이 행동으로 옮기는 데 도움이 될 수 있는 이 네 가지 아이디어를 확인했고, 이것이 클라이언트와 함께 탐색하는 데 유용한 방법이 될 수 있다고 제안했다.

1. **명확하게 결정된 원하는 미래**: 클라이언트가 고려 중인 선택지에 대해 더 많이 알 수 있고 명확하고 긍정적인 미래를 시각화하는 데 시간을 투자하면 두려움과 불안을 줄이고 인지 부하를 줄일 수 있다.

2. **작은 변화**: 작은 변화를 만드는 것이 큰 변화를 만드는 것보다 더 쉬우므로, 개인이 집중할 작은 첫 단계를 알 수 있다면, 이 첫 단계를 밟는 것이 위험을 수반하지 않고 행동할 수 있다고 느낄 것이다.

3. **마감일**: 결정을 내려야 하는 명확한 기한이 없다면, 사람들은 다른 어떤 더 나은 선택이 나타날 것이라고 믿을 가능성이 훨씬 크고 현재의 기회를 이용하려는 동기는 줄어들 것이다. 클라이언트가 행동의 마감 기한을 스스로 정하도록 격려하는 것은 유용한 동기부여가 될 수 있다.

4. **사회적 규범**: 방향을 바꾸는 것이 얼마나 용인될 수 있는지에 대한 사람들의 견해는 자신이 속한 사회의 행동 규범에 따라 형성될 것이다. 친구, 가족, 동료들이 변화를 만드는 것을 편하게 받아들인다면, 사람들은 자신의 선택이 덜 위험하다고 느낄 것이다. 코치는 클라이언트가 자신이 아는 사람 중 누가 변화를 일으켰는지 파악하고, 자신의 견해가 다른 사람에 의해 과도하게 영향을 받지 않는지 반성하도록 격려함으로써 도움을 줄 수 있다.

여기에 제시된 아이디어는 클라이언트의 어려움과 클라이언트가 계속 앞으로 나아가기 전에 해결해야 할 문제를 이해하는 데 도움이 될 수 있다. 클라이언트 중 다수는 이러한 범주 중 하나 이상에서 어려움을 겪을 것이다. 즉, 실제로 문제는 상호 의존적이며 문제를 일으키는 것은 문제의 조합이므로, 문제를 그렇게 별개의 범주로 구분하는 것은 다소 인위적이다. 클라이언트는 자신의 커리어 의사결정에 필요한 정보를 완벽하게 찾을 수도 있지만, 정보가 부족하고 자신감이 없고 정체성이 확립되지 않은 상태라면 그 상황에 압도될 수 있어서 전문 커리어 코치를 찾아야 할 필요성을 느낄 수 있다. 이 장의 아이디어는 이러한 각 문제를 파악하고 해결하는 데 도움이 될 수 있으며, 이는 클라이언트가 현재 진행 중인 문제를 이해하고 자신의 문제를 덜 부담스럽게 느끼는 중요한 첫 번째 단계가 될 수 있다.

참고문헌

Bandura, A., & Adams, N. E. (1977). Analysis of self-efficacy theory of behavioral change. *Cognitive Therapy and Research, 1,* 287-308.

Office for National Statistics. (2020). *Standard Occupational Classification 2020.* London: ONS.

Verbruggen, M., & De Vos, A. (2020). When people don't realize their career desires: Toward a theory of career inaction. *Academy of Management Review, 45*(2), 376-394.

Yates, J., & Hirsh, W. (2021). Student concerns, practitioner approaches and professional challenges. In *Phoenix.* Sheffield: AGCAS, 163, pp. 11-12.

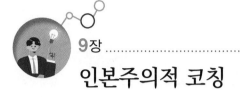

9장

인본주의적 코칭

커리어 코칭에는 다양한 유형이 있고, 훌륭한 커리어 코칭도 다양한 유형이 있다. 나는 1장에서 de Haan(2008)의 활동장 모델(playing field model)에서 접근법들의 가장 근본적인 차이를 설명했다. 이 모델은 코칭 스타일을 사분면으로 나타냈는데, 사분면의 한 축은 제안(suggesting)에서 탐색(exploring)까지, 다른 한 축은 직면(confronting)에서 지원(supporting)까지로 구성되어 있다.

인간중심적(person-centred) 또는 '인본주의적(humanistic)' 코칭(이 용어들은 상호 교환할 수 있다)은 사분면에서 탐색과 지원 사이에 확고하게 위치한다. 이것은 인본주의(humanism)의 순수한 버전이고, 커리어 코치와 클라이언트 중 다수가 극단적이라고 느낄지 모르지만 그것의 정신과 신조는 당신의 코칭 활동의 토대가 되어야 한다.

인간중심적 코칭의 목표는 '완전히 기능하는(fully functioning)' 사람이 되기 위한 여정을 돕는 것이다. 인본주의적 용어로, 이것은 자

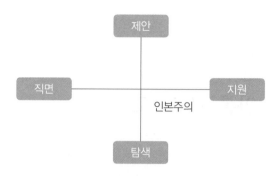

[그림 9-1] de Haan의 코칭 스타일 모델

출처: de Haan (2008).

신을 알고 자신의 방향과 거기에 도달하는 방법에 대한 명확한 감각을 가진 사람들을 말한다. 완전히 기능하는 사람은 자신이 될 수 있으며, 다른 사람들의 의견에 동요되지 않고, 자신과 타인을 있는 그대로 받아들이고 자신의 행동에 대한 책임을 진다.

이 장에서는 이러한 중요하고 영향력 있는 접근법을 소개한다. 인본주의를 뒷받침하는 두 가지 기본적 가정, 즉 자기결정의 원리와 자기실현성이다. 이 장에서는 이러한 가정에 대해 간략하게 설명한 후 커리어 코칭 실습에 원칙과 기법을 어떻게 통합할 것인지를 살펴보겠다.

가정

자기결정의 원리는 개인은 결정을 하게 된 맥락과 그 영향력을 충분히 이해하는 유일한 사람이기 때문에 스스로 자신에 관해 최선의 결정을 한다는 것이다. 커리어 코치의 관점에서 당신은 클라이언트를 잘 이해한다고 느낄 것이다. 그리고 그들의 동기와 성격에 관해 생각하느라 상당한 시간을 쓸 것이다. 그런데 실제로 당신은 클라이언트와 클라이언트의 일생의 일부에만 접근한 것이다. 반면에 아마 클라이언트는 자신을 괴롭히는 문제들을 고민하느라 많은 시간을 보냈을 것이며 자신의 여러 상황을 이해할 것이다. 클라이언트가 내린 해결책과 아이디어는 당신이 떠올릴 수 있는 어떤 것보다 대개 더 나은 것일 것이다.

우리가 이런 인본주의적 가정을 받아들인다면 우리는 아이디어를 제안하고 문제를 해결하는 우리의 역할에 매우 신중해야 한다. 우리가 완벽한 아이디어나 해결책을 가지고 있다고 생각할지라도 그것이 앞으로 적합한 것인지 아닌지를 판단하는 위치에 있는 유일한 사람은 클라이언트 자신이다.

두 번째 근본적인 가정은 자기실현성이다. 이것은 우리의 삶을 더 좋게 만들고, 개인적으로 성장하고 발달하기 위해 우리 모두에게 존재하는 소망이다. 인본주의는 이런 동인(drive)을 도덕적 의무라기보다 단순히 생물학적 경향성이라고 묘사한다. 즉, 모두가 느끼는 것이고 인간 조건의 일부라는 것을 의미한다. 그것은 우리가 해야만 하는 무엇이라기보다 우리가 늘 하고 있는 것이다. 비록 이 경향성은 우리 모두 안에 존재하지만 우리는 그것에 근거하여 항상 행동하지는 않는다. 자기 발달과 성장을 향한 노력은 이러한 실패의 두려움, 기회의 결여, 상황, 자기인식의 부족 같은 다양한 요인에 의해 방해받을 수 있다. 인본주의적 개입은 클라이언트에게 '지능형 거울(intelligent mirror)'을 제시하여 자신의 생각을 듣고 자신의 관점을 명확히 함으로써 행동을 주도하는 자기실현성을 위한 통로를 열어 주는 것을 목표로 하고 있다.

익숙하게 들리는가

이 책을 읽으면서 몇 가지 아이디어가 떠오를 것이다. 인본주의가 상담과 실천에 미치는 영향력은 아무리 강조하여도 지나치지 않다. 동기강화 면담 (11장 참조)은 당연히 자기결정론에 근거한다. 동기강화 면담의 아이디어는 당신이 클라이언트의 내재적 동기를 증가시키려고 노력하며, 이를 위한 가장 효과적인 방법은 클라이언트가 자신의 감정을 탐색하도록 하고 성장을 위한 자기실현성을 장려하도록 하기 위해 인본주의적 기법을 사용하는 것이다.

이 책에서 다룬 다른 코칭 접근법 중 인본주의 철학에 명백하게 영향을 받은 것은 긍정심리학(12장)이다. 긍정심리학은 인본주의와 더불어 자기결정론에 대한 신념과 자기실현 및 최적 기능(optimal functioning)에 중점을 둔다.

교류분석에 관한 14장에서는 건강한 성인관계 모델로서 '자기긍정-타인긍정(I'm ok, you're ok)'이라는 Berne의 아이디어를 소개한다. 이것은 자신과 타인을 수용하는 인본주의적이며 완전히 기능하는 사람을 반영한다.

사실 인본주의 철학의 영향을 받은 만큼, 어느 정도 클라이언트 중심 접근법을 수용하지 않는 커리어 코칭 이론을 찾기 어려울 것이다. 인본주의는 간단한 기술과 극적인 결과의 조합을 제공하며 다양한 맥락에 맞게 적용될 수 있고, 이러한 요소들이 광범위한 영향을 미쳤다.

핵심 조건

Carl Rogers는 인본주의 접근법의 창시자 중 한 사람이다. 아마도 그의 이론적인 공헌은 치료적 맥락 내에서 변화를 일으키기 위해 필요충분조건인 여섯 가지 핵심 조건을 개념화한 것이다. 다시 말해 (Rogers, 1957), 성공적인 일대일 개입을 위해 이 여섯 가지 조건이 모두 존재해야 하며(필요조건), 모두 존재한다면 변화는 필연적으로 일어날 것이다(충분조건).

1. 두 사람은 심리적 계약 관계에 있다

핵심 조건의 가장 기본은 두 사람이 필요하다는 것이다. 그리고 그들은 서로 의사소통할 필요가 있다. 잘 지낼수록 좋다.

2. 클라이언트는 불일치 상태에 있다

여기서 '불일치'는 클라이언트의 현재 상태와 이상적인 상태 사이의 것을 말한다. 클라이언트가 무엇인가 찾으려 하고 자신에 대해 잘 이해하지 못하고 있다면 코칭을 시작하면 된다.

3. 코치는 클라이언트와의 관계에서 합치된다

'일치'는 진정성을 의미한다. 치료사나 코치가 관계를 유지하기 위한 행동을 해야만 하고 관계를 유지하는 척한다면, 클라이언트들이 충분히 공감하도록 돕기 위하여 자신의 경험을 털어놓지 못할 것이다. 그러면 코치와 클라이언트 사이의 관계의 힘은 감소할 것이다.

4. 코치는 무조건적 긍정적 존중을 한다

이 조건은 클라이언트 중심의 비판단적인 실천의 핵심이다. 무조건적 긍정적 존중(Unconditional Positive Regard: UPR)은 치료사나 코치가 클라이언트에게 가져야 하는 태도이다. 클라이언트와 그들이 내린 결정을 완벽히 받아들여야만 한다. 클라이언트에게 무조건적 긍정적 존중을 하는 것은 그들의 행동을 승인하는 것이 아니라 클라이언트 자신을 승인하는 것이고 그들의 행동을 판단하지 않는 것이다. 그들이 무엇을 해 왔든, 그들의 선택이 무엇이든, 그들의 행동에 따른 결과가 무엇이든 간에 당신은 코치로서 그들이 근본적으로 건전한 사람이라는 것을 믿는다.

무조건적 긍정적 존중을 강화하는 것이 가능한가

이는 직관적인 개념일 수 있으나, 모든 클라이언트에게 UPR 접근을 실천하는 것이 쉽지만은 않다. 당신 자신의 UPR을 개발하도록 돕는 두 가지 요소가 있다.

첫째, 당신은 자기인식을 연마할 필요가 있다. 당신은 자신이 UPR을 어렵게 만들 가능성이 있는 것에 민감해질 필요가 있으며, 한 가지 시작 지점은 당신 자신의 가치에 대해 명확히 하고 당신이 소중히 여기는 원칙을 다른 사람이 위배할 수 있다는 것을 인식하는 것이다. 예를 들어, 당신이 페미니스트라면 당신은 성차별의 단서를 다루는 것이 까다롭다는 것을 알게 될 것이다. 당신이 사회주의자라면 당신은 자본주의 은행가들과 고군분투할 수도 있다. 당신이 명확한 무신론자라면 독실한 신자인 클라이언트와 일하는 것에 어려움을 느낄 수도 있다. 당신의 경험이 당신의 판단을 구체화할 수 있다. 즉, 당신이 전쟁 지역에서 성장했다면 입대하려는 사람에게 강한 연민을 느낄 수 있다. 당신이 동물을 키우고 있다면 동물 실험을 하는 사람들과 일하는 것을 힘들어할 것이다.

다음 단계는 당신의 본능적인 공감에 사로잡히는 것이다. 가치는 전체 요인에 의해 결정된다. 만약 당신이 클라이언트의 관점이 어디에서 왔는지를 안다면 당신은 클라이언트의 관점에 공감할 약간 더 좋은 지점에 서게 된다. 당신은 코칭 관계를 좋게 하기 위해서 클라이언트에게 무조건 동의할 필요는 없다. 그러나 그들에게 공감해서 이해하려 할 필요가 있다.

만약 그 전략이 아직 효과가 없다면?

때때로 클라이언트에 대해 UPR이 최선이라고 말할 수 없는 관계에서 일하고 있는 자신을 발견할 것이다. 이런 상황이 일어날 때, 당신은 선택을 해야 한다. 당신이 코칭 작업을 계속하겠다고 결정하면, 클라이언트가 코칭으로부터 무언가를 얻도록 하게 하기 위하여 당신의 판단을 감추고 싶을 수도 있다. 나는 이 장에서 UPR이 코칭 장면에서 일어나는 변화에 결정적이라는 아이디어를 제안한다. 그러나 '필요충분' 조건으로서 UPR의 상태는 다루는 주제와 관계에 따라 달라질 수 있다고 주장할 수 있다. 당신이 클라이언트를 단지 한두 번만 만나는 프로그램을 진행하고 있고 당신의 대화의 초점이 단지 취업 지원이나 이력서에만 있는 경향이 있다면, 당신은 정체성이라는 더 깊이 뿌리박힌 이슈에 집중하는 것보다 UPR이 덜 중요하다고 주장할지 모른다. 이런 장면에서 당신은 그런 관계로도 충분하다고 결정할지도 모른다.

당신이 자신의 견해나 판단이 서로의 관계를 흐트러뜨린다고 느낀다면 당신은 클라이언트와 대화를 하자고 결정할 수도 있다. 물론 클라이언트는 판단되고 있고 거절당하고 있다고 느낄 수 있기 때문에 관계가 끝날 위험이 있을 수 있고 고통을 야기할 수 있다. 그러므로 어떤 이슈는 당신들 둘 중 한 사람의 잘못 때문이 아니라 상반된 입장의 성격 때문에 야기될 수 있다는 것을 강조하면서 대화를 조심스럽게 구성할 필요가 있다. 만약 당신이 클라이언트의 필요를 더 잘 설명해 줄 수 있는 동료를 알고 있다면 그들의 의견을 참조해 보는 것이 도움이 될 수 있다. 그 대화는 항상 당신과 클라이언트를 갈라놓는 결과를 낳지는 않을 것이다. 클라이언트는 세션을 계속 진행할 가치가 충분히 있다고 느끼며, 당신의 정직함에 감사할 것이다. 당신의 솔직한 고백은 클라이언트의 흥미로운 자기성찰을 이끌어 내는 발단이 될 수 있다.

어떤 코치들은 '화학적 반응이 일어나는 상담'으로 코칭 관계를 시작하려는 경향이 있다. 이것은 두 사람 모두에게 서로를 따뜻하게 만들 수 있는지 아닌지를 볼 수 있는 기회이며, 코치에게는 이것이 자신만의 UPR을 평가할 수 있는 좋은 기회이다. 만약 클라이언트가 다른 코치와 더 효과적인 관계를 발전시킬 수 있다고 느낀다면 당신은 클라이언트와의 관계가 너무 멀어지기 전에 이슈를 제기할 황금 기회를 얻은 것이다.

5. 코치는 클라이언트의 내적 준거 틀에 대한 공감적 이해를 경험하고 이러한 경험을 클라이언트에게 전달하기 위해 노력한다

이것은 모두 공감과 적극적 경청에 대한 것이다. 공감은 당신이 클라이언트의 입장이 되어서 클라이언트가 느끼는 것을 상상하는 것 그리고 실제로 느끼는 정도까지를 포함한다. 공감의 핵심은 경청과 자기인식의 상호작용이다. 당신은 클라이언트가 무엇을 말하는지를 경청할 필요가 있다. 그런 다음, 질문이나 코멘트를 유도하는 자신의 반응을 인식할 필요가 있다. 당신의 내적 반응은 클라이언트의 감정을 어느 정도 반영하는 것이다. 만약 당신이 클라이언트의 이야기가 혼란스럽게 느껴진다면 클라이언트가 너무 혼란스럽게 느끼고 있을 가능성이 있다. 그러면 클라이언트에게 더 설명해 달라고 요청하는 것이 진정으로 그들의 관점을 이해하도록 돕는 것이다. 당신이 그들의 이야기를 슬프게 느낀다면 그것이 그들의 고통을 야기하는 무엇을 묘사한 것일 수 있다. 그래서 그들에게 자신의 감정을 탐색해 보라고 요청하거나 "당신이 매우 힘들었을 것 같아요."라고 더 부드럽게 이야기하여 그들에게 무엇인가를 더 이야기해 보라고 격려할 수 있다. 당신이 클라이언트의 이야기에서 모순이나 간극을 느낀다면 그것에 관해 물어볼 수 있다. 즉, 클라이언트가 사용하는 문장에서 눈에 띄거나 당신을 놀라게 하는 단어가 있다면 그것을 집어내는 것이 종종 도움이 된다. 예를 들면, "일요일 밤의 느낌에 관하여 이야기할 때 당신은 '두려움'이라는 단어를 사용하셨어요. 그것에 대해 좀 더 말해 주실 수 있나요?"가 있다. 질문조로 간단히 한 단어를 재진술하는 것(두려움?)만으로도 클라이언트에게서 성찰과 탐색을 이끌어 낼 수 있다.

경청의 단계

경청은 어렵게 들리지 않는다. 대부분의 경우 우리는 누군가 또는 무언가에 경청하며 시간을 보낸다. 우리는 그렇게 하도록 태어난 존재이다. 그런데 무엇이 신경 쓰이는가? Hawkins와 Smith(2006)는 일상의 경청과 성공적인 코칭 대화에 필요한 경청 간 차이를 밝히는 데 상당한 공헌을 하였다. 그들은 경청의 네 가지 단계에 대해 설명하였다.

• 단계 1: 경청에 들어감

이것은 다른 사람이 이야기할 수 있는 시간과 공간을 제공하는 것을 포함한다. 화자는 소음으로부터 자신을 비울 수 있어야 한다. 이 단계에서는 당신 자신의 이야기를 하지 않고 더 많이 들어야 한다. 다른 사람들이 자신을 표현하는 동안 침묵을 지킨다.

• 단계 2: 정확한 경청

이 단계에서 우리는 대화 내용을 성찰하고 다시 풀어 말하기 위하여 듣는다. 정확한 경청은 말하고 있는 것에 상당한 주의를 기울이는 것을 포함하며, 방법이 고민된다면 최소한 일부 문구를 반복하는 것으로 충분하다.

- **단계 3: 공감적 경청**

여기서 우리는 표현되는 말과 감정을 경청한다. 이 단계에서 청자(listener)는 말 자체뿐 아니라 그것의 의미를 듣는다. 그리고 표현되는 내용과 감정을 이해하려고 노력한다.

- **단계 4: 공감적 경청의 생성**

이것은 우리가 코치로서 열망하는 경청의 종류이다. 이 단계에서 청자는 인식의 외연에 위치한 사고와 감정을 재생할 수 있다. 코치는 단지 말하는 것만이 아닌 그것을 넘어선 무엇인가를 이해하고 말로는 하지 않았으나 몸짓이나 목소리 톤에서 실마리를 집어내고 자신의 공감적 반응과 청자에게서 얻어 낸 정보에서 실마리를 집어낸다.

Hawkins와 Smith는 우리가 일상 대화 대부분에서 단계 1 또는 단계 2에서 상호작용한다고 말한다. 훌륭한 코칭은 단계 4까지 도달해야 한다고 여겨진다.

6. 이 커뮤니케이션은 최소한으로 한다

Rogers의 최종 핵심 조건은 공감이 조금이라도 전달되는 것이다. 클라이언트는 당신이 그들과 그들이 어디에서 왔는가를 어느 정도 이해했다고 느낄 필요가 있다.

🏢 실천전략으로서의 인본주의적 접근 적용

이런 유형의 코칭에 사용되는 용어는 '접근법(approach)'이다. 그것은 어떠한 체제나 기술의 연속물이 아니라 코칭 실무를 뒷받침하는 보다 넓은 의미의 이론이다. 그러므로 인본주의적 커리어 코칭 세션을 운영하기 위해 해야만 하는 구체적인 단계는 없다. 반면, 당신의 인본주의적 상호관계를 안내해 줄 다른 원칙이 필요한데, 이는 어떻게 인본주의가 다른 체제 안에서 조화로울 수 있는지를 설명하는 데 도움을 줄 수 있다. 그 개념은 비지시성이고, 구체적으로 거기에는 두 가지 차원, 즉 원칙적 비지시성(principled non-directivity)과 도구적 비지시성(instrumental non-directivity)이다(Grant, 2004).

원칙적 비지시성은 개입의 내용과 과정 모두와 관련이 있다. 즉, 여기서는 원칙상 비지시성이라는 아이디어를 윤리 철학으로 채택하고 있다. Grant는 이 접근법을 "존경의 표현"이라고 설명하고(p. 77), 클라이언트에 대한 최고 수준의 존중은 클라이언트가 자신의 문제를 해결하는 방법을 가장 잘 알고 있다는 믿음이며, 여기에는 대화를 클라이언트가 이끌어 나가는 것도 포함된다고 제안한다. 그러면 클라이언트는 대화 주제뿐만 아니라 개입 과정에 대해서도 의제를 설정한다. 코치의 역할은 클라이언트에게 무엇을 논의하고 싶은지 물어본 다음, 그들의 생각의 흐름을 따라가는 것이다. 원칙적 비지시성 접근법은 가장 순수한 형태의 인본주의적 코칭이다. 즉, 클라이언트는 개입의 내용과 과정 모두를 결정한다. 그러나 전심전력을 다해 그 철학을 채택하는 것만이 우리가 코칭을 할 때 인본주의적 원칙을 활용하는 것은 아니다.

Grant는 도구적 비지시성을 "성장을 촉진하는 수단"으로 설명한다(p. 77). 이 아이디어는 코치로서 클라이언트에게 어떤 일도 일으키려고 하지 않는다는 것이다. 즉, 클라이언트의 생각에 어떤 제안도 하지 않고 영향을 미치려고 하지도 않는다는 것이다. 도구적 비지시성은 자기결정론의 실질적인 표현이다. 즉, 당신은 클라이언트가 스스로 결정을 내릴 수 있는 최적의 위치에 있다고 믿으며, 클라이언 트가 그렇게 하도록 허용하면서, 제안을 하거나 해결책을 찾거나 아 이디어를 주고 싶은 충동을 참아 낸다. 클라이언트가 의제를 설정하 고, 문제를 식별하고, 자신의 액션 포인트를 제시하도록 한다. 하지 만 대화 내용에 참견하는 것을 참으면서 과정에는 개입할 수 있다. 당신의 역할은 클라이언트가 성장할 수 있는 치료 조건을 제공하는 것이다. 그래서 특정 코칭 틀이 클라이언트의 성장을 촉진할 가능 성이 더 높다고 생각되면 새로운 접근법을 제안할 수 있다. 즉, 클라 이언트가 성장할 수 있다고 생각하는 것은 무엇이든 할 수 있다. 당 신은 비지시성이라는 개념을 하나의 기법으로, 즉 도구로 사용하고 있다.

많은 코치(나를 포함)가 도구적 비지시성을 채택하여 클라이언트 가 내용을 지시하게 하지만 과정은 코치가 지시할 수 있게 한다. 코 치는 GROW 틀 내에서 인본주의 접근법을 사용할 수 있다. 예를 들 어, 세션 초기에 모델 사용을 제안하고, 다음 대화가 진행됨에 따라 틀을 조심스럽게 적용하여 클라이언트가 세션의 목표를 식별하고 나중에 명확한 진전이 있을 때까지 단계적으로 대화의 방향을 조정 할 수 있다고 제안할 수 있다. 클라이언트는 선택지를 생성하고 해 결책을 확인하는 어려운 일 모두를 하게 되고, 코치는 코칭 세션 내 내 목표를 설정하고 확실히 달성하도록 보장하게 된다. 코치는 다양 한 도구와 기법을 자유롭게 사용할 수 있으며, 일부 인지행동 기법 을 제안하거나 세션 동안 또는 세션 사이에 수행 가능한 일부 훈련 을 제안할 수 있다. 클라이언트는 실제로 이러한 훈련을 할지 말지 에 대한 최종 결정을 내리지만, 코치는 코칭 기술에 대한 지식을 활 용하여 클라이언트가 자신의 상황을 보는 새로운 방법을 찾을 수 있도록 할 수 있다.

인본주의적 핵심 기술

우리는 앞에서 가장 중요한 인본주의적 코칭 기술인 '경청'에 대해 언급했지만, 경청만으로는 클라이언트의 생각을 더 진전시킬 수 없다. 침묵, 요약, 다른 말로 바꾸어 표현하기, 질문 기법 등과 같은 다른 성찰적 기법도 중요한 역할을 한다.

침묵은 중요한 인본주의적 기술이다. 침묵의 힘은 일상 대화에서 흔하지 않기에 일상 대화에서 나오는 것들과는 다른 색다른 생각을 끄집어낼 수 있다. 그러나 평소에 자주 사용하지 않기 때문에 코치가 연습하고 연마해야 한다. 일상적 대화는 겹치는 부분이 많다. 즉, 우리는 다른 사람들의 말이 끝나고 말하려는 핵심을 알게 되자마자 자신의 이야기로 넘어간다. 그 결과는 우리의 생각이 사전에 준비되었다는 것이다. 즉, 우리는 이야기를 시작하기 전에 생각을 하니 우리가 말한 것에 대해 성찰할 기회를 갖지 못한다. 인간중심 코칭 세션에서 대화 진행 속도는 일반적으로 느리다. 코치로서 클라이언트가 말하고자 하는 것을 끝낼 때까지 기다려 줄 뿐만 아니라 그들의 생각을 크게 소리 내서 말할 수 있는 기회를 갖도록 하고, 또한 그들이 이야기했던 것에 대해 어떻게 느꼈는지 생각하도록 기다릴 필요가 있다. 이것은 몇 분 정도 걸릴 수 있다. 침묵을 얼마나 오래 유지해야 하는지 아는 것은 연습을 통해 발전시키는 기술이지만, 클라이언트의 얼굴에서 그 해답을 얻을 수 있다. 그들이 생각할 때는 위나 아래 또는 허공을 쳐다보다가 생각을 다 해서 당신의 대답을 기다릴 때는 당신의 눈을 다시 쳐다볼 것이다.

요약도 다양한 방법으로 유용할 것이다. 첫째, 클라이언트가 계속 말을 하게 하는 아주 좋은 방법이다. 당신은 클라이언트가 할 말이 없어 보이면 말이 다 끝난 것인지 확인한 다음, 그간의 대화(혹은 마지막 부분)를 요약할 수 있다. 이것은 종종 추가적인 생각을 해 보도록 격려하게 될 것이다. 그런 다음 요약은 클라이언트의 생각을 구조화하는 데 유용할 것이다. 만약 클라이언트의 이야기가 복잡하거나 광범위하면 요약은 그들의 이야기를 이해하도록 돕는 틀을 제공할 수 있다. 요약은 연대순으로 할 수도 있고 주제에 따라 할 수도 있는데, 어느 쪽이든 클라이언트의 이야기에 '부제(subheadings)'를 추가하는 데 도움이 될 수 있다. 최종적으로, 요약은 공감을 나타내는 데 사용할 수 있다. 나는 앞에서 공감적 의사소통은 Rogers의 핵심 조건 중 하나라고 언급한 적이 있는데, 요약은 클라이언트에게 그들이 경청되고 이해되어 온 것을 보여 줄 수 있다.

우리가 보게 될 마지막 핵심 기술은 질문이다. 질문의 기술은 무엇을 질문하고, 언제 질문하고, 질문을 표현하는 방법을 아는 것이다. 인간중심 코칭의 성공은 관계에 달려 있기 때문에 당신의 질문이 전투적으로 들리지 않으면서 클라이언트의 생각을 확장시키는 것이 아주 중요하다. 이것은 당신이 도전하지 말아야 한다고 말하는 것이 아니고, 단어와 억양을 선택하는 데 매우 주의해야 한다는 것이다. 능숙한 인본주의적 코치는 도전적인 질문을 하는 것이 아니라 클라이언트에게 도전적인 것을 허용하는 질문을 하거나 대화를 한다. 다음의 글상자에 몇 가지 예가 제시되어 있지만, 가령 "왜 그랬나요?"(이런 표현은 약간 도발적이고 예단적이다)라고 질문하기보다는 단순히 "그 결정이 궁금했어요."라고 하면 코칭 관계를 유지하면서 동일한 결과를 이끌어 낼 수 있다.

　일반적으로 질문은 인본주의적 맥락에서 드물게 사용해야 한다. 우리는 앞에서 인간중심 코칭 세션의 비지시성에 대해 언급했다. 코치의 질문이 많으면 코치가 책임을 지게 될 수 있다. 역동적인 상호작용은 질의/응답 세션처럼 되어서 클라이언트가 수동적이고 권한이 적은 역할로 쏠려 갈 수 있다. 질문은 인본주의적 세션의 중요한 부분이지만, 코치로서 우리는 질문 의도에 주의해야 하고 어떤 식으로든 클라이언트가 끌려가고 있거나 강요받고 있다고 생각하지 않도록 해야 한다. "당신은 이것에 대해 지금까지 무엇을 했나요?"라는 질문은 어떤 코칭 세션에서는 매우 적절할 수 있지만, 인본주의적 세션에서는 클라이언트가 자신의 문제에 대해 이미 무언가를 했어야 했다는 인상을 줄 수 있으며, 이렇게 인식된 판단은 코치와 클라이언트의 관계에 상처를 줄 수 있다. 대신, 질문은 클라이언트가 자신의 생각을 펼칠 수 있도록 더 용기를 주기 위하여 사용해야 한다. 다음 글상자에는 인간중심 커리어 코칭 세션에 적절한 질문의 예가 제시되어 있다.

유용한 인본주의적 표현

• 질문
 - 그것에 관해 좀 더 말해 주세요.
 - 그 경험을 했을 때 어떤 느낌이었나요?
 - 그 결정에 대해 궁금합니다.
 - 그것이 당신에게 어떤 영향을 미쳤나요?
 - 당신의 이야기를 저와 함께 나눴는데 그것이 당신께 어떻게 들렸나요?
 - 당신은 당신의 이야기를 소리 내어 이야기해서 들어 보았는데, 그에 대해 어떻게 느끼시나요?

- 반영
  - 당신에게는 그것이 힘들었다고 들리네요.
  - 당신이 그 경험에 관해 이야기할 때 정말 당신 온몸이 살아났어요.
  - 그것은 흥미로운 선택이었어요.

- 요약
  - 해 온 것을 제가 체크 좀 해 볼 수 있을까요?
  - 그래서 여기에 두 가지 이슈가 있는 것 같네요.
  - 우리가 이 지점에서 요약을 해 보면 도움이 될 것 같네요.

인본주의적 전통은 코칭에 깊은 영향을 미쳤다. 인본주의의 순수한 형태를 볼 때 클라이언트 다수가 혜택을 볼 수 있는 방향성과 행동 촉구가 부족하다고 느낄 수 있지만, 자기결정과 자기실현의 원칙이 바로 커리어 코칭의 핵심이다. 클라이언트가 자신의 행동에 책임을 지고 비판단적인 환경에서 생각하도록 클라이언트를 격려하는 것에 초점을 맞추는 것이 모든 커리어 코칭 개입의 핵심이 되어야 하며 관계의 중요성에 대한 강조는 중요한 차원을 제공한다. 인본주의적 사상은 모든 커리어 코칭 세션에 통합될 수 있고 또 통합되어야 한다.

🔴참고문헌

de Haan, E. (2008). *Relational Coaching: Journeys Towards Mastering One-to-One Learning.* Chichester: Wiley.

Grant, B, (2002). Principled and instrumental non-directiveness in person-centered and client-centered therapy. In D. Cain (ed.),

Classics in the Person–Centered Approach. Ross–on–Wye, UK: PCCS Books, pp. 371-7.

Hawkins, P., & Smith, N. (2006). *Coaching, Mentoring and Organizational Consultancy*. Maidenhead: Open University Press.

Rogers, C. R. (1957). The necessary and sufficient conditions of therapeutic personality change. *Journal of Consulting and Clinical Psychology, 21*, 95-103.

10장

GROW 모델: 개입을 위한 틀

우리는 앞 장에서 인본주의적 코칭과 관련된 과정(process)이 비지시적임을 보았다. 그러나 다른 코칭이 개입할 때는 그 과정이 보다 구조화된 틀의 형태를 띨 것이다. 이 구조는 여러 가지 중요한 기능을 수행하는데, 그중 가장 중요한 기능은 함께 시간을 최대한 활용하는 데 도움이 된다는 것이다. 명확한 틀을 사용하면 세션이 끝날 때까지 도달하고자 하는 위치를 파악하고 가장 직접적인 경로를 찾는 데 도움이 된다. 그것은 당신에게 시간을 관리하는 도구를 제공하고 갑자기 옆길로 벗어나거나 적절하지 않은 문제에 시간을 낭비하지 않도록 도와준다.

일대일 개입에 필요한 구조를 제공하는 무수한 커리어 코칭 틀이 있다. 어떤 틀은 특정 접근법을 가지고 특정 유형의 문제를 해결하기 위해 고안되었는데, 예를 들면 다음 장에서 살펴보게 될 동기 강화 면담은 특정한 상황에서 효과적인 것으로 확인된 자신만의 구조를 가지고 있다. 그러나 Ali-Graham 모델(Ali & Graham, 1996)과 CLEAR 프레임워크(Hwakins & Smith, 2006)와 같은 모델 중에서 다수는 변형된 것이다. 가장 일반적인 구조는 시작 단계에는 명확한 목표 설정, 마지막 단계에는 행동을 불러일으키는 것이 포함되어 있고, 중간 단계에는 탐색과 분석이 포함되어 있는 것이다. 내가 이 책에서 설명하고자 선택한 모델은 GROW 모델(예: Whitmore, 2002; Alexander, 2006)이다. 이것은 널리 알려져 있고 가장 많이 사용하는 코칭 모델이다. 이 모델이 다른 어떠한 틀보다 개념적으로 더 정교하다고 말하지는 않겠지만 쉽게 이해할 수는 있을 것이다.

공유하거나 공유하지 않거나

GROW 모델의 주요 역할은 코칭 세션 동안 현실적인 목표를 달성할 수 있는 구조를 제공하는 것이다. 클라이언트와 함께 이 과정을 공유할지 여부를 결정하는 것은 당신의 전문적인 선호도에 달려 있지만 클라이언트에게 이 모델을 설명하는 것은 몇 가지 장점이 있다. 이 모델의 큰 장점 중 하나는 쉽게 설명할 수 있다는 것이다. 그래서 당신이 클라이언트와 공유하기를 원한다면 시간이 오래 걸리거나 혼란을 야기하지 않을 것이다. 클라이언트에게 세션 과정을 설명하는 것은 두 가지 점에서 도움이 된다. 첫째, 코칭 과정을 혼란스럽게 만들지 않는다. 즉, 동등한 협력 관계라는 기조를 설정하고 처음부터 세션에 대한 책임을 공유하고 있음을 표현해서 클라이언트는 수동적인 수신자가 아니라 능동적인 참여자여야 한다고 강조하는 것이다. 둘째, 당신이 계속해서 일을 진행하는 것을 더 쉽게 만든다. 세션의 목표에 대해 터놓고 이야기했지만 대화가 그 목표에서 멀어지는 경우, 과정에 대해 이해한 바를 공유해 놓으면 클라이언트와 접점을 강조하는 것이 조금 더 쉬워질 수 있다. 그다음에 원래의 목표를 고수할지 아니면 다시 탐색하여 나갈지 여부를 함께 결정할 수 있다. 그것은 당신이 그 과정 후반에 다시 발생하는 이슈나 제안들을 '일시 보관(park)' 하는 것이 더 쉬워질 수 있다. 즉, "그것은 매우 실용적인 해결책인 것 같습니다. 여기에 표시를 해 두겠습니다. 우리가 세션의 '실행(way forward)' 단계에 도달하면 다시 돌아와도 될까요?"라고 말할 수 있다(다음 참조).

이론적 기원

　GROW 모델의 기원은 불분명하며, 코칭의 위대한 사상가 중 2명인 John Whitmore 경과 Graham Alexander가 창시자로 인용되고 있다. 1990년대 초에 발표된 이후, 이 모델은 사용자 친화적인 간명성 때문에 단숨에 코칭 세계를 사로잡았다. 이 모델의 이론적 접근법은 행동주의 코칭과 행동주의 심리학에서 기원을 찾을 수 있다. 행동주의 심리학자에 따르면, 변화는 자극(변화하지 못함에 대한 부정적인 결과), 보상(변화에 대한 긍정적인 결과), 강화에 의하여 장려될 수 있고, 변화는 습관을 만들고 새로운 행동과 결과에 따른 보상 또는 자극과의 연결을 강화한다. 코칭과 밀접한 행동주의 심리학에 추가 요소가 두 가지 있는데, 1960년대에 Bandura가 소개한 사회학습과 자기효능감이다. 사회학습이론(social learning theory)은 스스로 경험하는 것뿐 아니라 다른 사람의 자극, 보상 및 강화를 관찰하는 것을 통해 행동 변화를 만들 수 있다고 보고 있다. 예를 들어, 당신은 직장에서 일을 해 보고 무엇이 당신을 칭찬받게 하고 무엇이 당신을 비난받게 하는가를 살펴봄으로써 직장에서 행동하는 방법을 배울 수 있다. 또한 승진하는 동료와 하지 못하는 동료를 관찰하여 그들의 행동에서 어떤 분명한 차이가 있는가를 식별하는 법을 배우기도 한다. 이 책에서 여러 번 마주치겠지만, 자기효능감은 자신의 능력에 대한 인식으로, 실제 능력보다 행동에 더 많은 영향을 미치는 것으로 밝혀졌다. 자기효능감은 행동 변화에 영향을 미치므로 자신의 능력 범위 내에서 자신이 믿는 변화를 만들 가능성이 더 크다. GROW 모델을 뒷받침하는 마지막 행동주의 이론은 목표설정이론 (goal-setting theory; 예: Locke & Latham, 1990)이다. 스스로 목표를 설정하는 과정과 그 목표의 구체적 특성은 행동에 상당한 영향을 미친다. 분명하고 명확하게 설명된 목표를 갖는 것은 모호하고 구체적이지 못한 목표보다 행동의 변화로 이어질 가능성이 훨씬 더 높다. 목표가 행동에 최적의 영향을 미치려면 도전적이지만 성취 가능한 적절한 수준이어야 한다.

GROW 모델은 클라이언트 자신에게 이러한 행동 원칙을 적용하도록 장려한다. 이 모델은 클라이언트가 목표를 세우고, 자극과 보상을 식별하고 분석하고, 원하는 보상을 얻을 수 있는 행동 변화를 식별해서 어떤 행동에 보상을 줄 것인지 지정하고 정확하게 강화하는 구조를 제공한다. 이 모델은 이러한 각 요소가 해결되도록 보장하고 코치는 클라이언트가 충분히, 진정으로, 현실적으로 이 문제를 탐색하였으며 자기효능감을 키우는 역할을 가지고 있음을 명확히 한다.

이 장에서 GROW 모델의 각 단계의 의미와 중요성에 관해 설명할 것이다. 또한 각 단계가 성공적으로 수행되기 위해 필요한 기술과 질문에 대한 몇 가지 아이디어를 제공하고자 한다.

단계 1: 목표

목표(goal) 단계에서는 클라이언트가 세션 동안 달성하고자 하는 것을 함께 해결한다. 이 단계는 코치와 클라이언트 간의 쌍방향 협상 과정이 될 수 있지만, 클라이언트가 그것을 담당하고 목표 내용에 대한 책임을 지는 사람이라는 것이 중요하다. 코치인 당신의 역할은 목표가 구체적이고 현실적인가, 당신에게 주어진 시간 동안 그것이 달성 가능한가를 확인하는 것이다. 목표는 세션의 근본이다. 즉, 목표가 없이는 당신이 직접 참여한 경우에도 많은 것을 달성할 것 같지 않으며, 당신이 충분히 멀리서 지켜보고 있는지, 우선 달성하기 위해 옳은 일을 하고 있는 것인지를 확신할 수 없다. 구체적이고 현실적인 목표를 식별하는 것은 쉬운 일이 아니다. 하지만 당신이 식별할 때까지는 앞으로 나아가려고 하지 말아야 한다.

　목표 단계는 종종 두 단계 때로는 세 단계로 분리된다. 클라이언트의 폭넓은 커리어 목표를 식별하여 상호작용을 시작하는 것이 도움이 되고 격려가 될 수 있다. 그들이 꿈이나 포부에 대해 이야기할 때 당신의 역할은 열정적으로 듣고 긍정적으로 반응하는 것이다. 대화가 세션 동안 보다 구체적인 목표까지 좁혀지기 시작하면 그들의 목표를 당신이 완전하게 이해하고 있는가를 확인해야 한다. 그래서 그 의미를 명확하게 하기 위한 몇 가지 질문을 할 수 있다. 목표가 명확하고 그것이 무엇인지에 대하여 당신이 명확하게 이해를 공유할 수 있다면 세션은 가장 생산적일 것이다. 이것이 세션에 대한 현실적인 결과처럼 느껴지는지 여부를 판단하는 것도 매우 합리적이다. 코칭 관계에서 클라이언트는 그 세션의 내용에 대한 책임이 있다. 하지만 세션 동안 그 과정을 관리하는 것은 당신의 책임이므로 주제를 판단하거나 지시해서는 안 되지만 결국 목표가 무엇인지 확인하는 것이 중요하다. 당신이 작업하고 있는 기간과 맥락에 대해 현실적이라고 동의하는 것이다.

목표의 다른 수준 예는 다음과 같다.

- 꿈: '언젠가 내 자신의 사업을 하고 싶다.'
- 중기 목표: '정말 훌륭한 비즈니스 교육을 제공하고 적절한 기술
  을 개발할 수 있는 직업을 구해야 한다.'
- 오늘의 목표: '내가 개발하고 싶은 기술에 대한 명확한 목록을
  머릿속에 담고 싶다.'

일반적으로 클라이언트가 더 큰 그림을 그리며 목표에 대해 이야
기하도록 하는 것은 비교적 쉽지만, 세션 동안 클라이언트를 세세한
부분에까지 이르게 하는 것은 더 까다로울 수 있다. 당신은 그 목표
가 구체적이고 현실적이라는 것을 확신하기 전에 더 나아가도록 유
혹받지 말아야 하는데, 모호한 대화를 피하기 위해 몇 가지 유용한
예를 제시하면 다음과 같다.

목표 단계를 위한 질문

- "무엇을 도와드릴까요?"
- "오늘 무엇에 대해 이야기하고 싶습니까?"
- "오늘 논의하고 싶은 주제는 무엇입니까?"
- "그것은 당신을 위한 환상적인 계획인 것 같습니다. 그 계획에 도움이 되게
  오늘 집중하고 싶은 것을 말해 주세요."
- "오늘 세션을 마치고 나가면 무엇을 할 생각이십니까? 정말 가치 있는 세션
  이었다고 느끼십니까?"
- "세션이 끝났을 때 당신은 어떤 지점에 도달하기를 희망하시나요?"

단계 2: 현실

현실(reality) 단계에서, 클라이언트는 자신의 생각을 탐색하고 정리하고 당신과 공유하면서 성찰할 수 있는 기회를 갖게 될 것이다. 이 단계에서 클라이언트에게 지금 당장 일어나고 있는 일을 이해하고 공감함으로써 클라이언트를 지원한다. 이 과정을 위해서 앞 장에서 논의했던 인본주의적 기법이 적합하다. 현실 단계에서는 주로 개방적이고 탐색적인 질문을 해야 하고, 반향적으로 듣고, 다른 말로 바꾸어 표현하고, 요약을 사용하게 된다. 당신은 클라이언트가 말하고 있는 어떤 특정한 것들을 집어내서, 그들이 이야기하는 동안 어떻게 들리고 보이는지에 대해 언급하거나, 모순되거나 자기신념이 부족한 것처럼 들리는 클라이언트의 진술에 대해서는 되물어 볼 수 있다. 이 단계의 내용은 현재 또는 최근에 일어났던 사건에 초점을 맞추거나, 클라이언트가 그 사건을 경험했을 때의 정서적인 측면에 더 초점을 맞출 수 있다.

이 단계는 필요하다고 느끼는 만큼 지속되어야 한다. 그래야 클라이언트에게 무슨 일이 일어나고 있고 그것이 어떤 영향을 미치고 있는지에 대해 클라이언트가 자신의 생각을 똑바로 말할 수 있다. 그러나 그 과정을 관리하고 그 단계가 더 이상 생산적이지 못한가를 확인하는 것은 당신의 책임이다. 당신 마음에 계속해서 세션에 대해 합의된 목표를 염두에 두고 있어야 하며, 도움이 된다고 생각하면 클라이언트와 함께 돌아가서 대화가 적절하고 생산적인지 확인해야 한다. 누군가가 어떤 안건이나 판단 없이 이야기를 들어 주는 것은 드문 특권이며 클라이언트가 이 단계를 확장하려는 유혹을 받을 수 있다. 클라이언트가 대화에서 지속적으로 통찰력을 얻는다고 느끼고 대화와 합의된 목표 사이의 명확한 연결고리를 볼 수 있다고 느끼낀다면, 현실 단계는 생산적일 것이다. 대화가 지정된 코스를 벗어나거나 반복되거나 멋대로 진행된다고 느껴지기 시작하면, 목표를 다시 확인하고서 모델의 다음 단계로 이동할 때이다.

때때로 현실 단계에서 합의된 목표를 수정해야 할 수도 있다. 그럴 경우 대화를 중단하고 클라이언트와 상의하는 것이 좋을 수 있다. 당신은 당신의 관점에서 어떻게 목표를 다시 설정할 것인지 설명하고, 클라이언트가 그것에 대해 어떻게 생각하는지 질문할 수 있다. 그것은 클라이언트가 원래 목표를 고수하기로 결정했을 수도 있고, 이 경우 세션을 좀 더 적절한 방향으로 계속 진행할 수도 있고, 클라이언트가 이 단계에서 논의할 수 있는 더 적절한 목표가 있다는

현실 단계를 위한 질문

- "지금 무슨 일이 일어나고 있는지에 대해 조금 말씀해 주세요."
- "매우 어려운 대화를 했네요. 기분이 어떠셨어요?"
- "일요일 밤에 대해 말해 주세요. 앞으로 한 주에 대해 어떻게 생각하세요?"
- "당신이 직장에서 잘 수행한 것에 대해 이야기해 주세요."
- "당신은 어떻게 하시겠습니까?"
- "직업에서 당신에게 중요한 것은 무엇입니까?"
- "지금까지의 직업 중에서 최고의 직업은 어떤 것이었지요?"
- "그 프로젝트를 그렇게 성공적으로 만든 것은 당신의 어떤 부분 때문이었나요?"
- "새로운 지인에게 당신의 직업을 설명할 때 어떤 기분이십니까?"
- "당신은 어떤 종류의 역할을 할 것이라고 생각했습니까?"

것을 명확히 했을 수도 있다.

이 단계에서 특히 도움이 될 수 있는 두 가지 기술은 시각화와 그리기다. 15장 '코칭 도구'에서 이 도구들에 관하여 자세히 살펴볼 것이다. 클라이언트가 그들이 놓여 있는 상황을 식별하는 데 어려움을 겪고 있거나 그들의 현실을 명확히 하기 위해서라면 두 가지 모두 도움이 될 수 있다. 두 가지 모두 무의식을 활용하는 메커니즘이며, 클라이언트가 무의식을 통해 작업하고 이후에 연습문제를 검토하려 할 때 드러날 수 있다.

단계 3: 선택지

세션의 선택지(options) 단계에서 당신의 대화는 클라이언트에게 어떠한 선택지가 사용 가능할 것인가로 향하게 된다. 이 단계는 두 부분으로 나뉘는 경향이 있다. 첫 번째 부분에서는 선택지를 만들기 위해 함께 일하고, 모든 가능한 선택지에 대해 광범위하고 비판단적이며 창의적인 방법으로 생각한다. 두 번째 부분에서는 당신과 클라이언트가 새로 만든 선택지 목록을 가져와 분석해서 다양한 선택지가 클라이언트에게 얼마나 바람직하거나 현실적인지 평가한다. 첫 번째 부분에서는 가능한 한 많은 선택지를 제시하려고 노력하고 두 번째 부분에서는 관리 가능한 수준으로 그 범위를 좁힐 것이다.

제안

선택지 단계의 첫 번째 부분에서 있을 수 있는 유혹 한 가지는 제안 몇 가지를 제공하려고 하는 것이다. 당신이 무언가 진정으로 클라이언트를 도울 수 있게 좋은 생각을 가지고 있다고 느끼거나, 이 대화에서 당신이 무엇인가 중요한 기여를 해야 한다는 압력(당신 내부로부터 또는 클라이언트로부터)을 느낄 수 있다. 클라이언트에게 더 가치 있는 도움을 주려면 명심해야 할 세 가지가 있다. 첫째, 클라이언트의 제안은 아마 당신 것보다 더 좋을 것이다. 그들의 제안 속에는 모든 이야기, 배경, 감정, 성격, 인간관계의 역사, 그리고 당신이 알 수 없는 세부적인 것들이 모든 방법으로 취합되어 있을 것이다. 클라이언트의 아이디어가 당신의 것보다 그에게 훨씬 더 맞을 가능성이 있다. 둘째, 클라이언트 스스로 행동 계획을 수립하는 것이 당신이 무엇을 해야 할 것인가를 말하는 것보다 열 배는 더 좋을 것이다. 셋째, 클라이언트에게 제안을 할 때 클라이언트에 대한 존중을 놓칠 수 있다. 그들은 이 문제와 지금까지 씨름을 해 왔으며 상당한 시간 동안 그것에 대해 생각했을 것이다. 반면, 당신은 이 문제에 관해서는 매우 신참이며, 30분이 지나야 간신히 헤쳐 나갈 수 있고 생색내는 것이 아닌 더 나은 제안을 제공할 수 있다. 이것은 또한 클라이언트의 지적 능력과 문제해결 능력에 대한 존경심이 크다는 것을 의미하지 않는다.

나는 당신이 결코 제안을 해서는 안 된다고 말할 수는 없지만, 제안 과정 후반에 시험적으로 제공하기를 바란다.

선택지 단계는 클라이언트에게 지금까지 나왔던 아이디어에 대해 물어보는 것으로 시작할 수도 있다. 이 단계에서는 지금까지 있었던 아이디어에 대해 너무 분석적이지 않도록 해야 한다. 여기에서의 목표는 많은 수의 선택지를 만드는 것이다. 6개가 최적의 수인 것으로 나타났다(Iyengar & Lepper, 2000). 즉, 6개 정도는 개인이 의미 있는 선택을 한다고 느끼면서 정보가 과하지 않다고 느끼게 한다. 그들이 아이디어가 부족한 것 같다고 보일 때, 당신은 그들이 할 수 있는 '그 밖의 것(what else)'을 요청할 수 있다. 그리고 어떤 다른 제안이 다음에 또 있는지 확인하기 위해서 이를 여러 번 반복할 수 있다. 이 단계에서 효과적일 수 있는 한 가지 코칭 기술은 침묵하는 것이다. 침묵은 클라이언트를 점점 불편하게 만드는데, 이 불편함에 클라이언트는 자신의 무의식을 밀어붙여 아이디어를 제안할 수 있으며, 그 아이디어가 이전에는 결코 표현된 적이 없던 그 무엇이 될 수 있다.

선택지에 대해 직접 물어보는 것으로 선택지를 충분히 만들지 못하는 경우, 코치의 판단에 따라 다른 많은 기술을 적용할 수 있다. 가장 일반적이고 확실한 것은 아이디어를 만들기 위해 마인드맵 (Buzan, 2000), 미래에 대한 그림 그리기, 시각화 및 역할 모델을 사용하는 것이다. 이에 대해서는 15장에서 자세히 다룰 것이다.

선택지를 만들어 내기 위한 질문

- "지금까지 무슨 생각을 했습니까?"
- "그 밖에 무엇을 할 수 있지요?"
- "또 다른 아이디어는?"
- "과거에는 어떤 전략을 시도했나요?"
- "어떻게 하면 아이디어를 좀 더 낼 수 있을까요?"
- "또 어떤 조언을 받았습니까?"
- "당신의 역할 모델은 무엇을 제안하는 것인가요?"
- "다른 사람들이 성공적으로 사용하는 전략은 무엇인가요?"
- "만약 당신이 실패하지 않을 것을 안다면 무엇을 하고 싶나요?"
- "만약 모든 직업의 보수가 같다면 무엇을 하고 싶나요?"

　　선택지 단계의 두 번째 부분의 목적은 어떤 것이 가장 적합한가를 식별하는 것에 대화의 초점을 맞추면서 최선의 선택지까지 좁혀 나가는 것이다. 당신의 역할은 클라이언트가 그들을 위한 최선의 것을 직접 탐색할 수 있도록 돕는 것인데, 그들이 어떻게 선택지를 평가하고 싶은가에 대한 질문으로 시작한다. 선택지를 평가하는 두 가지 접근법은 논리적인 접근법과 직관적인 접근법이다. 일반적으로 이 두 가지 접근법이 혼합되어 내려진 결정이 가장 만족스러운 결과를 가져다주므로(Singh & Greenhaus, 2004) 클라이언트에게 두 가지 접근법으로 생각하도록 장려할 수 있다. 표준적인 논리적 접근법에는 장단점 목록을 만들거나 각 선택지마다 핵심 자질에 점수를 부여한 다음 점수를 합산하는 것이다. 직감에 기초한 접근법은 종이에 각 선택지를 적고 모자에 넣어 클라이언트가 무작위로 하나를 선택하도록 요청하는 것이다. 그리고 종이를 하나 꺼내면 그 종이가 무엇이라고 말하기를 바라는지 물어본다. 클라이언트의 역할 모델이 어떤 선택을 조언할 것인지 묻는 것은 그들의 무의식적 아이디어를 제공하는 통로가 될 수 있다. 클라이언트가 몇 가지 결정을 내린 미래를 시각화하도록 제안하면 그들의 직관적 반응에 대한 단서를 제공할 수 있다.

선택지를 평가하기 위한 질문

- "이런 선택지를 어떻게 평가하시겠습니까?"
- "여기에 바로 제거하고자 하는 선택지가 있습니까?"
- "각 선택지의 장단점을 확인할까요?"
- "당신의 심장과 머리가 당신에게 조언하고 있는 바를 말해 주시겠어요?"
- "가장 존경하는 사람은 누구이며 그들이 무엇을 조언하기를 원합니까?"

단계 4: 실행

실행(way forward) 단계의 목표는 클라이언트가 목표 달성을 위해 취할 수 있는 몇 가지 특정 단계를 식별하는 것이다. 코칭은 변화와 행동에 관한 것이고, 세션 마지막 단계의 명확한 계획은 클라이언트에게 동기를 부여해서 그들의 아이디어를 행동으로 옮기도록 하는 데 도움이 될 수 있다.

액션 포인트(action point)는 클라이언트가 정할 필요가 있고, 구체적이고 도전적이면서도 실현 가능해야 한다. 이것들을 하나씩 차례대로 살펴보자. 여기서 가장 중요한 요소는 액션 포인트가 클라이언트의 것이어야 한다는 것이다. 당신은 세션 과정에서 몇 가지 놀라운 제안을 했을 수 있고 클라이언트가 필요할 것이라고 생각되는 매우 명쾌한 아이디어를 가지고 있을 수 있지만, 클라이언트가 직접 액션 포인트를 만들지 않는다면 스스로는 아무것도 하지 않을 것이다.

단계는 구체적이어야 하는데, 클라이언트를 보다 구체적인 목표를 향해 밀어붙이는 것은 가치가 있다. 목표가 구체적일수록 실현 가능하다(Locke & Latham, 1990). 당신은 클라이언트가 대화하고 싶은 사람이 누구이며, 언제 대화를 해야 하며, 무엇을 알아내고자 하는지를 정확하게 구체화하기 위하여 그들에게 물어볼 수 있다.

목표설정이론(Locke & Latham, 1990)에서는 그 목표가 도전적이면서 실현 가능해야 가장 긍정적인 결과로 이어질 가능성이 높다고 말하고 있다. 목표가 도전적이지 못한 경우, 클라이언트는 자신이 할 수 있을 것보다 덜 달성하게 되어 그것이 무의미한 연습이었음을 느끼게 된다. 마찬가지로, 액션 포인트가 비현실적인 경우, 클라이언트는 이를 달성할 수 없게 되어 자기신뢰에 부정적 영향을 받을 수 있다. GROW 모델의 이 단계에서는 클라이언트와 협력하여 설정한 목표를 달성할 수 있는 범위까지 달성할 수 있도록 해야 하지만, 주어진 시간과 상황 내에서 달성할 수 있도록 해야 한다.

GROW 모델의 모든 단계에서와 마찬가지로, 당신이 과정에 대한 책임을 져야 하는 반면에 클라이언트는 내용에 대한 책임을 져야 한다. 클라이언트는 자신의 목표를 설정해야 하고 당신은 그 목표들이 동기부여가 가능한 것인지 확인하는 역할을 해야 한다. 계획을 실천할 때 직면할 수 있는 장애물이 어떠한 것인지 식별하기 위해 클라이언트에게 물어보는 것은 유용할 수 있다. 그런 후에 당신은 장애물을 극복하기 위한 전략에 대해 토론을 할 수 있다. 또한 클라이언트 자신의 동기 수준을 정확하게 확인하고 측정하는 데 도움을 주기 위해 평정 척도를 사용하여 다양한 액션 포인트에 대해 얼마나 영감을 받았는지 물어볼 수 있다. 이를 통해 클라이언트는 변화를 위한 자신의 의지를 높이기 위해 할 수 있는 일이 있는지에 대해 생각해 볼 수 있다.

실행을 위한 질문

- "오늘 많은 아이디어에 대해 이야기했습니다만, 당신은 가서 무엇을 할 것인 가요?"
- "이것을 달성하기 위해 가장 효과적인 방법은 무엇이라고 생각하십니까?"
- "이것이 당신에게 얼마나 현실적인가요?"
- "이것을 완수하기 위해 현실적으로 시간이 얼마나 걸릴까요?"
- "이 일을 하는 데 방해가 될 만한 것이 있나요?"
- "이러한 장벽을 극복하기 위해 무엇이 또는 누가 당신에게 도움이 될까요?"
- "1점부터 10점까지의 척도에서 이 계획을 실행하는 것에 대해 얼마나 의욕을 느끼시나요?"

- "어떻게 당신을 척도상의 7점에서 8점으로 바꿀 수 있을까요?"
- "당신 스스로 동기부여 되도록 제가 어떻게 도와드릴 수 있을까요?"

앞서 언급한 바와 같이 다양한 코칭 틀이 있으며 GROW 모델 자체에도 시도해 볼 수 있는 다양한 변형이 있다. Downey(2003)는 TGROW 모델을 사용하여 코치가 첫 번째 단계를 2개로 나누고 코칭 세션의 목표를 설정하기 전에 주제 또는 더 큰 그림의 목표를 파악해야 한다고 제안한다. IGROW 모델(Wilson, 2011)도 유사한 구조를 가지고 있어서, 시작 단계에서 클라이언트의 주요 사안에 대한 논의를 한다. Grant는 RE-GROW 모델을 제안한다. 이 모델은 이전 코칭 세션 이후의 진행 상황을 검토하고 평가할 수 있는 기회를 포함하고 있기 때문에, 클라이언트와의 두 번째 이후 코칭 세션에서 특히 도움이 된다. GROWTH 모델(Gollwitzer의 1999년 연구에 기반)은 클라이언트가 계획을 실행하고 유지하는 데 도움이 될 수 있는 전술과 습관(tactics and habits)을 고려하도록 권장한다.

GROW 모델은 놀랄 정도로 간단명료하다. 직관적인 틀은 배우기 쉽고, 기억하기 쉽고, 공유할 수 있을 뿐 아니라 주제를 상당히 깊이 탐구하기 위해 다양한 맥락에서 사용할 수 있다. 당신은 이 모델만을 사용하거나 이 모델에 다른 접근법, 도구 또는 기술을 통합할 수 있다. 이 모델은 대부분의 상황에서 적용할 수 있고, 모든 종류의 문제에 대한 클라이언트의 생각을 구조화하는 데 도움이 되고, 클라이언트에게 용기를 줄 수 있다. 이 모델은 내가 추천하는 유일한 코칭 모델일 뿐만 아니라 내가 가장 자주 사용하는 것이며, 나를 실망시킨 경우가 거의 없다.

참고문헌

Alexander, G. (2006). Behavioural coaching. In J. Passmore (ed.), *Excellence in Coaching*. London: Kogan Page.

Ali, L., & Graham, B. (1996). *The Counselling Approach to Careers Guidance*. London: Routledge.

Buzan, T. (2000). *The Mind Map Book*. London: Penguin.

Downey, M. (2003). *Effective Coaching: Lessons from the Coach's Coach*. London: Texere.

Gollwitzer, P. M. (1999). Implementation intentions: Strong effects of simple plans. *American Psychologist, 54*(7), 493–503.

Hawkins, P., & Smith, N. (2006). *Coaching, Mentoring and Organizational Consultancy*. Maidenhead: Open University Press.

Iyengar, S. S., & Lepper, M. (2000). When choice is demotivating: Can one desire too much of a good thing? *Journal of Personality and Social Psychology, 76*, 995–1006.

Locke, E. A., & Latham, G. P. (1990). *A Theory of Goal-Setting and Task Performance*. Englewood Cliffs, NJ: Prentice Hall.

Singh, R., & Greenhaus, J. H. (2004). The relation between career decision making strategies and person-job fit: A study of job changers. *Journal of Vocational Behavior, 64*, 198–221.

Whitmore, J. (2002). *Coaching for Performance*. London: Nicholas Brealey.

Wilson, C. (2011). Solution-focused coaching and the GROW model. In L. Wildflower & D. Brennan (eds.), *The Handbook of Knowledge-Based Coaching*. San Francisco: Wiley and Sons, pp. 279–285.

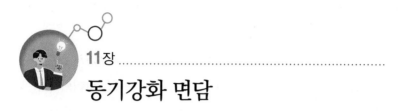

11장

동기강화 면담

커리어 코칭은 언제나 변화에 관한 것이다. 또는 적어도 변화의 가능성에 관한 것이다. 변화는 돌진하여 결정을 내리든가 정확한 타이밍을 찾든가 하면서 일어나는데, 종종 당신의 클라이언트가 이를 조절한다. 그러나 항상 그런 것은 아니다. 정리해고에 직면한 클라이언트 또는 보상체계의 혜택을 받지 못한 장기 실직 중인 클라이언트는 강요된 절박한 변화에 관하여 양가감정(ambivalence)에서부터 명백한 적대감까지 느낄 수 있다. 그리고 젊은 사람이나 졸업이 다가오는 학생은 자신이 직면하고 있는 커리어 선택의 타이밍에 관하여 편안함을 느끼지 못할 것이다.

동기강화 면담(motivational interviewing; Miller, 1983)은 변화에 대처하는 개인이 내재적으로 동기화되도록 돕는 인본주의적 상담 원칙에 기초한 기법이다. Gati 등(1996)은 클라이언트가 커리어를 결정하는 데 도움을 구하기로 결정한 핵심 이유의 하나로 '변화를 위한

준비 부족'을 강조했다. 그리고 동기강화 면담은 첫발을 내딛도록
돕는 하나의 기술이다.

나는 6장에서 계획적인 커리어 전환에 대해 살펴보면서 초이론적
변화 모델(Prochaska & DiClemente, 1984)과 이 모델을 커리어 전환에
적용한 Barclay 등(2011)을 소개했다. 나는 그 단계들을 다음과 같이
간략하게 요약하겠지만 복습에 도움이 된다면 6장의 '커리어 전환은
어떻게 이루어지는가' 절로 돌아가 살펴보라(Barclay et al., 2011에서
발췌).

1. 전숙고 단계: 클라이언트는 낙담과 불만을 경험하지만 이유를
   모른다.
2. 숙고 단계: 클라이언트는 낙담이 커지면서 동시에 미래의 커리어
   경로에 관하여 생각한다. 즉, 변화에 대한 양가감정 단계이다.
3. 준비 단계: 클라이언트는 변화에 대해 점차 동기부여되고 생각,
   아이디어, 계획들이 떠오른다.
4. 실행 단계: 클라이언트는 자신을 재정의한다. 그들은 새로운 역
   할 속의 자신을 찾아내고 수립한다.
5. 유지 단계: 커리어 전환이 완료된다. 클라이언트는 새로운 역할
   속으로 뿌리내리고 관계를 이어 나간다.

앞에서 인용했던 예(예: 정리해고에 직면하거나 장기 실직자였다가 강
제로 직장으로 복귀하게 된 클라이언트)에서 클라이언트는 전숙고 단
계로부터 숙고 단계로 이동하는 데 도움이 필요할 수 있지만 실제로
사람들은 어떤 단계에서도 문제를 만날 수 있다. 동기강화 면담은
클라이언트를 변화의 어떤 단계에서 다음 단계로 이동시키고 변화

에 대한 클라이언트의 동기를 높이는 데 상당히 극적인 결과를 보여 주는 접근법이며 기술이다.

동기강화 면담은 처음에는 마약, 알코올, 흡연에 중독된 클라이언 트를 돕기 위해 개발되었다. 그러나 최근에는 웰빙(well-being)이라 는 주제에 적용되어 왔고 코칭 분야에서의 영향력이 점차 입증되고 있다.

앞서 언급한 것처럼 동기강화 면담은 클라이언트의 본질적인 동 기를 강화하기 위해 적응시키려는 과정이었다. 이 점에서 동기강화 면담은 보다 설득력 있는 행동주의 코칭 기술과 다르다. 행동주의 코칭은 외적인 면에서 특별한 행동을 보상함으로써, 예를 들어 급여 나 지위를 올려 줌으로써 변화를 촉진하도록 노력한다. 반면, 동기 강화 면담은 클라이언트 자신의 변화를 위해 클라이언트 자신의 바 람을 증가시키는 간단한 방법으로 변화를 고무한다. 이 이론은 두 가지 아이디어를 이용하여 설명할 수 있다. 첫째, 동기강화 면담의 성찰 과정을 통해 커리어 코칭 실무자는 변화에 대한 클라이언트의 거부감을 감소시키고, 변화와 변화의 이점에 대하여 보다 긍정적인 용어로 설명할 수 있다. 둘째, 클라이언트가 변화의 이점에 관하여 말하면서 보내는 시간의 양은 동기강화 면담 이후에 행동을 바꿀 가 능성과 관련이 있다.

우리는 이제 이 접근법의 핵심 원리에 대해 알아보려 한다. 그리 고 이 장의 뒷부분에서 커리어 코칭 맥락에 사용할 수 있는 실제적 인 기법을 다룰 것이다. 이 기술이 실제로 작동하는지, 어떻게 그리 고 어느 정도까지 작동하는지를 검증한 연구를 몇 개 탐구하면서 이 장을 마칠 것이다.

🏛 핵심 원리

코치와 클라이언트 간 협력적 관계

동기강화 면담은 인본주의적 철학에 기반을 두고 있다(Rogers, 1959). 특히 동기강화 면담의 성공은 코치와 클라이언트의 비판단적 관계에 달려 있는데, 코치의 주요한 역할은 클라이언트의 말과 그 의미를 성찰하는 것이다. 이는 클라이언트가 자신의 사고와 견해를 스스로 더 잘 이해하게 하기 위함이다.

변화는 대개 양가감정을 포함한다

사람들은 일반적으로 자신의 삶을 개선하기를 원하는 반면에(이 것은 인본주의 이론에서 '자기실현' 경향성이라고 알려져 있다) 양가감정은 변화의 과정에서 자연스러운 부분이며 모든 변화에는 현상을 유지하고자 하는 바람이 있다. 동기강화 면담의 핵심은 이런 양가감정을 인정하는 것이다. 잠시 실직 상태에 있는 클라이언트는 아마 돈을 버는 것, 하루도 어김없이 목적의식을 갖는 것, 그리고 정규직으로서의 주체성과 명성을 회복하는 것에 대해 매우 긍정적으로 느낄 것이다. 그러나 그것은 이야기의 전부가 될 수 없다. 직업을 향한 갈망의 이면에는 다른 것이 있을 수 있다. 실직한 이후, 클라이언트는 하루 종일 실직한 다른 친구들과 함께 소일하면서 편안한 일상을 보내고 있을 수 있다. 그들에게 요구되는 것이 없어서 더 편안하다고 느낄 수 있고 스트레스를 받는 직장으로 돌아가기 싫어할 수 있다.

새로운 직업에서 성공하지 못할 것이라고 두려워할 수도 있다.

　그들이 직장에 있었다면 인생이 정말로 더 나아질 수 있다며 클라이언트를 설득하는 데 초점을 맞춘 많은 접근법과는 달리, 동기강화면담은 양가감정을 허용한다. 코치의 역할은 클라이언트의 저항을 인정하고 탐색하는 것이며, 그들 자신의 생각을 충분히 탐색하고 자신의 '내면의 목소리'에 귀를 기울이라고 클라이언트를 격려하는 것이다(Rogers, 1980).

불일치 만들기

　동기강화 면담 과정은 클라이언트의 사고, 감정, 아이디어에서의 불일치를 확인하고 탐색하는 데 주로 초점을 맞춘다. 이런 관점을 지지하는 심리학적 개념은 1957년에 Festinger가 발표한 인지부조화이론(cognitive dissonance theory)이다. 인지부조화이론은 우리의 뇌는 관점을 변화시켜 행동을 변화시키거나 이유를 찾아내어 이런 모순을 해결할 수 있는 행동을 하게 한다고 주장한다. 예를 들면, TV를 보며 쉬고 싶어서 한밤중의 파티 초청을 거절하는 나의 선택에 대해 사교적이고 외향적인 사람으로서의 자신의 자기개념에 의구심을 갖게 된다. 나의 마음은 다음과 같은 두 가지 모순적인 증거로 인해 불편해지고 해결책을 찾을 필요가 생긴다.

1. 나는 사교적인 사람이다. 즉, 나는 파티 초대를 받아들이는 사람이다.
2. 나는 사교적인 사람이 아니다. 즉, 나는 파티 대신에 TV 프로그램을 선택하는 사람이다.

해결책은 나의 행동이 나의 자기개념과 정렬되도록 내가 나의 계획을 변경하는 것이 될 수 있다. 나의 결정을 바꿔서 파티에 가거나, 나의 자기개념을 나의 행동에 맞도록 변화시켜서 아마도 내가 생각했던 것보다 덜 사교적이라고 생각하기 시작할 것이다. 대신에, 나는 나의 행동을 나의 자기개념에 맞추기 위해 재해석할 것이다. 예를 들면, 나는 감기에 걸려서 파티에 갈 수 없고, 밖으로 나가기에는 너무 아프다고 나 자신을 납득시키기 시작할지 모른다. 내가 선택한 이러한 해결책은 자기개념이 나에게 얼마나 중요하거나 바람직한지, 그리고 변화를 만드는 것이 얼마나 쉽다고 상상하는지에 달렸다.

인지부조화는 동기강화 면담의 구성요소 중 하나이다. 그러나 그것은 행동 변화가 매력적이거나 매력적인 결과로 이끌어 줄 것이라는 클라이언트의 깨달음이나 이해와 결합되어야 한다. 만약 클라이언트가 자신의 행동과 가치관, 실제의 자기와 이상적인 자기 또는 자신의 목표와 행동 사이의 불일치를 확인할 수 있다면, 그때 당신은 인지부조화에 대한 인식을 높일 수 있을 것이다. 만약 이런 인지부조화와 자신이 될 수 있는 사람의 바람직한 모습 또는 변화했다면 이끌어 낼 수 있는 삶에 대한 바람직한 관점을 결합시킬 수 있다면, 이 결합은 스스로 변화를 원하게 만들 것이다. 인지부조화로 인해 현상 유지에 불편함을 느낄 수 있으며 특정 행동을 하려는 바람이 증가하면 그 방향으로 나아가도록 장려할 것이다.

경험적 연구(예: Bem, 1967)에 의해 널리 뒷받침된 이론적 확장 중 하나는 사람들은 자신이 말한 것을 들으면 믿는다는 것이다. 인지부조화이론과 관련하여, 우리의 두뇌는 우리의 마음이 생각하는 것과 우리의 입이 말하는 것 사이의 불일치로 인해 상당히 불편해한다. 그래서 불일치를 해결하는 방법을 찾을 것이고 심지어 견해를 변경

할 필요도 느낄 것이다. 알려진 바와 같이 이 '체인지 토크(change talk)'는 변화에 대한 욕구를 표현하는 것이 변화에 대한 클라이언트의 내재적 동기를 증가시키기 때문에 동기강화 면담에서 중요하다. 예를 들어, 만약 당신이 클라이언트에게 회사를 떠난 이유 또는 직장으로 돌아가려는 이유를 떠올려 보라고 했는데 그 이유가 하찮은 것이라면, 클라이언트의 뇌는 자신이 원하는 것에 대하여 생각하기 시작할 것이다. Miller와 Rollnick(1991)의 연구에서는 이 아이디어를 더 깊이 탐구하였고, 사람들이 자신이 그것을 정당화하는 것을 들었다면 그것을 한 단계 더 진전시켜 계획을 실행에 옮길 가능성이 높다는 것을 보여 주었다.

자기효능감

성공적인 동기강화 면담을 위한 마지막 전제 조건은 클라이언트가 변화할 수 있는 능력을 가지고 있으나 그렇게 할 만큼 자신감을 갖게 하는 자기효능감이 부족하다는 코치의 믿음이다. 우리는 이 책에서 자기효능감에 대한 개념을 접했으며, 뒷부분에서 다시 이야기할 것이다. 자기효능감은 커리어 선택 과정의 많은 요소에 영향을 미친다. 1970년대에 Bandura(Bandura & Adams, 1977)가 최초로 개념화한 자기효능감은 특정한 일을 할 수 있다는 자신의 능력에 대한 자신감을 가리킨다. 이 경우에 코치는 클라이언트가 변화할 수 있지만 그들이 변화할 수 있다고 믿도록 도와주는 누군가가 필요하다는 것을 생각할 필요가 있다.

이상은 동기강화 면담을 지지하는 중심 가정이다. 이제 커리어 코칭 맥락에서 실제로 사용할 수 있는 방법에 대해 살펴보자.

동기강화 면담의 실제

동기강화 면담은 두 가지 단계로 나뉜다. 각각에는 실무자가 클라이언트를 돕는 데 사용할 수 있는 다양한 관련 기술이 있다. 첫 번째 단계는 동기를 강화하는 데 초점을 두는 반면, 두 번째 단계는 클라이언트가 목표를 향하여 움직이도록 하기 위하여 그들이 완성해야 하는 구체적인 액션 포인트를 확인하는 것이다.

첫 번째 단계에서 코치는 클라이언트가 자신의 변화에 대한 양가 감정을 더 잘 이해하고 탐색하도록 하기 위하여 인본주의적 상담의 적극적 경청 기술을 사용한다. 이 단계는 적극적 경청 기술과 확실한 공감에 의해 지원되는 개방형 질문, 긍정, 반영, 요약의 인본주의적 코칭 기술이 주도하고 있다.

코치: 정리해고에 대해서 어떻게 느끼고 있는지 말해 주시겠어요? (개방형 질문)

클라이언트: 큰 충격을 받았어요. 저는 직장에 마음과 정신을 다 바쳤는데 1년도 안 되어 해고된 것을 믿을 수가 없어요.

코치: 정리해고 때문에 정말 기분이 나쁘셨겠네요. (공감) 당신은 정말 그 일을 열심히 하신 것 같아요. (긍정)

클라이언트: 예, 저는 그 일을 좋아했고 정말 하고 싶었어요.

코치: 당신의 말에 의하면, 그 일에 마음을 쏟았고, 해고된 이후에 그것과 관련하여 매우 마음이 아프다는 거지요. (요약) 여러 면에서 당신이 그 일을 하면서 행복했던 것으로 들리네요. 그런데 그 일과 관련하여 완벽하지 않은 것들이 있었나요? (양가감정 탐색을 위한 이동)

클라이언트: 제 상사와 잘 지내지는 못했던 것 같아요.

이 단계에서 코치는 클라이언트가 변화에 대한 동기를 파악하고, 변화에 대한 욕구, 필요 및 이유를 분명히 밝히고, 변화를 만드는 능력을 탐색하도록 격려해야 한다. 상위 단계인 이 '체인지 토크'를 동

코치: 우리는 당신이 이전 직업에서 가장 좋아했던 것들에 관하여 이야기했습니다. 이제 당신이 직면하고 있는 변화에 대하여 좀 더 자세하게 생각해 봅시다. 왜 다른 일을 찾아볼 생각을 하게 되었는지에 대해 이야기하는 것으로 시작해 볼까요?

클라이언트: 음…… 저는 근본적으로 직업을 찾아야 한다고 생각해요. 만약 그렇지 않다면 직업이 없게 되는데, 저는 일을 하지 않을 만큼 여유가 없어요. (변화의 필요)

코치: 그 밖에 무엇이 있는지 궁금합니다. 우리가 앞에서 이야기했을 때, 당신의 최근 직장에서 잘 맞지 않았던 점 몇 가지를 언급했어요.

클라이언트: 네, 저는 제 상사와 관계가 어려웠어요. 그리고 몇 가지 문제가 있었어요.

코치: 그렇다면 정말 좋은 새로운 직업은 이랬으면 한다는 것에 관해 이야기해 주세요.

클라이언트: 글쎄요, 집에서 좀 더 가까우면 정말 좋겠어요. 현재 통근 거리는 괜찮아요. 그러나 저는 직장까지 자전거를 타거나 걸어갈 수 있으면 좋겠어요. (변화에 대한 바람)

코치: 그게 왜 그렇게 좋지요?

클라이언트: 네, 우선, 저는 한 시간 또는 하루를 절약할 수 있어요. 그것은 대단하죠. 그리고 일상적으로 매일 운동을 하게 되어 좋을 것 같아요. 추가로 동기부여를 받거나 시간을 투자할 필요 없이요. 그리고 아이가 아프거나 선생님을 만날 필요가 있을 때 아이의 학교와 가까우면 정말 안심이 될 것 같아요. (동기부여 구축)

기강화 면담에 도입하는 것은 변화를 만드는 동기부여와 관련이 있는 것으로 나타났다.

이 단계에서 유용한 기법 중 하나는 척도를 사용하는 것이다. 이것은 다양한 개입으로 전개될 수 있지만(예는 12장의 '해결중심 코칭' 절 참조), 여기에서는 꽤 구체적인 방식으로 사용된다. 코치는 클라이언트에게 1은 100% 반대하는 것이고 10은 100% 원하는 것임을 설명하고는 자신이 그 변화에 대하여 어떻게 느끼는지 1에서 10까지 점수를 매기라고 요청한다. 거의 모든 경우, 클라이언트는 2점이나 그 이상의 점수를 줄 것이고 그것은 당신이 예상했던 것이다. 이것은 변화와 관련해 적어도 조금의 긍정성이 있다는 증거를 제공한다. 그리고 그것은 코치에게 변화의 이유에 대하여 대화할 수 있는 시작점을 제공한다. 코치는 클라이언트에게 왜 4점(또는 어떠한 다른 점수)을 주었는지 그리고 더 낮게 주지 않았는지에 대하여 설명하도록 한다. 그들은 어떤 요인들 때문에 3점이나 2점을 주지 않았다고 생각하는가? 코치는 클라이언트가 이러한 이슈들을 깊이 있게 탐색할 수 있도록 격려해야 한다. 즉, 변화에 대한 긍정적인 점에 대하여 이야기하면 할수록, 그들은 동기가 강화되고 있다고 느낄 것이다. 그다음 단계(이 단계는 곧바로 행해질 수도 있고 코치가 나중으로 넘길 수도 있다)는 코치가 클라이언트에게 평점을 4점에서 5점으로 높이기 위해 무엇이 필요한지에 대하여 묻는 것이다. 여기에서는 클라이언트가 작은 변화에 대하여 생각하도록 하는 것이 중요하다. 이것은 변화를 보다 현실적이고 다루기 쉬운 것으로 느끼게 할 것이고, 코치가 클라이언트의 현재 위치를 이해하고 있다는 것을 보여 줌으로써 클라이언트와의 관계를 유지하는 데 도움이 될 것이다.

> 코치: 자신의 취업에 대해 어떻게 느꼈는지 1에서 10까지의 점수로 묻는다면 몇 점을 주시겠습니까?
>
> 클라이언트: 나는 정말로 그것에 대해 열정이 없습니다. 3점을 주겠어요.
>
> 코치: 예, 자신을 3점 정도에 놓았군요. 왜 2점이나 1점을 주지 않고 3점을 주었는지 궁금하네요. 말씀해 주실 수 있나요?
>
> 클라이언트: 글쎄요. 그 일이 제게 좋은 삶을 살도록 해 주지만 때때로 좀 더 돈을 많이 벌 수 있는 것에 대하여 생각합니다. 동전 한 푼까지 심각하게 생각하지 않았으면 좋겠어요.
>
> 코치: 때때로 좀 더 많은 돈을 벌었으면 좋겠다고 느끼는군요. 그런 것들을 변화시킬 방법에 대해 말해 줄 수 있나요?

코치가 이 단계에서 사용할 수 있는 두 가지 반영적 기술이 있다. 그것은 확대된 반응(amplified reactions)과 관점의 재구성(reframing)이다. 확대된 반응은 클라이언트와 대화할 때 클라이언트의 주장에 대하여 무엇인가 의견을 주는 데 사용할 수 있다. 코치는 클라이언트가 암시하는 것보다 더욱 극단적인 결과를 제시하여 클라이언트의 의견에 대하여 반응을 과장한다. 이것은 클라이언트의 변화에 대한 동기를 증가시키는 데 도움이 되는 행동과 자기개념 사이의 불일치를 강조할 수 있다.

> 클라이언트: 나는 그런 일을 절대로 못할 것이라서 정말로 지원하고 싶지 않아요.
>
> 코치: 당신은 자신을 실패에 대처할 수 없는 사람으로 생각하는군요.

코치로서 당신은 이 기술을 사용할 때 신중하고 부드러울 필요가 있다. 너무 강한 반응이나 너무 비판적인 어조는 클라이언트가 빠르게 방어적으로 느끼게 한다.

동기강화 면담에서 매우 효과적일 수 있는 두 번째 반영적 기술은 관점의 재구성이다. 관점의 재구성은 클라이언트가 자신의 행동을 다른 식으로 볼 수 있게 한다. 이것은 자기효능감과 자신감을 증대시키는 효과적인 방법이 될 수 있다.

> **클라이언트**: 나는 수많은 직장에 지원했으나 합격하지 못했어요.
> **코치**: 그것은 마치 정말로 취업에 성공하고 싶은 동기가 매우 강하다는 것처럼 들리는군요.
>
> 또는
>
> **클라이언트**: 나는 마감일에 맞추어 제때에 취업지원서를 끝내는 것을 잘 해내지 못했어요.
> **코치**: 그것을 보내기 전에 잘해 보려고 하는 것은 대단한 거예요.

이 대화는 당신에게 동기강화 면담의 첫 번째 단계에서 사용할 수 있는 몇 가지 아이디어를 준다. 이 단계를 마칠 때까지 클라이언트는 자신의 현재 상황에서 불편한 느낌을 만드는 인지부조화를 인식하여야만 한다. 그리고 행동의 변화에 필요한, 모든 가능한 긍정적인 점에 대하여 이야기를 나누는 시간을 보내야 한다. 이 단계에서 변화를 만들고자 하는 욕구는 증가했을 수 있지만, 실제로 변화를 일으킬 가능성은 그들을 동기강화 면담의 두 번째 단계로 데려가는 경우에만 더 높아질 것이다. 여기서 클라이언트가 실제적으로 변화를 일으키기 위해 필요한 단계가 어떤 단계인지 확인하고 서로에게 더 친숙한 과정을 따라간다. 이 단계에서 코치는 목표 설정, 선택지 확인, 액션 포인트를 합의하는 전통적인 코칭 과정을 통해 클라이언트를 이끈다. 이러한 목적을 위해 코치가 사용하는 일반적인 기술과 기법 외에도, 동기강화 면담의 이 단계에서 코치는 첫 단계에서 클라이언트에게 가장 동기부여되는 것으로 확인된 핵심 요소를 요약해 보는 것을 포함했는지 확인해야 한다.

🏢 동기강화 면담을 위한 근거

동기강화 면담의 효과에 관한 연구가 많이 이루어졌고, 리뷰 및 메타 분석(예: Magill et al., 2018; Romano & Peters, 2016)을 통해 건강과 웰빙 환경 분야에서 상당히 극적인 효과가 있음이 드러났다. 이 연구는 대화의 비지시적 요소와 지시적 요소 둘 다의 가치를 강조한다. 비지시적 요소는 클라이언트가 양가감정을 탐색하도록 권장하는 것이다. 즉, 변화를 만드는 긍정적인 면과 부정적인 면을 모두 탐색하도록 권장한다. 지시적 요소는 코치가 클라이언트를 변화를 만들어 내는 긍정적 결과에 대해 보다 충실하게 탐색하도록 유도하고, 클라이언트가 행동에 전념하게 하는 체인지 토크로 이끄는 것이다.

동기강화 면담은 아주 짧은 시간 안에 효과를 줄 수 있다. 즉, 심지어 한 번의 면담으로도 효과적인 행동의 변화를 가져올 수 있다. 그러나 이러한 효과는 더 폭넓은 동기강화 면담의 지원 프로그램이 없다면 12개월짜리 코스가 이어지더라도 효과는 서서히 줄어들게 된다. 예를 들어, 동기강화 면담 개입이 6주짜리 커리어 코칭 프로그램의 첫 번째 세션이라면, 클라이언트가 동기강화에만 초점을 맞춘 단일 세션에 참여하는 것보다 동기강화 면담의 효과는 더 커진다. 실천적 측면을 위한 교훈은 동기강화 면담이 진정한 효과를 낸다는 것이다. 그러나 독립적으로 사용되는 것보다 다른 도구와 결합될 때 가장 잘 작용한다.

한 가지 흥미로운 증거는 실무자가 동기강화 면담 기법의 전문가가 되는 방법을 가장 잘 배울 수 있는 방법에 관한 것이다. 훈련을 잘 받는 것에 관한 전통적인 개념은 동기강화 면담 실무자를 교육할 때 적용되지 않는 것 같으며, 연구자들이 이에 대해 그럴듯한 이유를 제시하지 않았지만 증거는 매우 명백하다. Miller와 Mount(2001)는 이틀간의 집중적인 훈련 과정에 참석한 실무자들이 그들의 능력에 대한 자신감을 충분하게 느꼈으나 그들의 개입이 클라이언트의 행동에는 거의 영향을 미치지 못했음을 발견하였다. 게다가 훈련 매뉴얼에 제시되어 있는 과정을 충실히 준수한 실무자도 세션 동안 영향을 미치는 데 한계가 있음을 발견하였다(Miller et al., 2003). 효과가 있었던 훈련 기법은 Miller가 말한 '학습을 위한 학습'인데, 그것은 실무자에게 기초 원칙을 알려 주고 그 세션을 구체화하는 데 클라이언트의 반응을 이용하는 것을 포함한다. Miller 등(2004)은 가장 성공적인 훈련 프로그램의 경우 성찰적 실천(reflective practice)을 위한 지속적 메커니즘을 포함한다는 것을 발견하였다. 예를 들면, 전문가에게 상담을 받는 것이다.

···

조는 지난 1년 동안 실업 상태였다. 그녀는 커리어 코치를 만나러 갔
다. 수많은 직장에 지원했으나 한 곳도 합격하지 못했기 때문이다. 커
리어 코치와의 대화 초반에 그녀는 12개월 전에 정리해고를 당했음에
도 이전의 대부분의 시간을 아주 짧은 단기간의 일(비정규직)과 시간
제 일을 하는 데 보낸 것으로 드러났다.

조는 이 모든 일에 대해 매우 우울했고 사기가 꺾였다. 그녀는 아직
도 자신이 다녔던 회사에 대한 분노와 괴로움으로 가득 차 있었고 자존
감은 밑바닥이었다. 조는 자신의 구직 성공을 막는 것 중 하나는 자신
이 어떻게 느끼느냐의 결과물이라는 것을 깨닫게 되었다. 그녀의 낮은
자존감은 그녀가 관심을 두는 자리에 지원하는 것을 막아 왔고, 그녀가
썼던 모든 지원서와 면접에 구름을 드리웠다. 그녀는 또한 자신에게 어
떤 것을 위한 열정도 부족했다는 것을 알게 되었다. 즉, 그녀는 하고 싶
은 일이 없었고 어떤 구인광고에도 신명 나지 않았었다.

커리어 코치는 조에게 커리어 의사결정 준비성의 개념에 관하여 말
하였다. 그리고 조는 동기 결여가 자신이 앞으로 나아가는 것을 막아
왔다는 것을 알게 되었다. 그녀가 마지막 직장으로부터 움직일 마음이
들 때까지 그녀를 뒤에서 붙잡고 있었던 것이다.

다음 세션에서는 커리어 코치가 동기강화 면담의 개념을 설명했다.
그리고 조는 그것을 시도하는 것에 동의했다. 처음에 그들은 지난 직장
의 좋은 부분에 대하여 이야기를 나누었다. 그리고 조는 동료들이 좋
았고 직장도 맘에 들었다는 것을 확인했다. 그 직장은 가족을 돌보기에
적합해서 그녀는 일주일에 이틀을 집에서 어린 딸을 돌보면서 보낼 수
있었다. 다음에는 그렇게 좋지는 않았던, 그 직장에 대한 다양한 측면
을 이야기하는 것으로 옮겨 갔다. 조는 대화를 이어 가면서 그녀를 좌
절시켰던 수많은 것을 기억했다. 그녀는 7년 동안 그 직장에서 일해 왔

고 더 이상 거기에는 어떤 자극도 없었다. 또한 거기에는 승진 기회가 없었고 직장에서 그녀의 역할은 점차 좁아지는 것으로 보였다. 그녀는 배움을 멈추었다. 그녀가 회사를 떠나고 싶어졌을 때 그 결정이 전적으로 스스로 한 것이냐는 질문을 받았고, 조는 해직 전 2년 동안 다른 직장을 찾고 있었다고 인정했다.

코치는 조에게 두 가지 미래를 상상해 보도록 했다. 하나는 훌륭한 동료들, 탄력적인 근무 조건, 더 많은 자극을 주는 새로운 일을 찾는 데 성공한 것이고, 다른 하나는 이전 회사에 머물러 있는 것이다. 두 가지 그림은 상당히 다르다. 그리고 코치는 조에게 차이에 초점을 맞추도록 했다. 그녀의 인생에서의 차이와 감정에서의 차이 둘 다에 대해 상세하게 설명하도록 요청하였다.

그다음 그들은 조의 변화를 위한 동기에 대해 더욱 구체적으로 이야기하는 것으로 옮겨 갔다. 코치는 조에게 새로운 직장을 구하는 것에 대해 얼마나 동기화되어 있는지 1에서 10까지의 척도에서 점수를 매겨 보라고 하였다. 조는 5점이라고 했는데, 이는 이 세션을 시작할 때 2점이라고 말했던 것보다 더 높은 것이었다. 그들은 조가 4점이나 3점보다 더 높은 5점을 고른 이유와 이 점수가 의미하는 것, 필요, 바람에 대하여 더 자세히 이야기했다. 그다음 코치는 6점까지 올리는 데 어떤 것이 필요하겠느냐고 물었고, 조는 동기강화를 위한 다음 단계가 그녀가 원하는 직업의 종류에 대해 더 명확한 아이디어를 얻는 것이라고 생각했다. 그들은 직업 목표를 분명하게 파악하는 데 초점을 맞추기로 하였고 조가 다음 주 동안 계속 노력하기로 한 것에 관하여도 이야기하였다. 그들은 조가 이러한 특정한 일을 시작하는 것에 얼마나 동기화되었는지에 대하여 이야기를 나누었다. 그리고 그녀는 이 과정에 대해 실제로 상당히 고무되어 있었다. 코치는 조에게 이러한 마음상태를 말로 표현하도록 요청하였고, 조가 어떻게 시작할 것인지 끝났을 때 어떻게 느끼게 될지에 대해 몇 분간 생각해 보도록 했다.

조는 몇 개월 동안 느꼈던 것보다 더 긍정적으로 느낀다고 말하면서 세션을 마쳤다.

이 사례 연구는 누군가를 변화 주기의 다음 단계로 움직이도록 돕는 틀로써 동기강화 면담을 사용한 예이다. 사람들이 변화하도록 동기부여하는 것이 생각만큼 간단하지는 않다. 이 사례에서는 클라이언트가 실제로 변화를 원하는 이유가 많음에도 양가감정으로 인하여 한 면만 드러내었다. 이런 과정이 항상 지속적으로 이루어지는 것은 아니라는 점도 지적할 가치가 있다. 조의 상황에 있는 누군가가 그 세션의 끝에서는 매우 긍정적으로 느끼지만 방을 떠나는 순간 동기를 잃는 것은 흔한 일이다. 마지막에 특별한 과제와 시각화는 이런 동력을 계속 유지하는 데 도움을 주지만 변화에 대한 동기를 강화시키는 것이 언제나 쉽지는 않다.

우리는 이 장에서 동기강화 면담을 전체 세션을 구조화하기 위한 틀로 이야기했다. 그러나 그것은 다른 방법에 적용할 수 있는 원리로 보인다. 예를 들어, 동기강화 면담은 부분적으로 사용할 수 있다. 이 사례 연구에서 커리어 코치는 각 세션의 시작 부분에서 동기강화 면담 방법으로 짧게 개입하는 것을 제안한다. 또 코치는 GROW 세션의 틀 안에서 동기강화 면담 질문을 사용할 수 있다. 그리고 나는 사람들이 자기가 말한 것을 믿는다는 원리를 기억하는 것이 많은 상황에서 코치에게 유용할 것이라고 생각한다.

참고문헌

Bandura, A., & Adams, N. E. (1977). Analysis of self-efficacy theory of behavioral change. *Cognitive Therapy and Research, 1,* 287-308.

Barclay, S. R., Stoltz, K. B., & Chung, Y. B. (2011). Voluntary midlife career change: Integrating the transtheoretical model and the life-span, life-space approach. *The Career Development Quarterly, 59,* 386-399.

Bem, D. J. (1967). Self-perception: An alternative interpretation of cognitive dissonance phenomena. *Psychology Review, 74,* 183-200.

Festinger, L. (1957). *A Theory of Cognitive Dissonance.* Stanford, CA: Stanford University Press.

Gati, I., Krausz, M., & Osipow, S. H. (1996). A taxonomy of difficulties in career decision making. *Journal of Counseling Psychology, 43*(4), 510-526.

Magill, M., Apodaca, T. R., Borsari, B., Gaume, J., Hoadley, A., Gordon, R. E., ⋯⋯ Moyers, T. (2018). A meta-analysis of motivational interviewing process: Technical, relational, and conditional process models of change. *Journal of Consulting and Clinical Psychology, 86*(2), 140-157.

Miller, W. R. (1983). Motivational interviewing with problem drinkers. *Behavioral Psychotherapy, 11,* 147-172.

Miller, W. R., & Mount, K. A. (2001). A small study of training in motivational interviewing: Does one workshop change clinical and client behavior? *Behavioral Clinical Psychotherapy, 29,* 457-471.

Miller, W. R., & Rollnick, S. (1991). *Motivational Interviewing: Preparing People to Change Addictive Behavior.* New York: Guilford Press.

Miller, W. R., Yahne, C. E., Moyers, T. B., Martinez, J., & Pirritano, M. (2004). A randomized trial of methods to help clinicians learn motivational interviewing. *Journal of Consultant Clinical Psychology, 72*, 1050–1062.

Miller, W. R., Yahne, C. E., & Tonigan, J. S. (2003). Motivational interviewing in drug abuse services: A randomized trial. *Journal of Consultant Clinical Psychology, 71*, 754–763.

Prochaska, J. O., & DiClemente, C. C. (1984). *The Transtheoretical Approach: Crossing Traditional Boundaries of Therapy.* Homewood, IL: Dow Jones-Irwin.

Rogers, C. R. (1959). A theory of therapy, personality and interpersonal relationships as developed in the client-centred framework. In E. Koch (ed.), *Psychology: A Study of Science-Formulations of the Person and the Social Context.* New York: McGraw-Hill.

Rogers, C. R. (1980). *A Way of Being.* Boston. MA: Houghton-Mifflin.

Romano, M., & Peters, L. (2016). Understanding the process of motivational interviewing: A review of the relational and technical hypotheses. *Psychotherapy Research, 26*(2), 220–240.

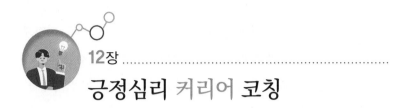

12장

긍정심리 커리어 코칭

'코칭'은 긍정적인 것이다. 코칭은 진취적이고 행동 지향적이며, 클라이언트가 자신의 능력을 '최대한 발휘할 수 있도록' 격려하는 사람으로 여겨진다(Yates, 2011). 코칭이 비현실적이거나 사람들의 삶의 현실과 동떨어졌다는 것이 아니라, 긍정심리학 및 관련 분야의 일부 새로운 이론이 코칭 접근법에 큰 변화를 주었다는 것이다(van Nieuwerburgh & Biswas-Diener, 2020).

이 장에서는 3개의 서로 다른 코칭 접근법, 즉 강점 코칭(strengths-based coaching)과 긍정 탐색(appreciative inquiry) 그리고 해결중심 코칭(solution-focused coaching)에 초점을 맞출 것이다. 이 세 가지 접근법의 유래는 매우 다르다. 강점 코칭은 긍정심리학에서, 해결중심 코칭은 가족치료에서, 그리고 긍정 탐색은 조직개발에서 비롯되었다. 그러나 서로 다른 역사에도 불구하고 이들 접근법은 공통점이 많으며 이해하는 데 유용하고 심지어는 함께 사용하기도 한다.

넓은 범위의 '원조(helping)' 치료에서의 많은 이론적 접근법은 일이 왜 잘못되었는지, 무엇이 문제이며 클라이언트의 상황을 어떻게 개선할 수 있는지를 알아내는 데 집중한다. 이 세 가지 접근법은 개인은 이미 훌륭하고 잘될 수 있다는 비병리적 가정하에 시작한다. 이러한 긍정적 상호작용의 초점은 무엇이 잘못되어 가고 있는지 알아내어 그것을 고치는 것보다 잘되어 가는 것을 찾아내어 그것을 더 향상시키는 데 있다.

이러한 공유된 철학 외에도, 세 가지 긍정적 접근법에는 고유한 기본 가정과 특정 기술 및 도구가 있으며, 개별적으로 사용하거나 광범위한 긍정 철학 내에서 통합될 수 있다. 우리는 이들 접근법을 차례로 살펴볼 것이다.

🏢 강점 코칭

자신에게 맞는 직업을 찾기 위해 자기 자신이 가진 기술을 살펴본다는 생각은 커리어 세계에서 새롭거나 획기적인 것은 아니다. 강점 코칭은 이 기본 개념을 개발하여 더 유용하고 체계적이며 동기를 부여하기 위해 확장(더 다양한 가치를 포함하도록)하고 제한(약점이 아닌 강점에 중점을 두어)한다.

강점 코칭의 개념은 긍정심리학 운동에서 비롯되었다. 강점 코칭은 지도방법이 간단하면서도 극적인 성과를 이뤄 짧은 역사에도 불구하고 많은 지원과 영향력을 받은 심리학의 새로운 한 분야이다. 긍정심리학의 창시자는 Seligman과 Csikszentmihalyi(2000)이다. 그들의 접근법은 문제를 확인하고 병자를 고치려는 결핍 모형(deficit model)에서 건강한 사람이 번영하도록 하는 학문으로 심리학의 개념을 재구성하였다.

Seligman과 Peterson은 전 세계에 걸쳐 지속적으로 중히 여겨지는 여섯 가지 덕목인 지혜, 용기, 자애, 정의, 절제, 초월의 하위 개념으로 24개의 강점 목록을 도출했다(Seligman et al., 2005). 각각의 덕목마다 서너 가지의 강점이 연관되어 있는데, 예를 들면 자애와 관련된 강점은 친절, 사랑, 사회적 지능이며, 절제와 관련된 강점은 용서, 겸손, 신중함이다. 이러한 강점은 도덕적 가치, 남을 폄하하는지의 여부, 강점이 실제로 어떤 식으로 나타나는지 그 모범적인 특징을 식별할 수 있는지 등의 아주 구체적인 열세 가지 기준에 따라 분류된다. 직장에서 강점을 활용하면 생산성이 향상되고 직무 만족도가 높아지는 것으로 나타나 커리어 코치에게 유용한 접근법이 될 수 있음을 시사하였다(Lavy et al., 2017). Seligman과 Peterson은 웹사이트(www.authentichappiness.com)를 통해 스스로 관리할 수 있는 자기인식(self-awareness) 도구를 만듦으로써 그들의 생각을 실현했다. 그 도구를 통해 클라이언트는 자신의 강점 프로파일을 자신의 삶에서 어떻게 사용하는지 알 수 있도록 스스로 또는 전문가와 함께 해석할 수 있다.

Peterson과 Seligman의 연구(Peterson & Seligman, 2004)에 따르면, 그들이 확인한 강점들은 매우 보편적이었지만, 문화에 따라 클라이언트가 자신의 강점을 말하는 것에 대한 불편함의 정도는 서로 달랐다. 그들은 특히 '영국인의 신중함'은 영국 클라이언트가 자신의 강점에 대해 이야기할 때 떠벌리는 듯한 느낌이 들 수 있다고 지적했다. 이러한 것에 대해 코치는 클라이언트의 태도에 관해 세심해야 하며, 감정을 인정하고, 그 과정을 다음과 같이 설명함으로써 불편함을 해소시켜야 한다. "나는 당신이 자신의 강점에 대해 이야기하는 것이 때때로 어려울 수 있다는 것을 압니다. 하지만 우리 둘 다 당신이 무엇을 잘하는지에 대해 잘 안다면 적합한 커리어 분야를 찾는 것이 훨씬 더 쉬워질 것입니다."

코칭의 강점 접근법은 자기인식을 향상시키는 전통적인 기법과 다르다.

전통적인 커리어 지도에서는 주로 열린 방식으로 클라이언트 중심의 질문을 하며 자기인식에 접근한다. 즉, 실무자는 클라이언트에게 "당신은 어떤 분야를 잘하나요?" 또는 "당신의 특별한 기술 또는 강점은 무엇인가요?"라고 질문할 수 있다. 이런 방법은 클라이언트에게 자신의 강점을 스스로 확인하고 정의할 수 있는 기회를 준다는 장점이 있지만, 동시에 클라이언트가 강점에 대해 자신의 통합된 내적 '목록'을 가지고 있음을 가정하고 있다는 데 한계가 있다. VIA 강점검사(Values in Action-Inventory of Skills: VIA-IS)는 Seligman과 Peterson이 이 분야에서의 20년간의 연구를 기초로 창안해 낸 강점 목록이다. VIA 강점검사는 클라이언트가 강점을 포괄적으로 고려할 수 있도록 면밀하게 미리 준비된 목록을 제공한다. 그러나 이 목록은 코치를 전문가로 설정하고 클라이언트를 수동적인 역할로 전락시킬 위험이 있다. 따라서 이 목록은 조심스럽게 다뤄져야 한다. 그러므로 코치는 클라이언트가 해석 과정에 적극적으로 참여하도록 도와야 하는데, 예를 들면 다음과 같은 질문을 사용할 수 있다.

• "당신의 주요한 강점 몇 가지에 대해 이야기해 줄 수 있나요?"

- "당신의 답변에서 '리더십'은 정확히 어떤 의미로 사용되었나요?"
- "당신의 완성된 강점 목록을 어떻게 해야 최대한 잘 활용할 수 있다고 생각하나요?"

기존의 자기인식 도구는 강점과 약점 모두에 초점을 맞춘다. 그러나 이 새로운 접근법은 강점 목록과 오직 강점에 관련된 코칭에만 집중한다. 이 관점에는 두 가지의 긍정적인 결과가 따른다. 첫째, 클라이언트가 코칭 내용을 실행에 옮길 가능성이 커진다. 클라이언트는 강점에 대해 대화할 때 동기와 자기효능감이 증가하는 것으로 나타났다. 따라서 클라이언트는 약점에 대한 코칭을 진행했을 때보다 강점에 집중했을 때 코칭 내용을 실제로 현실에 적용할 가능성이 높다. 둘째, 강점에 기초한 코칭이 더 관련이 있다. 사람들은 약점을 극복해야 하는 직업보다 강점을 활용할 수 있는 직업을 선택하는 경향이 있다.

긍정심리학에서는 강점의 개념을 전통적인 자기인식 도구보다 광범위하게 정의하고, 전통적인 커리어 개입에서 사용하는 능력 검사(skills audits)와 관련된 것 이외의 개념까지 다룬다. 리더십과 창의력 같은 전통적인 개념 외에도, VIA 강점검사는 가치 있다고 평가될 만한 거의 모든 강점을 다룬다. 예를 들면, 진실성, 열린 마음, 유머, 영성 등 기존의 도구에는 주로 포함되지 않는 수많은 개념을 포괄한다. 그러나 가치와 의미가 직업 만족도에 중요한 요소라고 알려져 있기 때문에, 자질에 대한 이러한 폭넓은 해석은 커리어 선택에 중요한 의미가 있다.

긍정심리학은 수많은 혁신적인 도구와 기술을 사용한다. Seligman 등은 2005년 논문에서 이러한 도구들의 유효성을 검증하였고, 클라이언트와 함께 사용할 수 있는 몇몇 개의 매우 간단한 도구를 발견해 냈다. 클라이언트는 일주일간 코칭을 받았는데, 이후 6개월의 행복도에 이 도구가 유의미한 영향을 미쳤다는 것이 밝혀졌다.

이러한 기술 중 하나는 '인생의 세 가지 좋은 것(three good things in life)'이다. 일주일간 매일 밤마다 클라이언트는 하루 동안 잘된 일 중 세 가지를 골라 글로 써야 한다. 이때 그 일이 잘된 이유와 자신의 역할을 구체적으로 적어야 한다. 그 일이 인생을 바꿀 만큼 극적인 사건일 필요는 없다. 예를 들면, 점심에 정말 맛있는 샌드위치를 먹은 것도 '잘된 일'이 될 수 있는데, 여기서 클라이언트의 역할은 그 샌드위치를 선택한 것이 될 것이다.

다른 도구도 있다. 클라이언트는 먼저 자신의 '주요 강점'을 알아내고, 일주일 동안 매일 새롭고 다른 방법으로 그 강점을 사용해야 한다. 예를 들어, 자신의 주요 강점이 학구열이라면, 클라이언트는 어느 날은 TV에서 다큐멘터리 프로그램을 보고, 다음 점심시간에 박물관을 견학하고, 그다음 날에는 인터넷에서 특정 주제에 대해 찾아보기로 결정할 수 있다.

이러한 방법은 현재 상황이 좋지 않다고 생각하는 클라이언트를 코칭할 때 유용하게 사용된다. 현재의 일에 대한 부정적인 감정, 미래에 대한 두려움, 낮은 자존감 등의 문제는 미래의 변화에 대한 준비를 어렵게 한다. 이 도구를 통해 클라이언트는 기운을 회복하고 긍정적인 감정을 증진시켜 미래에 집중할 수 있게 된다.

📊 긍정 탐구

긍정 탐구(Appreciative Inquiry: AI)의 정수는 잘되어 가는 일을 찾고 거기에 집중하는 것이다. 이 접근법은 문제를 인식한 다음, 해결책을 찾고 구현하는 것이 이미 작동하고 있는 것을 개선하는 데 초점을 맞추는 것과 동일한 보상을 거두지 못할 것이라고 주장하는 문제해결의 발상과는 상충된다. 이 접근법은 미국 클리블랜드에서 David Cooperrider(2000)가 개발하였다. 조직개발 전문가로 일할 때, Cooperrider는 문제를 확인하고 바로잡기 위해서 저성과 기업에 관심을 기울였다. 그는 이렇게 어려움을 겪는 조직 내에서도 많은 일이 잘되어 가고 있고, 직원들이 자신이 좋아하는 프로젝트와 원활하게 진행된 과정에 관하여 이야기할 기회를 가졌을 때 얼마나 열정적이고 긍정적이었는지에 의해 고무되었다. 이후 Cooperrider는 어느 기업에서도 긍정적인 정신과 좋은 성과를 활용할 수 있게 하기 위해 AI 접근법을 개발했다. 그리고 긍정 코칭은 AI의 원칙을 채택하고 일대일 맥락에 맞게 조정한다(Gordon, 2008; Orem et al., 2007).

이 접근법에는 본질적으로 다섯 가지 핵심 원칙이 있다(Lehner & Hight, 2006).

1. 구성주의 원리: 조직이란 조직 내부의 개인들이 상호 간 그리고 외부 세계와의 상호작용을 통해 구축한 하나의 구성체이다.
2. 동시성 원리: 변화는 그것에 대해 생각하자마자 곧 시작된다.
3. 시적 원리: 시와 마찬가지로, 조직과 관련된 모든 사람은 무슨 일이 일어나고 있는지에 대해 각자의 해석을 가지고 있다. AI

에서는 이러한 의미를 만드는 방법으로 스토리텔링이 많이 사용된다.

4. 예상 원리: 미래에 대한 이미지와 생각은 현재의 행동을 이끈다. 긍정적인 미래를 상상할수록 그 미래가 실현될 가능성이 커진다.

5. 긍정 원리: 사람들은 자신의 삶을 개선하기 원하며, 변화를 생각해 내고 실제로 변화하는 것에 대해 긍정적으로 생각한다.

AI 모델은 조직 내에서 사용하기 위해 개발된 4단계의 절차가 있는데, 이는 일대일 코칭 또는 집단 코칭에 유용하게 사용된다. 이 4단계는 발견하기, 꿈꾸기, 설계하기, 꿈 실현하기이다.

발견하기

발견하기(discover) 단계에서는 과거에 잘해 왔던 것들에 초점을 맞춘다. 이 단계의 내용은 클라이언트가 이끌어 내는 주제에 의해 결정된다. 코치는 결정을 내리는 데 어려움을 겪는 클라이언트에게 자신의 상황에 맞춰서 과거에 했던 긍정적인 결정에 대해 물을 수 있다. 만약 클라이언트가 자신이 즐길 수 있는 역할을 모른다면, 코치는 클라이언트가 과거에 직업의 어떤 면을 즐겼는지에 관해 접근할 수 있다.

꿈꾸기

꿈꾸기(dream) 단계에서는 관점을 미래로 옮겨 간다. 이 과정에서 코치는 클라이언트가 자신의 목표에 도달할 수 있도록 도울 수 있는 실현 가능한 아이디어나 전략에 대해 생각해 내도록 도와야 한다. '꿈'이라는 단어에서 알 수 있듯이, 코치는 클라이언트가 설사 공상적이라 하더라도 넓게 생각하고 창의적이 되도록 도와야 한다. 브레인스토밍은 클라이언트를 자유롭게 만들어서 용감하게 제안하도록 하고, 완전히 비현실적인 생각도 혁신적이면서도 현실적인 결과로 이끌 수 있다.

설계하기

세 번째 설계하기(design) 단계에서 클라이언트는 자신에게 가장 매력적이거나 가장 현실적으로 보이는 아이디어에 주목하기 시작한다. 코치는 다양한 선택의 장단점을 매우 합리적인 방법으로 알아보도록 제안한다. 예를 들어, 코치는 클라이언트에게 자신의 마음이 무엇을 말하고 있는지 물을 수 있고, 다른 선택과 비교하기 위해 평정 척도를 제시할 수도 있다. 이 단계는 마지막 결정을 내리기 전에 클라이언트가 가지고 있는 지식의 간극을 확인할 수 있는 좋은 시간이 될 것이다.

꿈 실현하기

이 꿈 실현하기(destiny) 단계의 코칭은 목적지에 도달하게 이끌어 간다. 이 단계는 '전달(deliver)' 단계라고도 불린다. 이 단계에서 클라이언트는 미래를 위한 구체적인 계획을 세운다. 여기서 코치의 역할은 클라이언트를 목표를 향해 이끌 구체적이고 현실적인 액션 포인트를 제시하는 것이다.

당신은 AI 모델과 GROW 모델 사이의 유사성을 발견할 것이다. AI의 발견하기 단계는 GROW 모델의 현실 단계와 유사하다. 즉, AI의 꿈꾸기와 설계하기 단계 둘 다는 GROW 모델의 선택지 단계로 대체될 수 있고 꿈 실현하기 단계는 GROW 틀 내에서 실행 단계와 유사하다. AI 틀은 특히 과정 시작 시 특정 목표에 대한 필요성에 초점을 맞추지 않고 어떤 하나의 목표를 설정하는 것을 배제하지 않으며, 실제로 AI 해석의 일부는 과정을 시작하기 전에 목표를 설정한다는 아이디어를 발전시킨다. 우리는 적절하고 구체적인 목표는 동기에 상당한 영향을 미치기 때문에 AI 세션을 시작하기 전에 목표 하나를 확인하는 것이 도움이 될 수 있다는 목표설정이론(goal-setting theory)에 관한 연구를 알고 있다(예: Locke & Latham, 1990). 그러나 두 모델 사이의 실제 차이는 전통적인 GROW 세션에 있을 필요가 없는 AI 내의 긍정성에 맞추어진 독자적인 초점이다. 이 모두가 긍정적이고 창조적인 의미를 함축하고 있으면서 코칭을 구조화하려고 선택한 단어, 즉 '발견하기'와 '꿈꾸기' 같은 단어를 통해 분명해진다.

🏢 해결중심 코칭

해결중심 코칭은 1980년대 초 위스콘신에 있는 가족치료 운동을 기반으로 de Shazer와 Insoo Kim Berg(de Shazer, 1985)가 처음 제안한 해결중심 치료에서 태동되었다. de Shazer와 동료들은 일부 클라이언트의 사례에서 클라이언트가 자신의 문제에 대해 더 많이 이야기할수록 더 많이 뒤를 돌아다본다는 것을 알게 되었다. '무엇이 잘못되었는가'에 초점을 맞추는 것은 적절하지 않고 시간만 소비하는 것

이며 때로는 클라이언트가 긍정적인 방식을 찾는 데 순전히 방해만
된다는 것을 확인했다. 치료사들은 문제보다 해결에 집중하는 세션
으로 관점을 바꾸기 시작했고 이 방식으로 진행된 세션이 많은 클라
이언트에게 효과적이었다는 것을 알게 됐다. 해결중심 치료는 '간단
한' 치료로 알려져 있지만, 그것이 의미하는 것이 시간의 전체 양보다
시간을 잘 사용하는 것과 관련이 있다는 것에 주목할 만하다. 이것은
해결중심 세션에서 모든 순간은 생산적인 순간이라는 의미이다.

　해결중심 접근은 일부 클라이언트에게 사용하기에 특히 적합할
수 있다. 왜냐하면 클라이언트는 우울할 때, 아마도 일자리를 잃거
나 직장에서 일이 잘 풀리지 않을 때, 커리어 지원 서비스를 이용하
기 때문이다. 이러한 이유로 클라이언트가 자신의 문제 내에 단단히
갇혀 있는 것은 드문 일이 아니다. 그리고 Bezanson(2004, p. 184)은
커리어 코치를 만나볼 때쯤이면 "가능성이 클라이언트의 마음의 전
면에 있는 경우는 많지 않다."고 말한다. 가능성에만 초점을 맞춘 전
통적인 접근법을 완전히 뒤집어 생각하는 코칭 모델은 엄청나게 힘
이 되고 고무시킬 수 있다.

　해결중심 치료의 핵심 원리 중 많은 부분이 코칭에서 광범위하게
수용되는 가정들과 아주 비슷하다. 그것이 아마도 치료라는 특정 브
랜드가 코칭이라는 전문 작업에 쉽게 동화된 이유일 것이다. 여기
에는 클라이언트가 제일 많이 알고 있고 자체 해결책을 가지고 있어
서 코칭은 목표 설정과 행동 계획을 포함해야 하고, 병리학적이 아
닌 틀 내에서 작업하는 데 강조점을 두어야 한다는 생각을 포함한
다. 해결중심 코칭의 핵심적인 신념은 이 접근법이 구체적이라는 것
이다. 일어난 사건이 아닌 사건에 대한 우리의 사고방식이 문제라는
가정(인지행동주의와 공유하는) 등이다. 해결중심 코칭의 두 가지 주

요 목표를 이끄는 것은 마지막 가정이다. 그것은 관점 변화시키기와
행동 변화시키기이다(O'Hanlon & Beadle, 1996).

관점 변화시키기

관점 변화시키기에서 코치는 클라이언트가 새로운 방식으로 자
신의 문제를 볼 수 있도록 돕는다. 이렇게 하여 문제가 덜 힘들고 덜
압도적으로 보이게 하며, 클라이언트가 문제를 잘 처리할 수 있다고
느끼게 만들 수도 있다. 그래도 클라이언트에게는 더 나은 미래를
위하여 계획을 세우기 위해 필요한 에너지와 시간이 남아 있다. 이
것은 문제에 빠져 있던 클라이언트를 문제에서 꺼내 사고하게 하고
해결책을 인식하는 데 다시 집중하게 할 수 있다.

코치는 다양한 기법을 사용하여 그들의 관점을 변화시키도록 클
라이언트를 지원한다. 이러한 반영적 경청, 개방형 질문, 신중한 침
묵의 사용과 같은 것들은 모든 코치에게 친숙할 것이다. 그러나 해결
중심 코칭은 우리의 레퍼토리에 구체적인 새로운 기술을 추가한다.

척도화

나는 이전 장에서 평정 척도라는 개념을 소개했다. 척도화(scaling)
는 해결중심 코치의 도구 중 하나이다. 그러나 여기서의 척도화는
동기강화 면담에서 사용된 척도화 방법과는 약간 다르다. 해결중심
접근법에서 질문은 다양한 목적을 달성하기 위해 사용된다. 예를 들
면, 클라이언트가 자신의 현재 목표와 관련해서 어디 있는지 확인하
기 위하여, 자신의 목표를 명확히 하기 위하여, 진전 정도를 확인하
고, 목표를 향한 작은 단계를 명확하게 설명하기 위하여 사용된다.

<u>척도화 질문의 예</u>

• 클라이언트의 목표와 관련해서 클라이언트는 어디에 있는가?

"만약 당신이 해결책이 없는 바닥 상태에 있다면 1점, 완전히 해결된 상태에 있다면 10점일 경우, 당신은 지금 어디에 있는가?'

• 목표 명확히 하기

"당신의 직무 만족도 점수가 8점이기를 원한다면, 그것에 관해 나에게 말해 보세요. 그 8점은 어떻게 보이고, 당신이 8점이라는 것을 어떻게 아나요?"

• 진전 정도를 확인하기

"지금까지 4점 근처에 이르렀다고 말했는데요, 그것을 어떻게 관리했는지 말해 보세요."

• 목표를 향해 작은 단계로 표현하기

"당신은 지금 4점에 있어요. 4.5점이 되기 위해선 무엇이 필요한가요?"

기적 질문

기적 질문(miracle question)은 클라이언트가 자신의 목표를 명확히 하기 위해 광범위하게 사용하는 효과적인 방법이다. 질문은 수많은 방식으로 표현될 수 있으며 클라이언트의 상황에 적합하게 고칠 수 있다. 그러나 핵심적인 질문은 똑같다. 그것은 다음과 같이 표현된다.

밤새 기적이 일어났다는 것을 상상하세요. 당신이 아침에 일어났을 때, 당신의 문제는 완전히 사라졌습니다. 당신이 변화가 일어났다는 것을 알게 된 첫 번째 표식은 무엇인가요?

대안적 시나리오는 클라이언트에게 미래의 자신에 대해 상상하라고 요구하거나, 수정 구슬(crystal ball)을 응시하거나, 자신에 관한 2개의 비디오, 즉 문제에 봉착된 것과 문제가 해결된 것을 시청하도록 해 보는 것이다.

코치는 "이 직업에서 당신이 하고 있는 것에 관해 나에게 말할 수 있겠습니까?" "이 새로운 역할에서 당신이 잘하고 있는 것을 어떻게 알 수 있습니까?"와 같은 클라이언트의 상황에 적절할 것 같은 구체적인 후속 질문을 하며 진행할 수 있다. 또한 시간 프레임을 조정하여 클라이언트와 클라이언트의 맥락과 관련되게 조정할 수 있다. 즉, Miller(2017)는 클라이언트에게 자신의 커리어가 원하는 대로 될 때까지 5년을 내다보도록 하는 것이 커리어 코칭에서 효과가 있다고 제안한다.

기적 질문은 클라이언트가 미래에 전적으로 집중할 수 있도록 격려하고, 아이디어 창출과 무한한 가능성에 흠뻑 젖어들 수 있는 상상력을 제공한다.

관점의 재구성

관점을 바꿔 주는 직접적인 방법인 관점의 재구성(reframing)은 클라이언트가 다른 관점이나 새로운 각도에서 자신의 상황을 볼 수 있도록 격려한다. 코치는 칭찬, 예외를 강조하기, 목표에 다시 초점 맞추기 그리고 문제를 해결책으로 바꾸는 것 같은 수많은 구체적 기법을 이용하면서 이 과정을 도울 수 있다.

관점 재구성의 예

• **칭찬**

클라이언트: 너무 비싸요.

코치: 좋아요, 그것은 당신의 예산과 밀접하게 관련되어 있어요. 어떻게 하면
　　　더 저렴하게 만들 수 있을까요?

• **예외를 강조하기**

클라이언트: 난 정말 내 일이 싫어요.

코치: 기쁘지 않게 들리는군요. 당신의 일 가운데 덜 끔찍한 부분에 대해 말해
　　　줄 수 있나요?

• **목표에 다시 초점 맞추기**

클라이언트: 난 정말 내 리더십 능력을 향상시키기를 원해요.

코치: 당신에게 좋은 리더십은 무엇을 의미하나요?

• **문제를 해결책으로 바꾸는 것**

클라이언트: 나는 완전하게 무기력하게 느껴져요.

코치: 그래서 당신은 방향감과 통제성을 회복하고 싶군요.

출처: Cavanagh & Grant (2010).

행동 변화시키기

　관점 변화시키기는 클라이언트에게 변화가 가능하게 하는 것과
변화가 일어날 수 있다는 신념을 주는 것 두 가지 점에서 중요하다.
그러나 그것만으로는 충분하지 않다. 해결중심 코칭의 두 번째 주요
목표는 행동을 변화시키는 것이고, 이는 과거에 일어났던 것 위에

구축하는 것을 지향한다. 코치와 클라이언트는 매우 협력적인 관계를 가지고 함께 해결책을 찾기 위해 일한다. 사실 이 접근법을 발달시킨 선구자인 Lipchik(1997)은 코치를 묘사하기 위해 '협력 전문가(collaborating profession)'라는 용어를 사용하고는 목표를 공유하고 함께 해결책을 찾는 사람과 동등한 사람이라는 것을 확고하게 강조한다.

인터뷰의 이 단계에서 코치는 과거로부터 미래에 대해 무엇을 배울 수 있는지 알아보기 위해 클라이언트의 좋았던 경험 중 에피소드를 생각해 내도록 해 볼 수 있다. "일하면서 당신이 행복했던 시간에 대해 말해 보세요. 무엇이 좋았습니까?" "그 일을 하기로 결정한 것은 잘한 것 같습니다. 어떻게 그런 결정을 내렸는지 말해 주세요."

예외를 확인하는 것은 이 단계에서 할 수 있는 또 다른 생산적인 논의가 될 수 있다. 해결중심 코칭의 주요 가정 중 하나는 항상 예외가 있다는 것이다. 만약 클라이언트가 자신의 업무 성과가 항상 최선이 아니라고 느낀다면, "당신이 직장에서 잘하고 있는 일은 무엇입니까?"라고 질문할 수 있다. 비슷하게, 클라이언트가 현실적인 커리어 선택지를 찾을 수 없다고 느낀다면 "당신이 할 수 있는 것 중 하나를 생각해 보세요."라고 질문할 수 있다.

해결책을 찾기 위해 때때로 문제 자체를 뒤집을 수 있다(Jackson & McKergow, 2007). 코치는 클라이언트의 현재 역할에서 자신을 좌절시키는 모든 조건과 반대 조건을 파악해서 클라이언트가 원하는 꿈의 직업을 찾을 수 있도록 도울 수 있다. "당신은 직장에서 경쟁적인 분위기를 싫어하네요. 그래서 협력적 환경을 찾고 있나요?" 혹은 클라이언트가 어떤 매력적인 커리어 선택지도 명확히 찾을 수 없다면, 당신은 클라이언트가 하고 싶지 않아 하는 역할에 관해 질문한

다음 그 선택으로부터 추론할 수 있는 것을 알아낼 수 있다.

긍정적인 철학은 커리어 코칭에 아주 적합하다. 코칭은 "긍정심리학을 적용할 수 있는 이상적인 운송 수단"으로 묘사되고 있으며 (Kauffmann et al., 2010, p. 159), 사람들이 성장을 위해 노력하도록 지원하는 데 공통된 초점을 두고 있어 커리어 코칭을 커리어 의사결정과 커리어 개발에 대한 긍정적 접근을 위한 터전이 되도록 만든다. 커리어 코칭 전문가로서 우리는 비현실적이거나 비실용적이지는 않지만, 좋은 코치는 클라이언트를 항상 신뢰하고 긍정적인 해결책이 있다고 생각한다. 우리는 이 장에서 긍정심리학, 긍정 탐색, 해결중심 코칭이라는 세 가지 긍정적인 접근법을 제시하였다. 이 장의 아이디어를 수많은 다른 방식으로 사용할 수 있다. 한 가지 접근법을 채택하거나, 세 가지를 혼합하거나 혹은 개인적인 도구나 아이디어를 실습에 통합할 수 있다. 그러나 어떠한 접근법을 채택하더라도 긍정적인 코칭은 효과적이면서 구체적인 도구를 제공하고, 그 코칭의 긍정적인 미래 지향성은 클라이언트가 더 동기부여되어 낙관적인 태도로 자신의 강점과 해결책에 집중하도록 돕는다.

참고문헌

Bezanson, B. J. (2004). The application of solution-focused work in employment counseling. *Journal of Employment Counseling, 41,* 183–191.

Cavanagh, M. J., & Grant, A. M. (2010). The solution-focused approach to coaching. In E. Cox, T. Bachkirova, & D. Clutterbuck (eds.), *The Complete Handbook of Coaching.* London: SAGE Publications.

Cooperrider, D. L. (2000). Positive image: Positive action: The affirmative basis of organizing. In D. L. Cooperrider, P. F. Sorenson, D. Witney, & T. F. Yaeger (eds.), *Appreciative Inquiry: Rethinking Human Organization Toward a Positive Theory of Change*. Champaign, IL: Stipes Publishing, pp. 28–53.

de Shazer, S. (1985). *Keys to Solution in Brief Therapy*. New York: Norton.

Gordon, S. (2008). Appreciative inquiry coaching. *International Coaching Psychology Review, 3*(1), 17–29.

Jackson, P., & McKergow, M. (2007). *The Solutions Focus: Making Coaching and Change Simple*, 2nd ed. London: Nicholas Brealey.

Kauffmann, C., Boniwell, I., & Silberman, J. (2010). The positive approach to coaching. In E. Cox, T. Bachirova, & D. Clutterbuck (eds.), *The Complete Handbook of Coaching*. London: Sage.

Lavy, S., Littman–Ovadia, H., & Boiman–Meshita, M. (2017). The wind beneath my wings: Effects of social support on daily use of character strengths at work. *Journal of Career Assessment, 25*(4), 703–714.

Lehner, R., & Hight, D. L. (2006). Appreciative inquiry and student affairs: A positive approach to change. *The College Student Affairs Journal, 25*(2), 141–151.

Lipchik, E. (1997). My story about solution–focused brief therapist/client relationship. *Journal of Systemic Therapies, 16*, 88–99.

Locke, E. A., & Latham, G. P. (1990). *A Theory of Goal–Setting and Task Performance*. Englewood Cliffs, NJ: Prentice Hall.

Miller, J. (2017). Solution–focused career counselling. In M. McMahon (ed.), *Career Counselling: Constructivist Approaches*. Abingdon: Routledge, pp. 127–138.

O'Hanlon, B., & Beadle, S. (1996). *A Field Guide to Possibility Land: Possible Therapy Methods*. London: BT Press.

Orem, S. L., Binkert, J., & Clancy, A. L. (2007). *Appreciative Coaching: A Positive Process for Change.* John Wiley & Sons.

Peterson, C., & Seligman, M. E. P. (2004). *Character Strengths and Virtues: A Handbook and Classification.* Oxford: Oxford University Press.

Seligman, M. E. P., & Csikszentmihalyi, M. (2000). Positive psychology: An introduction. *American Psychologist, 55*(1), 5-14.

Seligman, M. E. P., Steen, T. A., Park, N., & Peterson, C. (2005). Positive psychology progress: Empirical validation of interventions. *American Psychologist, 50*(5), 410-421.

van Nieuwerburgh, C., & Biswas-Diener, R. (2020). Positive psychology approaches to coaching. In J. Passmore (ed.), *The Coaches' Handbook.* Abingdon: Routledge, pp. 314-321.

Yates, J. (2011). *Career Coaching: New Direction for the Profession? Constructing the Future, VI.* Stourbridge: Institute of Career Guidance, pp. 147-157.

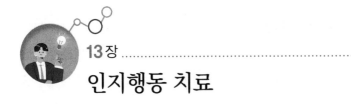

13장

인지행동 치료

행동 접근법은 환경이 사람들의 행동에 미칠 수 있는 영향에 초점을 맞춘다. 사람들은 학습된 행동의 영향력을 인정하고 긍정적인 강화와 습관 개발을 통해 행동에 영향을 미치는 것을 목표로 한다. 인지행동 접근법은 한 단계 더 나아가 감정, 사고(thoughts), 행동 사이의 연관성을 인정한다. 그들은 사고가 행동에 영향을 미친다는 생각으로 긍정적인 영향을 미치는 것을 목표로 한다. 이 장에서 나는 인지행동 코칭(Cognitive Behavioural Coaching: CBC)과 수용전념 치료(Acceptance and Commitment Therapy: ACT)의 두 가지 인지행동 기법을 소개할 것이다. CBC는 생각의 변화를 통해 행동을 변화시키는 것을 목표로 한다. ACT는 생각의 영향을 바꾸는 것에 초점을 맞춘다. 둘 다 건강 관련 맥락 안에서 개발되었지만, 현재 커리어 개발을 포함하여 다양한 분야에서 긍정적인 영향을 준다는 증거가 많이 있다.

🏢 인지행동 코칭

인지행동 코칭(CBC)은 치료 분야에서 온 것으로 역기능적 신념을 다루는 접근법이며 가장 널리 사용되는 코칭 형태 중 하나이다. 클라이언트가 자기제한적 신념(self-limiting beliefs)을 가지면 꿈꾸는 길을 추구하거나 자신에게 주어진 기회를 활용하는 것을 방해하게 된다.

이 개념은 새로운 것이 아니다. 거의 2000년 전에 Epictetus (55~135 AD)는 "사람이 혼란스러운 것은 일어난 일에 의해서가 아니라, 일어난 일에 대한 그들의 의견에 의해서이다."라고 이야기했다. Shakespeare는 『햄릿(Hamlet)』의 대사에서 "좋은 일과 나쁜 일은 없다. 다만 생각이 그렇게 만들 뿐이다."라고 밝혔다(『햄릿』, 2장, 장면 2, 250-1). 조금 더 최근에서 찾아보면 현대 인지행동 치료의 선조격인 2명은 Ellis와 Beck이다. 그들은 서로 다른 이론적 배경(Ellis는 합리정서행동 치료를 강조했고, Beck은 인지 치료를 강조했다)의 아이디어를 결합하여 인지행동 치료를 개발했다.

본질적으로, CBC의 기본 신념은 우리를 힘들게 하는 것은 사건 자체가 아닌 그에 대한 우리의 반응이라는 것이다. 그런데 우리의 대응은 단순하지가 않다. CBC는 우리가 어떤 사건에 대해 우리의 감정, 사고, 행동으로 반응한다고 주장한다. 이들 각각은 나머지 두 가지에 영향을 줄 것이다. 그런데 단독으로 행동이나 감정을 바꾸는 것은 꽤 어려운 일이지만 사고를 변화시키는 것은 때때로 어느 정도 관리가 가능하고, 우리가 이런 관리를 중요하고 지속적인 방법으로 할 수 있다면 우리의 감정과 행동에 부수적인 연쇄효과를 일으킬 것이다.

잘못된 생각이 떠오르면, 우리는 종종 두 가지 실수 중 하나를 범하게 된다. 우리는 어떤 부정적인 결과의 가능성을 과도하게 평가하거나('나는 구두를 닦지 않았다. 면접관이 반드시 알아차릴 것이다.'), 혹은 결과가 얼마나 나쁠 것인지에 대해서 과도하게 평가한다('만약 내가 직업을 갖지 못한다면 내 커리어는 끝이다.'). 어떤 것이 그릇된 생각일 수 있는지 대화를 주의 깊게 듣고, 클라이언트의 시각이 현실적인지 합리적인지를 클라이언트가 인식할 수 있도록 돕는 것이 커리어 코치로서 우리의 일이다.

그러므로 첫 번째 일은 가능한 사고 오류(thinking errors)를 주의 깊게 듣는 것이다. 가장 흔한 유형이 〈표 13-1〉에 제시되어 있다.

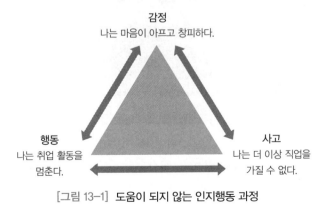

CBC 과정

나는 내가 지원한 직장에 불합격하였다(사건). 나는 마음이 아프고 창피하다(감정). 나는 실패자이고 더 이상 직장을 구할 수 없다(사고). 나는 다음에 또 이런 기회가 온다고 해도 지원하지 않을 것이다(행동).

감정
나는 마음이 아프고 창피하다.

행동
나는 취업 활동을
멈춘다.

사고
나는 더 이상 직업을
가질 수 없다.

[그림 13-1] 도움이 되지 않는 인지행동 과정

그러나 내 자신이 상처받지 않도록 하는 것이 어렵고, 자기 자신과 마음과 영혼을 이런 상태에서 다른 상태로 돌릴 수 없다면, 나는 결코 이렇게 끝나지 않을 것이라는 자신의 생각에 논박할 수도 있을 것이다. 예를 들면, 다음과 같다.

- 나는 정말로 그날 내가 할 수 있는 최선을 다했는지 생각해 볼 수 있다.
- 입사에 성공한 지원자가 면접관 중 한 사람과 미리 알고 있던 관계인지도 궁금해할 수 있다. 아마도 그는 내정자였을 수도 있다.
- 면접은 정확한 과학이 아니고 면접관도 실수할 수 있다는 것을 생각해 볼 수 있다.
- 내가 아슬아슬한 2등이었을 가능성을 생각해 볼 수 있다.
- 내 수행에 어떤 결점이 있었는지 생각해 보고 그것을 해결하는 데 도움이 될 만한 실행 계획을 세워 볼 수 있다.

이러한 생각으로 자신의 경험을 재구성할 수 있다. 즉, 나는 그 직장에는 불합격했지만 그것이 내가 미래에 그것과 같은 일을 할 수 없다는 것을 의미하는 것은 아니다.

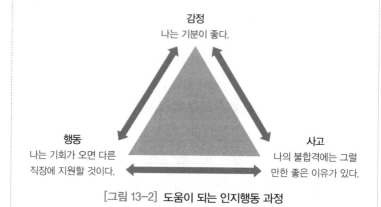

[그림 13-2] 도움이 되는 인지행동 과정

표 13-1 사고 오류

사고 오류	의미	클라이언트의 예상 대화	가능한 결과
이분법적 사고	어떤 것이 할 가치가 있는 것이라면 절대적으로 완벽하게 해내야 한다고 생각하는 완벽주의자에게서 나타난다. 즉, 만약 그것을 잘하는 것이 불가능하다면 시도하는 것도 의미가 없다.	"나는 마감일까지 그 일을 완수할 수 없기 때문에 그 일의 세부 사항들을 전달할 필요조차 없어요."	클라이언트는 자신이 얼마나 잘 수행해야 하는지에 대한 비현실적인 기대를 가지고 있으므로 완벽하게 좋은 기회임에도 이를 거부한다.
극대화	사람들은 책임이 전적으로 자신에게 있다고 느낀다.	"다 내 잘못이에요. 사무실에서 좀 더 시간을 보냈더라면 정리해고를 당하지 않았을 텐데."	클라이언트의 자기효능감이 낮아져서 향후 목표를 더 낮게 설정하게 된다.
축소화	사람들은 자신의 업적에 대한 공로를 인정하지 않는다.	"아무 것도 아니에요. 팀이 대단했던 것이지요."	클라이언트는 목표 설정, 도전, 취업에 유용한 자기효능감을 향상시킬 기회를 낭비하게 된다.
개인화	자신의 행동보다는 개인 자신의 탓으로 돌린다.	"바로 남이다! 나는 그런 것을 잘 못해요."	개인이 자신을 탓한다면, 그 사람은 다음에 성과를 향상시키기 위해 많은 일을 할 수 있는 위치에 있지 못하게 된다.
낙인	고정관념으로 사람들을 분류한다.	"나 같은 사람은 그런 직업을 얻을 수 없어요."	클라이언트는 기회를 놓칠 위험이 있다.
파국화	작은 부정적인 경험에 과도한 비중을 둔다.	"시간을 내주셔서 감사하다고 인사하는 것을 잊어버렸어요. 절대 나를 임명하지 않을 거예요."	결과적으로 자기효능감이 낮아지고 패배주의에 젖게 된다. '좋은 기회는 결코 나에게 오지 않을 것'이기 때문에 그 기회를 잡으려고 하는 것은 의미가 없다.'

CBC에서 이러한 사고 '오류'는 실제로 정확할 수 있다는 것을 기억하는 것이 중요하다. 정말로 전적으로 클라이언트의 실수였거나 혹은 클라이언트가 실제로 원했던 직업을 얻지 못한 경우일 수 있다. 코치의 역할은 이러한 오류를 가리킬 수 있는 말들을 주의 깊게 듣고 클라이언트의 우려에 대해 현실적이고 합리적인 근거가 있는지를 함께 검토하는 것이다.

코칭, 치료, 한계

나는 이 장에서 지금까지 CBC에 관해서 이야기했지만, 이에 대한 접근법과 대부분의 연구는 치료적 맥락에 뿌리를 두고 있다. 인지행동 치료(Cognitive Behavioural Therapy: CBT)와 CBC 간의 차이는 문헌에 잘 드러나 있지 않다. CBC 문헌을 읽어 보면, 당신은 CBC과 CBT 간의 이론적 차이를 발견하기 어렵지만, 예제와 사례 연구는 그 맥락을 설명한다. 실제적인 적용의 관점에서, 그 차이는 기법들이 어떻게 적용되는가보다는 클라이언트의 특성과 그들이 처한 상황에 있는 것으로 보인다. 전문적이고 도덕적인 코치로서, 당신은 코치의 한계에 관해 유의해야 한다. 코치는 치료자가 아니다. 그리고 우리는 열정만 가지고서 새로운 기법을 사용하여 코칭을 수행하고 자신을 과도하게 맹신하지 않는 것이 중요하다. 만약 당신이 클라이언트와 일을 하고 있을 때, 클라이언트의 사고 오류가 그들의 삶에 중요한 영향을 미치는 것을 알았다면, 당신은 클라이언트와 협의해서 그들이 필요로 하는 지원을 가장 전문적으로 해 줄 수 있는 상담가나 치료자를 찾아가도록 하는 것이 적절할 것이다.

⬛ 인지행동 코칭을 위한 도구

PIT와 PET

그릇된 생각이 떠오를 때 인지행동 코치가 사용할 수 있는 한 가지 기법은 클라이언트가 자신의 성과 방해 사고(Performance Inhibiting Thoughts: PIT)를 성과 향상 사고(Performance Enhancing Thoughts: PET)로 대체하도록 격려하는 것이다. PIT는 우리가 스스로에게 되풀이하는 사고 오류의 예이며 실제보다 자신감과 능력이 떨어지는 느낌을 준다. 이 기법은 클라이언트가 자신의 PIT가 무엇인지 구체적으로 파악하도록 격려한 다음, 어떤 생각을 하고 싶은지 물어봄으로써 어떤 생각이 긍정적으로 느껴지고 자기효능감을 높일 수 있는지 파악하는 것이다. 그런 다음 그들의 임무는 PIT가 마음에 떠오를 때마다 알아차리고 나서 의식적이고 의도적으로 새로운 PET로 대체하는 것이다. 이 기법은 약간의 실습이 필요하지만 만약 해낼 수 있다면 탁월한 효과를 거둘 것이다. 예를 들면, 클라이언트는 '나는 결코 그 직업을 갖지 못할 거야.'라고 계속 생각한다는 것을 깨달을 수 있고, 이 생각이 무능하다는 느낌 및 행동(면접을 철저하게 준비하지 않는)과 연결되어 있다는 것을 알 수 있을 것이다. 당신은 클라이언트에게 어떤 긍정적인 생각을 하고 싶은지 질문할 수 있고, 클라이언트는 '나는 이 직업을 갖기에 충분해.'라고 말을 꺼낼 수 있다. PET와 관련된 감정은 자신감과 결단력이고, 그 결과적 행동은 적극적인 면접 준비가 될 것이다.

인지행동적 질문

다음은 클라이언트가 사고 오류를 나타낼 때 당신이 질문할 수 있는 예이다.

- "당신의 입장에 있던 다른 사람에 대해 어떻게 느끼나요? 자신을 판단하는 것처럼 그 사람을 가혹하게 판단하시겠습니까?"
- "당신은 자신이 최악이라고 말했어요. 탁월한 것은 10점이고 최악은 1점이라고 할 때 스스로에게 몇 점을 줄까요?"
- "그렇게 생각하는 증거는 무엇인가요?"
- "동료들이 당신에 관해 무엇이라고 말할까요? 당신 자신이 스스로에 대해 내린 평가나 설명에 대해서 동료들도 동의하나요?"
- "다른 가능한 설명의 목록을 만들어 보세요."
- "그런 일이 일어날 가능성은 얼마나 될까요?"
- "당신이 '반드시' 해야만 한다고 말한다면, '반드시'는 무엇을 의미할까요? 당신이 그렇게 하지 않는다면 어떤 일이 일어날까요?"

ABCDEF 모델

CBC에서 고전적인 코칭의 틀은 ABCDEF 모델이다. Ellis(1962)는 ABC 모델을 제안했는데, 여기서 A는 선행사건(activating event), B는 신념 혹은 생각(beliefs or thoughts) 그리고 C는 감정, 행동, 생리학 측면의 결과(consequences)이다. Ellis는 몇 년 후에 D와 E 단계를 추가하여 자신의 이론적 모델을 실제적인 도구로 전환하고, 개인이 사건에 대응하는 데 더 도움을 주는 두 가지 과정을 통합했다. D는 모든 잘못된 생각을 식별하고 도전하는 논박(disputing) 과정이며, E는 효과적인 새로운 접근(effective new approach)으로 개인이 더 긍정적인 결과를 이끌어 낼 수 있는 새로운 사고방식을 구체적으로 밝혀내는 과정이다. 마지막으로, Palmer(2002)는 여기에 F 단계를 덧붙였는 데, 미래 집중(future focus)을 나타낸다. 사람들은 기대를 한다. 즉, 그들은 보다 넓은 범위의 목표를 생각하고, 장기적인 관점에서 새로 운 효과적인 행동을 유지하는 방법을 밝혀내야 한다.

ABCDEF 모델

- **선행사건**

나는 원했던 승진에 실패했다.

- **신념**

나는 이 업계에서만 배제된 것이 아니다. 나는 결코 커리어 사다리에서 더 높 이 올라갈 수 없다.

- **결과**

  - 정서적: 나는 실패자처럼 느낀다. 나는 창피하다.
  - 행동적: 나는 커리어에서 완전히 새로운 방향으로 변화를 찾고 있다.

- **논박**

실제로 많은 사람이 승진을 하기 전에 여러 차례의 면접을 경험한다. 아마도 나는 실패한 것이 아니다. 즉, 나는 그때 그 역할에 정확하게 맞지 않았던 것이 다. 나는 아주 오랫동안 이런 지위에서 일해 왔던 것은 아니다. 그리고 실제로 그 일을 하고 있는 사람들은 나보다 의미 있는 경험을 더 많이 가지고 있다.

- **효과적인 새로운 접근**

다시 시도해 보기 전에, 얻을 수 있는 유용한 경험에 관해서 생각해 볼 필요가 있다. 폭넓은 관점을 얻기 위해 잠시 다른 종류의 현장에서 일해 보는 것도 도 움이 될 수 있다.

> • 미래 집중
>
> 나는 현재는 같은 수준에 있지만 다른 조직에서 일자리를 찾을 것이다. 그렇게
> 하면 경험을 넓힐 수 있고, 새로운 기술을 얻을 수 있고, 1년쯤 지났을 때 보다
> 나은 위치에서 더 높은 지위에 지원할 수 있을 것이다.

심상 숙달하기

심상(imagery)과 시각화(visualization)의 사용은 CBC에서 광범위하게 적용되고 있다. 커리어 맥락에 특별하게 도움이 되는 구체적인 기법 중 하나는 심상을 숙달하는 것이다. 이 기법은 성과 불안증이 있거나 신경이 쓰이는 사건을 앞두고 있는 클라이언트에게 적합하다. 이를 위해서는 그들이 원하는 것을 탁월하게 성공한 것으로 상상하게 하고, 아주 세밀하게 상상하는 데 집중하게 하는 요구를 해야 한다. 이 기법을 지지하는 이론적 개념은 만약 당신이 어떤 것을 아주 생생하게 상상할 수 있다면, 당신의 두뇌가 그것이 실제로 일어났다고 생각하도록 조작할 수 있다는 것이다. 만약 그 이미지가 긍정적인 것이면, 당신은 그것이 진실인 것처럼 충분한 자신감을 갖게 될 것이다.

이 도구는 특별히 직업을 선택하는 데 잘 활용되고, 특히 발표, 심리 측정 검사와 면접에도 잘 활용된다.

시각화 숙달하기

만약 클라이언트가 앞으로 취업 면접에 임해야 한다면, 당신은 그에게 시각화를 시도해야 한다고 제안할 수 있다. 클라이언트에게 눈을 감으라고 요구한 후 면접에 관해서 생각하라고 말한다. 그리고 처음부터 끝까지 면접이 훌륭하게 진행될 것이라고 상상하라고 말한다. 당신은 다음과 같이 말할 수 있다.

당신이 빌딩에 도착했다고 상상하라. 당신이 입고 있는 의상에 관해서 생각하라. 머리부터 발끝까지, 그리고 당신이 어떻게 느끼고 있는지에 대해서도 생각하라. 아마도 당신은 어느 정도 신경이 쓰일 것이다. 그러나 당신은 당신의 경험에 관해서 이야기할 때는 열정적이고 흥분이 될 것이다. 당신은 자신감을 느낄 수 있고 자신에 대해서 확신을 가질 것이다. 원기가 충전됨을 느낄 것이고 그러면서도 어느 정도 긴장되는 것을 느낄 것이다. 접수대에서 자신을 소개하고 면접장 밖에서 기다리는 것을 상상하라. 당신은 면접관들의 소리를 듣는다. 그 방, 그곳의 가구와 면접관들을 상상하라. 이 장면에서 면접관들은 무슨 생각을 할까? 그들은 아마 당신의 이력서를 읽고 이미 감동을 받았을 것이다. 그들은 당신에 대해 더 알아내려 노력할 것이다. 그들은 당신이 문을 통해서 들어오고, 모든 사람과 악수를 하고, 그들 모두에게 인사를 하는 것을 살펴보고 있다. 그들은 당신의 자신감과 존재감을 알아차리고 있다.

면접은 잘 진행되고 있다. 당신은 각각의 질문에 대답하기 위해 많은 것을 생각할 수 있다. 그 질문의 모범답안은 이미 당신의 마음속에 있다. 당신은 유창하게 말하고 있다. 친밀감이 탁월하게 형성되었고, 면접관들은 주의 깊게 듣고 있다. 많은 끄덕임, 많은 메모가 보인다. 어느새 면접은 끝난다. 당신은 악수를 하고, 자신 있게 웃으며 그 방을 떠난다. 당신은 어떻게 느끼는가? 자신감이 있는가? 자신에게 만족하는가? 거기서 일한다는 생각에 흥분되는가? 면접관들은 그 닫힌 문 뒤에서 무엇을 하고 있는가? 그들은 무엇을 생각하고 있을까?

이제 이 장면과 관련된 한 단어를 생각하라. 당신이 그것을 말할 때마다 이 이미지와 이러한 감정을 불러일으키는 단어 말이다.

클라이언트는 면접하는 그날까지 마음속에서 이 장면을 재현하고, 매 시간 마음속에서 그 이미지를 떠올리도록 돕는 트리거 워드(trigger word)를 사용하라고 제안해야 한다. 면접 당일에는 면접장에 도착해서 스스로에게 그 트리거 워드를 말하도록 제안하라.

 사례 연구

존은 그의 15년 근무 기간 동안 몇 번의 커리어 변화가 있었다. 그는 레저관광 분야에서 일을 시작했고, 이벤트 회사에서 일했고, 웹디자인도 좀 했고, 프리랜서 카피라이터도 해 봤고, 소설을 출간하기 위해 노력도 했다(큰 성공은 없었다). 사무실에서 아주 힘든 날을 보내고 자극받은 존은 다음에는 무엇을 할 수 있는지에 관해서 이야기하기 위해 커리어 코치를 찾아왔다. 그는 진정으로 자신이 현재 있는 분야에서 벗어나기를 원했다. 그러나 그에게 어떤 일이 어울릴지는 확실하지 않았다. 커리어 코치와의 첫 번째 세션에서 존은 10년 이상 종종 생각해 왔던 것이 있었다는 것을 알게 되었다. 그것은 응급의료원으로서 훈련받는 것이었다. 존은 많은 생각을 했고, 그 역할에 관해서 이야기할 때 얼굴이 밝아졌다. 완벽해 보였다. 그는 의미 있는 일을 하게 될 것이다. 실제적인 기술을 가지고 있고, 미래를 알 수 없고 예측할 수 없었지만, 팀을 이루어 일하고 더 나은 세상을 만들 수 있을 것이다. 존은 훈련을 받을 여력이 있었고 현재의 직업을 떠나고 싶어서 견딜 수가 없었다. 그는 더 많은 것을 발견하기 위해 열정적이었던 코칭 과정을 마쳤다. 그러나 몇 주가 지나자 존은 그것에 관해서 그 어떤 것도 하지 않았다. 그에게는 의사결정에 자신감이 없다는 것이 커리어 코치와 함께하는 세션을 통해서 드러났다. 비록 그는 응급의료원이 되고자 하는 생각에 꽤 흥분하게 되었지만, 자신이 취해야 할 필요가 있는 단계들, 즉 자신의 직업을 그만두고 새로운 훈련 과정을 시작하는 것에 관해서 생각하기 시작하자마자 공황 상태가 시작되었다. 그는 두려워졌고 응급의료원 훈련 과정을 즐기지 못하거나 혹은 잘 해내지 못해 무언가 잘못될 수 있다고 확신하게 되었다. 그는 자신의 생각을 명확히 했고 마지 자신이 내린 결정이 잘되지 않아 잘못된 결단을 하는 사람이라고 믿게 되었다는 것을 깨달았다. 커리어 코치는 존의 직업과 개인적인 삶에서 그가 했던 많은 좋은 결정에 관해서 생각해 내도록 도왔다. 그러자 존은 의사결정에 있어 어느 정도의 자신감을 회복하기 시작했다. 그런 다음 코치는 존이 현실적이고 합리적이 되도록 돕기 위해, 만약 그가 실수를 한다면 얼마나 나쁜 일이 일어날 수 있을지에 대해서 약간의 추론 연결을 사용했다. 이 과정을 통해 존은 최악의 일이 일어난다 할지라도, 모든 일이 그렇게 다 나쁜 것은 아니라는 것을 확인했다.

커리어 결정 자기효능감이 증가하고 결과에 대한 두려움이 감소하면서, 존은 응급의료원으로서 훈련을 받기 위해 지원했다.

CBC는 모든 코칭 세션의 기초로 사용할 수도 있고 일반적인 GROW 세션에 통합할 수 있다. 만약 당신이 클라이언트가 그릇된 생각 때문에 앞으로 나아가는 것을 방해받는다는 것을 알게 된다면, 문제를 해결하는 데 하나 혹은 그 이상의 세션에 참가해야 한다고 제안할 수 있다. 만약 그릇된 생각이 진행을 방해하는 것이 아니라 성과를 제한하고 있다면, 당신과 클라이언트는 GROW 모델에서 짧은 세션을 적용하는 것이 적절할 수 있다.

사고 오류는 커리어 코칭 과정에서 다양한 모습으로 드러날 수 있다. 대부분의 경우 구직활동, 특히 면접 기술 중 자신감 향상을 위해 CBC 기법을 사용하는데, 포부를 세우고 목표를 설정하기 위해서도 매우 가치 있는 작업일 수 있다.

이 책의 대부분의 기법과 마찬가지로 CBC는 빠른 해결책이 아니다. 가장 효과적이 되기 위해서는 습관이 될 때까지 반복해서 연습해야 하지만, 효과가 있다는 증거는 충분하기 때문에(Beck & Haigh, 2014) 클라이언트의 노력이 보상받을 것이라고 확신할 수 있다. 클라이언트가 사고의 오류를 나타내는 언어를 사용할 때마다 당신의 마음속에서 경고벨이 울려 CBC에서 혜택을 받을 수 있는 클라이언트를 파악하는 제2의 본성(second nature)이 될 것이다. 실제로 코치와 클라이언트 모두 연습을 통해 가치 있는 코칭 도구가 될 수 있다.

🏢 수용전념 치료

수용전념 치료(ACT-한 단어로 발음)는 사고, 감정, 행동 사이의 연결을 인정하는 두 번째 인지행동 접근법이다(Hayes et al., 2009). 1980년대로 거슬러 올라가 정신 건강 상태로 인해 고통 받는 환자들에게 상당히 효과가 있음을 보여 주는 꽤 잘 확립된 치료법이지만, 최근에는 직장에서의 정신 건강과 직무 만족에 도움이 되는 것으로 나타났고, 현재는 종종 AC 코칭으로 묘사되며 코칭에 더 널리 사용되기 시작했다(Hill & Oliver, 2018).

ACT와 CBC의 핵심적인 차이점은 CBC가 사람들의 한계를 두는 생각을 바꾸려고 하는 반면, ACT는 생각이 미치는 영향을 바꾸려고 한다는 것이다. 두 접근법 모두 궁극적으로 개인이 도움이 되지 않는 생각과 감정에 의해 방해받지 않고 그들이 살고 싶은 삶을 살 수 있도록 하는 것을 목표로 하지만, ACT에서는 때때로 생각을 바꾸는 것이 너무 어렵다는 것을 이해한다. ACT에서 사람들은 자신의 생각과 감정을 있는 그대로 받아들이고, 그것들을 바꾸려고 노력하지 않고, 꿈을 추구하기로 결정하고, 자신이 원하는 가치 중심의 삶을 살기로 약속한다. Susan Jeffers의 책 제목에서 알 수 있듯이 ACT는 우리 모두에게 '두려움을 느끼고 어쨌든 그것을 하라(feel the fear and do it anyway)'고 격려한다(Jeffers, 2012).

ACT는 사람들이 당신을 통제하게 하는 것이 아니라 당신의 생각을 통제하게 허용하는 것, 즉 연구자들이 심리적 유연성(psychological flexibility)이라고 부르는 것을 개발하도록 가르친다. 그것이 어떻게 작동하는지에 대해 말하기 전에, 설명하는 데 유용한 두 가지 핵심 개념인 경험적 회피(experiential avoidance)와 인지적 융합(cognitive fusion)이 있다. ACT에 따르면, 이 두 개념은 우리의 부정적이고 도움이 되지 않는 생각과 감정이 우리를 통제하고 우리가 원하는 가치 중심적인 삶을 살지 못하게 하는 상황을 만든다.

경험적 회피는 아마도 불쾌한 경험을 피하고 싶은 욕구에 대한 다소 자기 설명적인 꼬리표일 것이다. 우리 모두는 만약 어떤 것이 우리를 기분 나쁘게 한다면, 그것을 하지 않으려고 노력한다는 것을 알고 있다. 이것은 종종 매우 합리적인 자세이며, 신체적 또는 감정적 고통을 피하려는 자연스러운 본능이다. 하지만 우리가 피하고 있는 것이 우리를 더 만족스러운 삶으로 확실하게 이끄는 것일 때 문제가 발생한다. 거절당할 것을 두려워하여 일자리에 지원하는 것을 피하거나 바보 같은 느낌이 들어 조언을 구하지 않기로 선택한다면, 우리의 부정적인 감정이나 도움이 되지 않는 생각이 우리가 살고 싶은 삶을 영위하는 것을 방해하고 있는 것이다.

　두 번째 개념은 인지적 융합이다. 문헌에서는 종종 이것을 그 사람과 그 사람의 생각을 '함께 쏟아붓는(pouring together)' 것으로 묘사하며, 생각이 현실이 되고, 행동이 정체성이 되는 사고방식을 말한다. 인지적 융합을 경험할 때 우리는 우리가 가진 생각이 진실이라고 가정한다. 즉, '나는 실패자이다.'와 같은 생각이 들 때, 우리는 우리가 실패자라고 가정한 것이다. '그 사람은 나를 바보라고 생각한다.'는 생각이 우리에게 현실이 되어 버리는 것이다. 행동과 정체성의 융합은 우리가 한 사건을 지나치게 일반화할 때 발생한다. '나는 그 직업을 구하지 못했다.'는 '나는 직업을 구하지 못하는 사람이다.'가 되고, '내가 멍청한 댓글을 달았어.'가 '나는 항상 멍청한 댓글을 단다.'가 된다.

　심리적 유연성은 사람들이 그들의 행동을 자신의 정체성과 분리하거나 현실과 분리할 수 있게 하며, 고통스러운 경험일지라도 그 경험들이 더 만족스러운 삶으로 이어진다면 그런 고통스러운 경험들을 피해 버리는 것을 멈추도록 도와준다.

　ACT 친화적인 도구들과 기법들이 다양하게 개발되었지만, 여기에서는 커리어 코칭에 특히 유용한 세 가지 ACT 기법을 소개하고자 한다.

자신의 가치 명료화: 은퇴 파티

　ACT의 중심에는 가치 중심적인 삶에 대한 생각이 있지만, 때때로 클라이언트가 자신의 가치가 무엇인지 알아내는 데 어려움을 겪을 수 있다는 것을 알고 있다. 클라이언트가 자신의 커리어에서 자신에게 중요한 것을 식별하도록 돕기 위해 제안된 기법 중 하나는 은퇴 파티(retirement party)이다. 이것은 코칭 세션 중에 클라이언트가 수행하게 할 수 있지만, 클라이언트가 능숙하게 하기 위해 세션과 세션 사이에 연습을 하고서 수행하는 것이 더 나을 수 있다. 이 연습에서는 클라이언트에게 자신의 경력을 빠르게 훑어보게 하고, 자신의 은퇴 파티에서 벽에 앉아 있는 한 마리의 새가 되었다고 상상해 보도록 요청한다. 이 상상의 파티는 좋은 파티가 되어야 하므로, 그들이 이상적인 시나리오를 생각하고 있는지 확인해야 한다. 일단 마음속으로 이 사건을 상상해 보게 한다. 상상의 방을 둘러보고 거기에 누가 있는지 확인하고 대화를 듣게 한다. 즉, 누가 나타났고 사람들이 클라이언트에 대해 무어라고 말하는지 말이다. 사람들은 유리잔에 나이프가 부딪히는 소리를 듣고 그들의 상사가 연설을 하기 위해 일어서자 그 상상의 방은 점차 조용해진다. 이 연설은 클라이언트의 커리어 중 몇 가지의 하이라이트를 다루고, 몇 가지 주요 주제에 초점을 맞추고, 직장 생활 전반에 걸쳐 기여한 바를 요약한다. 클라이언트에게 이 연설문을 적어 달라고 요청한다. 클라이언트가 성취하고 싶어 하는 것과 다른 사람들이 가장 주목하고 감사해 주었으면 하는 자질들에 대해서도 솔직하게 적어 달라고 요청한다. 이 작업을 마치고 클라이언트가 원하면 소리 내어 읽어 보라고 요청할 수 있다. 그리고 클라이언트와 같이 그 연설문에 포함되었던 내용과 커리어 가치 및 커리어 목표에 대해 이야기할 수 있다.

수용: 버스에 탄 승객들의 은유

ACT는 언어가 미칠 수 있는 영향에 관심이 많기 때문에 요점을 설명하기 위해 은유를 잘 사용한다. 이 특별한 은유는 부정적이거나 도움이 되지 않는 생각과 감정을 받아들일 수 있게 하고 방해가 되지 않도록 할 아이디어를 설명하기에 유용한 방법이다. 은유는 다음과 같다.

> 당신이 버스 운전사라고 상상해 보라. 그 버스는 당신 것인데, 버스가 달리는 경로와 속도를 결정하는 것은 당신에게 달려 있다. 이 버스에는 제멋대로인 승객들이 있다. 이 승객들은 당신의 도움이 되지 않는 생각과 감정을 나타내며, 당신이 운전할 때 여러분에게 소리를 지르고 있다. "너는 절대 저 언덕 위로 올라가지 못할 거야!" "여기서 멈추는 게 좋을 거야." "왼쪽에서 그 길을 따라 내려가는 게 어때?" "이 여정은 정말 엉망이야." "너는 형편없는 운전자야. 지금 이 버스에서 내려야 해." 하지만 그것은 당신의 버스이고 운전대를 잡고 있는 사람은 당신이다. 그래서 당신은 선택권이 있다. 승객의 말을 들을 수 있고, 경청하고, 믿을 수 있고, 지금 당장 운전을 멈출 수 있다. 아니면 계속할 수도 있다. 승객들이 소리치는 것을 막을 수는 없지만, 그들이 시키는 대로 할 것인지 아니면 계속해서 계획한 경로를 따라 원하는 목적지에 도달할 것인지를 결정해야 한다.

이 은유에서 운전자는 당신의 클라이언트이고 버스는 그들의 삶이다. 승객들은 그들의 부정적이고 도움이 되지 않는 생각과 감정이며, 이 이야기는 부정적인 메시지를 잠재울 수는 없지만 자신이 할 일에 대해 선택을 할 수 있다는 ACT의 핵심 메시지를 보여 준다.

전념 행동: ACT 매트릭스

ACT의 가장 유용한 커리어 코칭 아이디어 중 하나는 매트릭스 (Polk et al., 2016)이다. 이는 세션 사이에 클라이언트에게 직접 수행하도록 요청하거나 코칭 대화를 구성하는 데 도움이 되는 과정 모델로 사용할 수 있는 연습이다. 클라이언트가 가치 중심적인 삶이 어떤 것인지, 부정적이거나 도움이 되지 않는 생각과 감정이 무엇인지, 꿈을 추구하기 위해 무엇을 해야 하는지에 대해 생각하도록 돕는 유용한 방법이다.

ACT 매트릭스([그림 13–3] 참조)는 4개의 사분면으로 구성되어 있으며, 중앙에는 고객이 '친절과 연민(kindness and compassion)'으로 자신을 성찰해야 한다는 것을 상기시켜 준다. ACT는 알아차림 (noticing)에 관한 것이다. 즉, 판단하거나 비판하기보다는 상황을 인지하는 것이 중요하며, 진행해 나가면서 클라이언트에게 자기연민을 충분히 유도하는 것이 중요하다. 상위 두 사분면은, 클라이언트가 자신의 목표를 향해 나아가도록 추진할 수 있는 것들에 대해 생각하게 하고, 하위 2개의 영역에서는 클라이언트를 목표에서 멀어지게 만든 것이 무엇인지 또는 무엇이 그럴 수 있는지에 초점을 맞춘다. 2개의 왼쪽 영역에서는 그들은 생각과 감정의 내면 세계를 보고 있고, 오른쪽에서는 행동과 행동의 외부 세계를 보고 있다. 코칭 대화는 4개의 사분면 중 어느 곳에서나 시작할 수 있고, 순서에 관계 없이 따를 수 있지만, 나는 왼쪽 상단 영역에서 시작해서 시계 반대 방향으로 진행하는 경향이 있다.

• 1단계: 왼쪽 상단 사분면에서 클라이언트에게 가치 중심 목표에

대해 생각해 보라고 한다. 그들이 성취하고자 하는 것은 무엇인가? 그들은 무엇을 위해 노력하고 있는가? 두 가지 유용한 질문은 "누가 그리고 무엇이 당신에게 중요한가요?" "당신이 가장 표현하고 싶은 자질은 무엇인가요?"이다.

- 2단계: 두 번째 영역에서 클라이언트는 자신을 방해할 수 있는 부정적인 생각이나 감정을 성찰해야 한다. 당신이 할 수 있는 질문은 "무엇이 내면에 나타나서 중요한 사람과 대상을 향해 나아가는 데 방해를 하나요?"이다.

- 3단계: 매트릭스의 오른쪽으로 이동하여 행동에 초점을 맞추고, 먼저 클라이언트에게 이전 단계에서 살펴본 부정적인 생각이 행동에 어떤 영향을 미치는지 설명하도록 한다. "어렵거나 도움이 되지 않는 생각과 감정의 영향을 받았을 때 어떻게 하나요?"라는 질문을 던진다.

- 4단계: 매트릭스의 오른쪽 상단에 있는 마지막 영역에서 클라이언트는 자신의 목표를 달성하는 과정에서 도움이 될 수 있는 행동을 식별하고, '중요한 사람과 대상을 향해 나아가기 위해 무엇을 하는가?'라고 자문한다.

네 단계를 모두 논의한 후에 마지막 영역에서 확인한 조치를 고려하여 부정적인 생각과 감정에도 불구하고 클라이언트가 자신의 생각에 따라 행동할 수 있는지 확인할 수 있다.

10장에서 논의한 ACT 매트릭스와 GROW 모델 사이에 유사점이 몇 가지 있을 수 있다. 매트릭스의 첫 번째 단계는 목표를 설정하는 것이고, 두 번째와 세 번째 단계는 모두 현실을 검토하는 것이고, 네 번째 단계에서는 행동을 위한 생각을 확인한다. 구조는 대체로 비슷

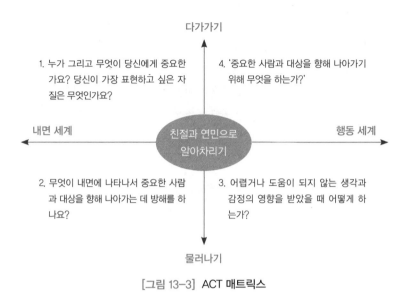

다가가기

1. 누가 그리고 무엇이 당신에게 중요한가요? 당신이 가장 표현하고 싶은 자질은 무엇인가요?

4. '중요한 사람과 대상을 향해 나아가기 위해 무엇을 하는가?'

내면 세계   행동 세계

친절과 연민으로 알아차리기

2. 무엇이 내면에 나타나서 중요한 사람과 대상을 향해 나아가는 데 방해를 하나요?

3. 어렵거나 도움이 되지 않는 생각과 감정의 영향을 받았을 때 어떻게 하는가?

물러나기

[그림 13-3] ACT 매트릭스

하지만, ACT 매트릭스와 코칭 대화는 적절한 행동을 식별하는 것뿐만 아니라, 더 구체적으로 무엇이 누군가를 방해하고 있는지를 확인하고, 그 사람이 그들의 목표를 추구하기 위한 선택을 할 수 있도록하며, 부정적인 생각이 잦아들지는 않겠지만 무시는 할 수 있다는것을 받아들인다.

 사례 연구

루시는 커리어 코치를 만나러 왔고, 다음에 무엇을 해야 할지 결정하기 위해 고군분투했다. 그녀는 아이들이 어렸을 때 남편의 직장 퇴근이 늦고 예측도 할 수 없어서 휴직을 했고, 루시 부부는 처음 몇 년 동안 아이들이 직접 부모가 곁에 있으면 도움이 될 것이라는 데 동의했다. 하지만 해가 갈수록 아이들은 손이 덜 갔고, 루시는 특히 딸이 루시가 요리를 하러 돌아다니고, 물건을 나르고 청소를 하는 것을 보게 된

다는 것을 알게 되었고, 루시의 역할이 주로 가족을 위해 봉사하는 것이라고 생각하면서 성장할 것을 두려워했다. 이것은 루시를 괴롭혔는데, 왜냐하면 그녀는 딸이 남자들이 하는 것처럼 여성들도 성취감 있고 의미 있는 직업을 가질 수 있다는 것을 보고 자라야 한다고 정말 간절히 바랐기 때문이다. 루시의 남편은 그녀의 생애에 더 만족스러운 것을 찾으려는 루시의 소망을 응원했지만, 루시가 자신이 끌리는 역할은 재교육을 받는 것이고 재정적인 투자가 수반될 것이고, 확실히 처음 몇 년 동안은 꽤 힘들 것이라는 것을 알았다. 루시는 가족 모두가 집안일을 더 많이 맡고 아이들이 스스로 할 수 있는 것이 많아지게 되면서 온 가족이 변화를 해야 한다고 느꼈고, 아이들이 이해할 것인지 확신하지 못했고, 결과적으로 자신이 엄마가 아닌 것처럼 보일 수도 있다는 것을 두려워했다. 루시와 그녀의 코치는 함께 ACT 매트릭스를 활용해 작업하고 사분면을 채웠다.

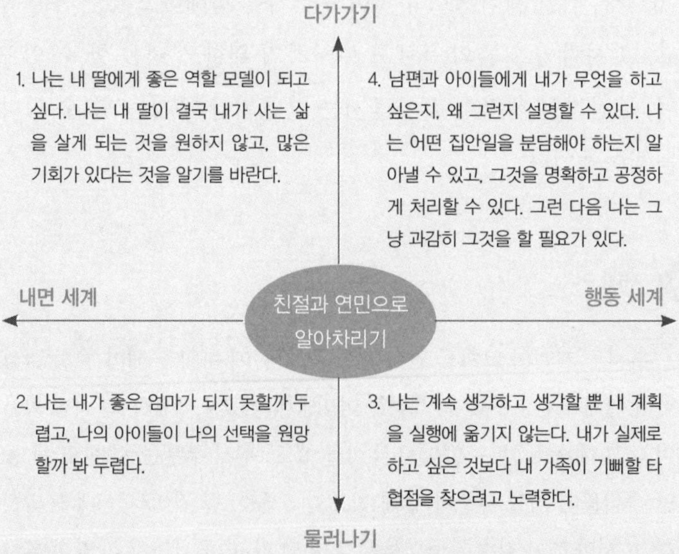

다가가기

1. 나는 내 딸에게 좋은 역할 모델이 되고 싶다. 나는 내 딸이 결국 내가 사는 삶을 살게 되는 것을 원하지 않고, 많은 기회가 있다는 것을 알기를 바란다.

4. 남편과 아이들에게 내가 무엇을 하고 싶은지, 왜 그런지 설명할 수 있다. 나는 어떤 집안일을 분담해야 하는지 알아낼 수 있고, 그것을 명확하고 공정하게 처리할 수 있다. 그런 다음 나는 그냥 과감히 그것을 할 필요가 있다.

내면 세계   친절과 연민으로   행동 세계
                            알아차리기

2. 나는 내가 좋은 엄마가 되지 못할까 두렵고, 나의 아이들이 나의 선택을 원망할까 봐 두렵다.

3. 나는 계속 생각하고 생각할 뿐 내 계획을 실행에 옮기지 않는다. 내가 실제로 하고 싶은 것보다 내 가족이 기뻐할 타협점을 찾으려고 노력한다.

물러나기

[그림 13-4] 루시의 ACT 매트릭스

루시는 코치에게 훈련 과정과 정규직이 그녀를 나쁜 엄마로 만들 수밖에 없다는 두려움에 대해 이야기했지만, ACT 매트릭스를 사용한 후, 그녀의 진짜 두려움은 그녀의 가족 그리고 아마도 다른 사람들이 그녀를 나쁜 엄마라고 생각하게 만드는 것이라고 결론지었다. 그녀의 관점에서, 중년에 재교육을 받고 성취감을 주는 직업을 추구하는 것은 그녀를 그녀의 아이들에게 긍정적인 역할 모델로 만들 것이고, 그것이 그녀에게 정말 중요한 것이었다. 이 실습은 그녀가 엄마로서 자신에게 중요한 것이 무엇인지 깨닫는 데 도움이 되었고 두려움에도 불구하고 자신의 포부를 추구할 힘을 갖는 데 도움을 주었다.

행동 요법은 수십 년 동안 존재해 왔으며, CBC는 잘 입증되고 확립된 코칭의 기둥이다. 이에 비해 ACT는 코칭 커뮤니티(Anstiss, 2020) 내에서 최근에야 입지를 굳혔고 커리어 코칭 내에서는 여전히 새로운 기법이다. 그러나 그것이 효과가 있는 강력한 증거 기반이라는 것과 사람들이 가치 중심 목표를 확인해서 추구하도록 돕는다는 점이 커리어 코치와 참 잘 어울리는, 그래서 커리어 코치가 탐색하기에 좋은 접근법이라고 생각한다.

참고문헌

Anstiss, T. (2020). Acceptance and commitment coaching. In J. Passmore (ed.), *The Coaches' Handbook*. Abingdon: Routledge.

Beck, A. T., & Haigh, E. A. (2014). Advances in cognitive theory and therapy: The generic cognitive model. *Annual Review of Clinical Psychology, 10*, 1–24.

Ellis, A. (1962). *Reason and Emotion in Psychotherapy*. New York: Lyle Stuart.

Hayes, S. C., Strosahl, K. D., & Wilson, K. G. (2009). *Acceptance and Commitment Therapy*. Washington, DC: American Psychological Association.

Hill, J., & Oliver, J. (2018). *Acceptance and Commitment Coaching: Distinctive Features*. Abingdon: Routledge.

Jeffers, S. (2012). *Feel the Fear and do it Anyway*. New York: Random House.

Palmer, S. (2002). Cognitive and organizational models of stress that are suitable for use within workplace stress management/prevention coaching, training and counselling settings. *Rational Emotive Behaviour Therapist, 10*(1), 15–21.

Polk, K. L., Schoendorff, B., Webster, M., & Olaz, F. (2016). *The Essential Guide to the ACT Matrix–A Step-by-Step Approach to Using the ACT Matrix Model in Clinical Practice*. Reno: Context Press.

14장

교류분석

1960년대 초 Eric Berne이 개발한 교류분석(Transactional Analysis: TA)은 인간의 의사소통을 이해하는 데 도움을 주는 이론이다. Berne은 관계에 대한 정신역동이론에서 훈련을 받았지만 보다 쉽게 이해되고 설명될 수 있는 모델을 찾는 데 주력하였다. 그의 위대한 업적인 교류분석이론은 매우 피상적이라는 비판을 받기도 하지만, 확장된 수준에서는 복합적이고 포괄적인 모델이다.

교류분석은 두 가지 방법으로 커리어 코칭에서 활용될 수 있다. 코치는 이 모델을 통해 코치와 클라이언트와의 관계를 분석 및 이해하고 결과적으로는 상호작용을 향상시킬 수 있다. 또한 코치는 코칭 이후 어려운 상황에서 코치와 클라이언트를 도울 수 있도록, 이를 클라이언트와 공유할 도구로서 이용할 수 있다.

3장에서 보았듯이 우리와 가장 가깝고 사랑하는 사람이 우리의 커리어 관련 의사결정에 큰 영향을 미치는 것을 알 수 있다. 물론 이

의사결정이 상황을 항상 호전시키고 과정을 수월하게 만들지는 않지만, 그것은 대부분 긍정적이다. 커리어 코칭 중 가장 흔한 문제 중의 하나는 '외적 갈등'(Gati, Krausz, & Osipow, 1996)이다. 클라이언트가 자신의 미래에 대해 부정적인 결정을 내릴까 봐 두려워하는 사람들 중에는 클라이언트와 아주 가까운 사람도 포함될 것이다. 이는 커리어 코칭에서 자주 발생하는 상황이다. "저는 예술을 공부하고 싶지만 부모님이 못하게 해요." 클라이언트의 결정이 자신들에게 미칠 수 있는 영향을 두려워하는 사람들은 클라이언트와 아주 가까운 사람들이다. "저는 퇴사하고 재교육을 원하지만 아내는 연봉포기나 퇴사와 같은 생각을 하는 것을 싫어해요." "저는 퇴사를 원하지만 직속 관리자는 제가 없을 때 겪을 어려움을 예상하고 엄청난 압박을 가하고 있습니다." 클라이언트의 문제는 그들의 선택이 다른 사람에 미칠 수 있는 영향이다. 이 다양한 상황에서 더 많은 이해와 공감을 통해 상호작용의 변화를 도울 수 있다. 이 경우 교류분석은 하나의 유용한 틀이다.

이 장에서는 먼저 교류분석의 주요 개념을 제시하고 지각 위치(perceptual position) 개념을 이용하여 커리어 코칭에 활용할 수 있는 여러 가지 방법을 모색해 볼 것이다.

개념

교류는 그 자체로 본질이다

'교류분석'이라는 문구에는 대화(또는 교류)와 관련된 각 개인 외부에 존재하는 독립적인 실체라는 철학의 기본 신조 중 하나가 내재되어 있다. 교류는 사용된 단어, 내포된 의미, 추론된 의미에 기반한 하나의 구조이다. TA 모델은 상호작용을 모든 각도에서 바라보는 방식이다. '그가 말한 것, 그녀가 말한 것'에서 '그가 의미하는 것, 그녀가 이해하기를 바랐던 것, 그가 실제로 이해한 것, 그가 그녀에게 부여했던 동기' 등으로 상호작용을 확장한다.

자기긍정-타인긍정

교류분석 틀에 따르면, 건강한 상호작용은 '자기긍정'과 '타인긍정'의 가정이 필요하다. 개인은 자신 그리고 상호작용에 대한 자신의 기여에 가치를 둘 필요가 있으며(자기긍정), 자신들의 대화 상대와 그들의 기여에도 가치를 둘 필요가 있다(타인긍정). 이러한 기본 가정은 의사소통을 더 명확하고 솔직하고 생산적으로 만들 것이다. 다음의 네 가지 의사소통 상태로 구분할 수 있다.

I'm not ok, you're ok 자기부정-타인긍정	I'm ok, you're ok 자기긍정-타인긍정
I'm not ok, you're not ok 자기부정-타인부정	I'm ok, you're not ok 자기긍정-타인부정

만약 상호작용 중 개인의 감정이 하단 오른쪽 사분면에 위치하면 (자기긍정-타인부정), 그들은 '유리한' 위치에 있다고 느낀다. 그들은 자신의 위치에 자신감을 느끼지만, 대화자의 기여에는 가치를 두지 않는다. 그들의 지배적 감정은 분노와 같은 것으로 표출되며, 그러

한 본능적 감정은 가능한 한 빨리 버려야 한다.

개인이 상단 왼쪽 사분면(자기부정-타인긍정)에 있는 경우라면, 그들은 무기력을 느끼고 자신이 대화 상대보다 열등하다고 느낀다. 이것은 그들이 상호작용을 통제할 수 없고 그들의 본능은 도망쳐야만 한다는 감정을 갖게 한다.

가장 도전적인 의사소통 상태는 하단 왼쪽(자기부정-타인부정)이다. 개인은 자신에게도 대화 상대에게도 가치를 두지 않는다. 그들은 대화가 희망이 없고 어디로든 갈 수 있는 가망성이 없다고 느낀다.

이 모델은 상호작용에서 무슨 일이 일어나고 있는지에 대한 클라이언트의 인식을 높이기 위해 사용될 수 있다. 상호작용의 대상은 당신이나 커리어 코치 또는 그들이 삶에서 만나는 사람들이다. 클라이언트가 보통 상대방의 행동을 변화시킬 위치에 있지 않다면, 이 모델은 왜 대화가 효과적이지 않은지를 설명하는 데 도움이 될 수 있다. 이 모델은 클라이언트가 그들의 행동을 변화시키도록 하기 위해 대화의 기초로 활용할 수 있다.

자기상태

Eric Berne은 상호작용에서 우리가 속할 수 있는 '자기상태'로 세 가지 유형, 즉 어린이, 성인, 부모를 제시하였다. 서로 다른 세 가지 상태에서 의사소통을 할 수 있을지라도 변화가 일어날 수 있는 유형은 성인 자기상태에서만 가능하다.

1. 부모: 부모 자기상태에는 두 가지 측면, 즉 양육적 부모(nurturing parent)와 비판적 부모(critical parent)가 있다. 둘 다 부모나 밑

을 만한 사람들이 우리의 어린 시절을 관찰한 것을 기반으로 한다고 생각된다. 비판적 부모는 당신을 통제하고, 결점을 지적하고, 당신의 문제를 부각시킨다. 양육적 부모는 당신을 배려하고, 격려하며, 칭찬 세례를 퍼붓는다.

2. 어린이: 어린이 자기상태도 두 가지 측면이 있다. 자유로운 어린이(free child)는 자발적이고, 결과를 생각하지 않고 자기가 하고 싶은 대로 한다. 이런 아이는 창의적일 수 있으며, 별나거나 반항적이고 장난꾸러기이다. 그러나 이 아이는 늘 본능적이며 감정적으로 반응한다. 순응하는 어린이(adapted child)는 남을 기쁘게 하기 위한 노력을 하고, 외부의 규칙이나 사회적 요구에 순응하는 방식으로 행동한다.

3. 성인: 성인 자기상태는 이성적이고 책임감 있는 하나의 측면만 있다. 성인 자기상태에서, 우리는 객관적이고 논리적으로 의사결정을 하고 우리 자신의 행동에 대한 책임을 진다.

성인 대 성인 자기상태의 대화가 긍정적인 변화로 이어질 가능성이 가장 크지만, 항상 그 상태를 유지시키는 것은 쉬운 일이 아니다. 대화는 자기상태의 다양한 상호작용을 통해 자연스럽지만 두서가 없고, 어떤 관계는 상호작용의 특정 스타일에 갇힌 것처럼 보일 수 있다. 한 상태에서 다른 상태로 이동하는 것은, 상호작용 그리고 구체적인 언급과 상대방의 자기상태에 관한 두 대화자의 감정에 의해 유도되는 자동적인 과정이다. 어린이 자기상태의 언급("난 단지 하고 싶지 않아." 또는 "내가 제대로 하고 있나?")은 부모 자기상태의 반응("음, 넌 해야만 해." 또는 "물론 넌 잘하고 있어.")을 일으키기 쉬운데, 우리는 이 상태를 깨닫지도 못하고 이 변화를 통제하지 못하는 경향이 있다.

모든 자기상태의 다양한 대화는 일상적인 대화를 반영한다. 그러나 일어날 변화에 대해서, 개인은 성인 자기상태를 유지할 필요가 있다. 당신의 대화 상대가 (비록 무의식적으로 그럴지라도) 당신을 부모 또는 어린이 자기로 몰아가려 할 때, 성인 자기와 함께 자각, 자신감, 공감을 지속적으로 유지해야 한다.

커리어 코칭에서 교류분석 자기상태 활용

나는 교류분석을 클라이언트가 사랑하는 사람과 보다 생산적인 대화를 하는 데 도움이 되는 접근법으로 소개해 왔다. 교류분석은 당신 자신의 상호작용과 클라이언트에게 도움을 주는 가치 있는 개념이다. 나는 먼저 전문가와 클라이언트의 관계에서 교류분석의 역할을 다룬 다음, 그것이 클라이언트와 다른 사람의 관계를 돕기 위해 어떻게 사용될 수 있는지를 보여 주는 몇 가지 예를 살펴보고자 한다.

전술한 바와 같이, 상호작용에서 일어날 변화를 위해서 성인 자기상태가 필요한데, 이는 최상의 코칭 상호작용을 위해 중요하다. 코치로서 우리는 클라이언트와 동등한 관계를 형성하기 위해 우리가 할 수 있는 것을 할지라도, 재정적 상호관계의 본질과 코치의 전문적 지위는 클라이언트가 코치를 전문가인 동시에 문제해결사로서의 두 가지 역할을 모두 수행할 수 있는 사람으로 생각하게끔 할 수 있다. 이것은 어린이/부모와 그들의 상호행위, 해결책, 코칭 과정에서 하위 역할을 하는 클라이언트와의 상호관계에 도움을 준다. 부모/어린이 간 상호관계의 기대를 알게 될 클라이언트에 대한 이런 경향은 정서적 상태에 의해 뒤섞일 수 있다. 클라이언트는 장황함에 직면하거나 전문가를 찾아 이런 코칭을 받는 중에 양육적 부모를 찾는 어린이 자기상태에서 피난처를 찾을 수도 있다.

만약 여러분이 부모/어린이 상호작용이 발전하고 있다는 것을 깨닫게 되면, 당신은 두 가지 방식으로 반응할 수 있다. 첫 번째 경우, 당신은 성인 자기상태에서 클라이언트의 부모 또는 어린이 자기상태에 반응할 수 있다. 성인 자기상태는 클라이언트가 동일하게 행동하도록 격려할 것이다(다음 글상자 참조). 이것은 변화가 일어날 수 있는 상태에서 성인/성인 상호작용 상태로 돌아가는 데 필요한 모든 것이 될 수 있다. 그러나 만약 클라이언트가 어린이 또는 부모 자기상태에 있기를 고집하거나 그 상태로 돌아가기를 계속하면, 그다음에는 더 직접적인 접근법이 필요할 것이다. 교류분석 틀에서 대화에 대한 당신의 지각을 클라이언트와 직접적으로 공유하는 것은 도움이 될 것이다.

당신의 '성인' 상태에서 클라이언트의 '어린이' 언급에 반응하는 것은 보다 생산적인 성인/성인 상호작용이 있는 대화 상태로 이끌기에 충분하다.

- **'어린이'로서의 클라이언트**: 잘 되겠죠, 그렇죠? 결국 난 직장을 구할 거예요, 그렇죠?
- **'부모'로서의 코치**(보다 자연스런 대화 반응): 물론 그렇게 될 것입니다. 당신은 직업을 찾을 것이고 모두 잘될 겁니다.
- **'성인'으로서의 코치**(보다 적절한 코칭 반응): 당신은 정말로 현재의 불확실성 때문에 어려움을 겪고 있는 것처럼 들려요.
- **성인 상태가 되어 가는 클라이언트**: 예, 당신 말이 맞아요. 나는 그것이 정말 힘들다는 걸 알아요.

> 때때로 이것으로는 충분하지 않아서 코치는 클라이언트와 자기상태에 대해 논의하기로 결정할 수도 있다.
>
> - **'어린이'로서의 클라이언트**: 잘 되겠죠. 그렇죠? 결국 난 직장을 구할 거예요. 그렇죠?
> - **코치**: 나는 당신을 안심시키고 모든 것이 잘될 것이라고 말하고 싶네요. 내가 그렇게 하는 것이 당신이 원하는 것인가요?
> - **클라이언트**: 그거 재미있네요. 그래요. 나는 누군가가 모든 것이 더 나아질 것이라고 내가 확신할 수 있도록 해 줬으면 하고 바라고 있습니다.
> - **코치**: 교류분석이라는 틀이 있어요. 상호 교류분석은 우리가 여기에서 무슨 일이 일어나고 있는지 이해할 수 있도록 도와줍니다. 내가 교류분석을 당신과 공유해도 괜찮을까요?

　대부분의 코칭 대화에서 성인/성인 교류는 가장 유용하지만 예외도 있다. 자유로운 어린이의 주요한 특징 중 하나는 어린이의 창조성이다. 커리어 코칭 기간에 이 특성은 선택 사항으로서 매우 유용할 수 있다. 만약 클라이언트가 해결책을 생각해 내려고 애쓴다면, 어린이/어린이 상태로의 교류 변화는 창의력을 자극하기 위해 유용할 수 있다.

지각 위치

　클라이언트와 교류분석을 사용하는 또 다른 방법은 '지각 위치(perceptual positions)'라고 부르는 기법을 통해서이다. 이것은 게슈탈트(gestalt) 심리학에서 나온 전체성의 개념을 이용한다. 게슈탈트 심리학(형태심리학)에서는 경험이 단지 자신의 환경에서만 이해될 수 있다고 본다. 따라서 무슨 일이 일어났는지 이해하기 위해서는 그 일이 일어난 환경의 맥락을 이해할 필요가 있다. 교류가 관여되는 한, 대화에서 나온 한마디의 말은 오직 당신이 두 참가자 사이의 관계에 관한 무언가나 이미 언급된 것을 이해할 때만 의미를 가진다.

지각 위치는 클라이언트가 상대방과 상호작용을 더 잘할 수 있도록 돕기 위해 공감을 이용하는 도구이다. 동시에 클라이언트가 자신의 상대의 생각과 감정에 대한 무의식적인 이해를 지각할 수 있도록 다양한 물리적 공간을 사용한다.

이 기법의 고전적인 해석을 위해 실내에 의자 3개를 삼각형으로 놓는다. 하나는 클라이언트의 위치(위치1), 하나는 대화 상대 또는 '다른 사람'의 위치(위치2)이다. 그리고 세 번째는 관심이 있지만 객관적인 관찰자의 위치(위치3)이다.

첫째, 클라이언트가 대화가 어렵다거나 어려울 수도 있음을 지각하는지 물어보라. 실제적인 대화에서 클라이언트가 반응을 하도록 하는 것이 보통 더 생산적이다. 또한 예상되는 대화를 상상해 보도록 하는 것도 효과적일 수 있다. 그 후 당신은 클라이언트가 위치1의 의자에 앉도록 하고 당신에게 자신의 관점에서 보는 대화에 대해 말해 달라고 한다. 당신은 클라이언트에게 그들이 말한 것을 설명해 보라고 요구할 수 있다. 또한 클라이언트가 의미하는 것이 무엇인지, 클라이언트가 그들의 상대에게 어떤 영향을 주고 싶은지 물어볼 수 있다. 그다음 클라이언트에게 그들의 상대가 한 말, 그들이 상대가 의미하는 것을 이해하는지, 그리고 그들은 그것을 어떻게 느끼는지 물어보라. 이러한 관점에서 대화를 충분히 탐색했다고 느낄 때, 당신은 역할을 바꾼다. 이 단계에서 클라이언트에게 위치2 의자에 앉을 것을 권하기 전에 주제에서 잠시 벗어나 다른 이야기를 하거나 차

한잔을 하는 것은 도움이 될 수 있다. 당신은 클라이언트가 상대의 관점에서 대화를 다시 시작하도록 요구한다. 당신은 같은 질문을 하지만 '다른 사람'의 역할을 요구한다. 두 번째 짧은 휴식 후에, 당신은 클라이언트에게 위치3 의자에 앉을 것을 권하고, 상호작용에 대해 다시 설명하게 하지만 이번엔 관심 있으나 공정한 관찰자의 관점에서 하게 한다.

이 기법은 자기상태를 많이 드러내게 하고 상대의 감정과 동기부여에 더 공감하도록 할 수 있으며 '성인' 자기상태에서 상호작용을 볼 수 있게 한다. 어쩌면 대화에서 비생산적인 부모/어린이 교류를 확인할 수 있다.

대화를 세 가지 방식으로 분석한 후, 코치와 클라이언트는 대화에서 클라이언트가 대화의 방향을 바꿀 수 있는 방법을 탐색하는 데 더 많은 시간을 투자할 수 있다. 성인 자기상태에서 반응을 지속하기 위한 기법에 관해 생각함으로써, 또는 '다른 사람' 때문에 경험하게 된 감정에 더 공감한다는 것을 보여 줌으로써 이 대화의 방향에 변화가 생길 수 있다.

▤▶ 사례 연구

샘은 8년 전 졸업한 후 대형 백화점 체인의 HR 부서에서 훈련계획에 관한 일을 구했다. 그 이후로 그녀는 계속해서 그 회사에 근무하면서 승진을 거듭했으며 승진에 따라 급여도 늘어났다. 샘은 현재의 역할에 만족하지 못하고 스트레스가 쌓이고 있지만 왜 그런지, 앞으로 나아가기 위해서는 어떻게 해야 할지를 알 수 없었기에 커리어 코치를 만났다.

샘은 매우 성과 지향적인 환경에서 성장했다. 그녀의 아버지는 성공한 사업가였고 샘은 결과에 중점을 두는 기숙학교를 다녔다. 그리고 샘의 언니는 투자은행의 직원이다. 커리어 코치의 도움으로 샘은 '성공'에 대한 그녀의 정의가 가족의 정의와 상반된다는 것을 알게 되었다. 결국 그녀는 초등학교 교사가 되기 위한 훈련을 받고 싶다는 결론에 이르렀다. 샘은 자신의 선택에 대해 너무도 만족스러웠지만 이 결정에 대한 부모님의 지지가 샘에게는 중요했다.

아버지와의 예상되는 대화를 시험해 보기 위해, 지각 위치를 사용하여 샘은 자신과 아버지의 위치에 대해 이해하게 되었다. 샘은 부모님이 그녀를 실패했다고 생각할 거라는 것이 그녀의 가장 큰 걱정임을 깨달았다. 그녀는 취직에 실패했을 때만 교사를 선택한다는 지속적인 생각이 그 원인이 된다는 것을 알았다. 그녀는 이 훈련을 통해 아버지의 생각을 더욱 잘 이해하게 되었다. 그녀의 '성공' 개념에 대해 아버지의 이해와 상관없이, 자식이 초일류 역할을 성취하도록 하는 아버지의 압박은 자식의 행복을 위하는 바람에서 생겨났음을 알게 되었다. 아버지는 행복이 경제적 안정에 있다고 생각했다. 샘이 아버지에게 자신의 현재 위치가 자신을 불행하게 하고 교사가 얼마나 자신의 욕구를 보다 효과적으로 충족시켜 줄 수 있는지를 설명할 수만 있다면, 그녀는 아버지가 자신의 선택을 더 잘 이해할 수 있게 만들지도 모른다. 샘은 이 연습을 통해 아버지와의 상호 교류는 순응하는 어린이/비판적 부모 상호작용이라는 것을 인정했다. 그녀가 아버지를 기쁘게 하고 싶다는 욕구는 언제나 바람직한 것은 아니었다. 사실 이러한 욕구 때문에 그녀는 여러 해 동안 불만족스러운 결정을 내렸다.

코칭 과정에서 샘과 코치는 '성공'에 대해 재정의하기 위해 몇 가지 기법에 대해 연구했다. 샘과 코치는 또한 그녀의 성인 자기상태에서 '비판적 부모' 언급에 대한 반응을 연습하기 위해 아버지와의 상상 대화를 시도해 보았다.

　　교류분석의 응용 범위는 매우 넓다. 일단 핵심 요소 및 모델에 익숙해지면, 당신은 일상적인 교류의 많은 부분을 이해하기 위해 교류분석을 사용하는 자신을 발견할지도 모른다. 간단한 접근 모델과 언어는 폭넓은 의미를 지닌 심오하고 포괄적인 이론을 숨기고 있다. 접근법 및 기법은 중요하지만 어려운 관계를 이해하기 위해 클라이언트들과 공유할 수 있다. 커리어 코칭 훈련은 당신과 클라이언트의 관계에 큰 도움이 될 수 있다. 여러분이 코치/클라이언트 대화에서 그다지 효과적이지 않은 것을 구별해 낸다면 당신은 그 대화가 효과적인 결과를 얻도록 할 수 있다.

참고문헌

Berne, E. (1962). Classification of positions. *Transactional Analysis Bulletin, 1*(3), 23.

Berne, E. (1963). *The Structure and Dynamics of Organizations and Groups.* New York: Grove Press.

Gati, I., Krausz, M., & Osipow, S. H. (1996). A taxonomy of difficulties in career decision making. *Journal of Counseling Psychology, 43*(4), 510–526.

15장

코칭 도구

코칭에서 가장 확고한 원칙 중 하나는 클라이언트가 해답을 가지고 있다는 것이다. 하지만 실제에서는 클라이언트가 자신이 해답을 알고 있다는 사실을 깨닫지 못하거나 스스로 해답을 찾지 못할 때 커리어 코치의 도움을 구할 것이다. 이런 경우 우리의 일은 클라이언트가 통찰력, 아이디어, 해결책을 잠재의식 깊은 곳에 있는 핵심과 연결할 수 있도록 돕는 것이며, 그들의 드러내지는 않았으나 알고 있는 것을 밝히는 것이다.

이와 같이 클라이언트가 자신의 해답을 스스로 찾아갈 수 있도록 돕기 위해 다양한 코칭 도구가 개발되었고, 다양한 훈련에 적용되었다. 이런 도구들이 다양한 상황에 있는 다양한 클라이언트에게 모두 유용하지는 않겠지만 당신의 코칭 도구 목록에서 해결책을 찾는 것은 중요하다.

이런 코칭 도구들을 이용하고자 하는 클라이언트의 열정은 다양할 것이다. 어떤 클라이언트는 당신에게 도움을 청하기 위해 왔을 때 이러한 코칭 도구들을 보게 될 것이고 자기인식 능력을 향상시키고 선택 사항을 만들어 내기 위한 방법으로 코칭 도구들을 받아들일 것이다. 어떤 클라이언트는 코칭 활동에 훨씬 더 신중할 수 있다. 학교 미술시간에 나쁜 경험을 한 클라이언트는 시각적으로 만들어지는 어떤 것에도 불안감을 표현할 수 있고, 난독증(dyslexia, 難讀症)이 있는 클라이언트는 글을 써야만 하는 일에 부담을 느낄 수 있다. 커리어 코치로서 당신은 이와 같은 클라이언트의 반응을 다양하게 고려하고 창의적으로 대응해야 한다. 예를 들어, 글쓰기를 싫어하는 클라이언트에게는 녹음 활동을 즐기도록 권장할 수 있고, 그림 그리기를 싫어하는 클라이언트에게는 콜라주 활동을 추천하여 편안함을 느끼게 할 수 있다. 클라이언트가 당신에게 도움을 구하기 위해 찾아온다. 그러므로 클라이언트가 세션 내내 자신의 편안한 영역에서 머물도록 둔다면, 당신은 클라이언트 사고의 경계가 확장되지 않도록 방치하는 것이 되고 결국 클라이언트를 위험한 상태에 두게 된다. 코칭 활동은 클라이언트가 경계를 확장할 때 가장 강력할 수 있다. 예술에 조예가 깊은 클라이언트의 경우, 그림 그리기 활동에는 즐겁게 참여할 수 있지만 그는 이미 자신의 상황을 시각적으로 개념화하는 데 익숙하기에 새로운 어떤 것도 못 만들 수 있다. 반대로, 14세 이후로 그림을 그리지 않았던 클라이언트는 자신이 전혀 접해 보지 못한 활동을 시도하여 정말 새로운 통찰력을 얻을 수도 있다.

코칭 활동 후에는 보고 절차가 있는데, 이는 활동 단계의 한 부분으로서 함께 진행하기도 하고, 클라이언트의 요청에 따라 활동 사이에 진행할 수도 있다. 이 보고 절차는 가장 중요한 과정으로서 시간이 소요될 수 있다. 보고가 이루어지는 동안 당신의 역할은 클라이언트가 자신의 활동 경험을 이야기하도록 격려하고, 스스로 그것을 자신의 현재 상황이나 딜레마에 연결시킬 수 있도록 돕는 것이다. 당신은 클라이언트가 활동하는 것에 대해 어떻게 느꼈는지, 보고 절차가 쉽다고 느꼈는지, 그러한 모든 것이 무엇을 의미하는지에 대해 물어볼 수 있다. 당신은 클라이언트가 포함시킨 것과 제외시킨 것에 대해 물어볼 수 있다. 그다음에는 클라이언트에게 이 활동을 현재의 상황과 미래의 목표에 어떻게 연결시킬 것인지에 대해 질문할 수 있다.

물론 내가 이 장에 포함시킨 이 활동은 당신이 활용할 수 있는 것 중 단지 몇 가지에 불과하다. 나는 이 장 마지막에 추가로 더 읽을거리를 포함하였지만 당신 자신만의 전략을 추진할 것을 권유한다. 당신이 여기서 기술한 각각의 제안으로 클라이언트와 어떻게 활동을 할 수 있는지에 대해 설명은 하였지만 그것이 절대적인 방법은 아니다. 이 아이디어를 자유롭게 해석하고, 자신만의 응용방법을 찾아내어 자신의 것으로 만들라.

나는 이러한 도구를 클라이언트가 목표를 식별하는 데 도움이 되는 도구, 클라이언트가 현재 현실을 이해하는 데 도움이 되는 도구, 어떤 조치를 취해야 하는지 결정하는 데 도움이 되는 도구로 구분했다. 여기서는 이 활동을 적용할 수 있는 특별한 상황의 클라이언트와 시나리오에 대한 예가 포함되어 있지만 대부분 약간만 응용하면 광범위하게 사용될 수 있다.

🏢 목표를 식별하는 데 도움이 되는 도구

클라이언트가 종종 우리를 만나러 오는데, 그 이유는 자신이 현재 상황과 맞지 않다는 것을 알고 있기 때문이다. 하지만 정확히 무엇이 상황을 더 좋게 만들 것인지를 알아내는 데 도움이 필요하다. 이 첫 번째 도구 세트는 클라이언트가 광범위한 목표를 식별하는 데 유용할 수 있는 도구이다.

1. 콜라주

예술치료에서 응용한 콜라주(collage) 기법은 집단이나 일대일 코칭 기법의 하나로 사용될 수 있다. (일대일 코칭은 시간이 좀 걸리더라도 세션들 사이에 클라이언트가 과제를 끝내도록 요청하는 것이 유용하다.)

- 방법: 클라이언트에게 현재 자신의 삶을 나타내는 콜라주를 준비하도록 요청하라. 신문이나 잡지에 있는 이미지, 사진, 그림, 색종이, 글, 천조각 등, 클라이언트가 느끼기에 현재 경험하고 있는 자신의 삶에 관해 말해 줄 수 있는 그 어떤 것이라도 사용할 수 있다. 클라이언트가 이미지의 크기에 대해 생각하고, 종이에 콜라주를 어떻게 배열할 것인지, 그리고 클라이언트의 삶 전반에 대해 생각하도록 유도하라.
- 보고: 클라이언트에게 자신이 만든 콜라주에 대해 이야기하게 하고, 선택한 이미지에 대해 설명하게 하라. 그것들이 무엇을 의미하고 어떻게 콜라주를 배열했는지에 대해 이야기하도록

요청하라. 클라이언트가 콜라주의 다른 부분들에 대해서는 어떻게 느끼는지, 빠뜨린 것은 있는지 알아내라. 당신은 클라이언트가 인식하지 못했던 것들을 파악하고, 콜라주에 대한 당신의 의견을 제공하고, 주제를 파악하려고 노력하라.

- 응용: 클라이언트에게 현재 또는 5년 후에 바라는 삶에 대한 콜라주를 만들도록 제안하라. 그다음에 당신은 클라이언트에게 그것의 현실과의 차이를 비교하도록 요청할 수 있고, 그것을 클라이언트의 목표와 관련된 토론의 출발점으로 사용할 수 있다. 당신은 또한 클라이언트에게 웹상의 이미지를 사용하여, 자르고, 포스팅하여 온라인 게시판에서 디지털 콜라주를 만들도록 제안할 수 있다. 클라이언트들은 잡지에서 그들이 본 이미지에 반응을 보이는 것보다 각각의 생각을 검색어로 만들어 검색하는 것이 더 힘들다고 말하는 경향이 있다(Loader, 2009). 이런 점을 감안하면 클라이언트는 콜라주를 구성하기 위해 더 깊게 생각해야 하고, 그것이 더욱 유용할 수 있다는 것도 알게 된다.

- 유용한 사례: 자신의 현재 상황을 인식하려고 노력하는 클라이언트나 자신의 미래의 목표를 확인하는 데 약간의 도움이 필요한 클라이언트에게 유용하다. 이 기법은 자신의 감정을 논리정연하게 말하는 데 어려움을 느끼는 클라이언트나 특히 그림보다는 말로 생각을 나타내는 경향이 있는 클라이언트를 알아내는 데 효과적으로 사용될 수 있다.

40대 초반인 캐런은 자신의 직업이 자신에게 맞지 않다는 것은 알고 있으나 어떤 직업을 가져야 하는지도 모르는 상태로 커리어 코치를 찾아왔다. 그녀는 그 당시 자신의 삶에 대한 콜라주와 10년 후에 자신이 바라는 삶에 대한 콜라주를 가지고 왔다. 두 콜라주를 함께 비교하는 과정에서 그녀에 대한 여러 가지 흥미로운 점들을 확인하였다. 첫째, 그녀는 자신의 현재 삶에 대한 생각과 이미지는 쉽게 많이 찾아낼 수 있었지만 자신이 바라는 미래의 모습을 그리는 것은 어렵다는 것을 알았다. 그녀는 자신이 바라는 미래 모습에 대해 알지 못하였고, 이와 같이 분명한 열망의 부족이 현재 그녀의 의사결정을 어렵게 한다는 것을 깨닫게 되었다. 둘째, 그녀는 그녀의 미래 삶의 콜라주에 사용된 많은 이미지가 그녀의 현재 삶의 콜라주에 사용된 이미지와 동일하다는 것을 알게 되었다. 이것은 그녀에게 자신의 현재 상황에서의 여러 긍정적인 것을 상기시켰고, 그녀가 자신의 일상생활을 얼마나 사랑하고 지키고 싶어 하는지를 강조해 주었다.

커리어 코치와의 토론을 거치면서 더 많은 주제가 나왔다. 그러면서 커리어 코치는 콜라주에 미국의 탁 트인 도로 위에 있는 차와 런던의 꽉 막힌 도로 위에 있는 차의 두 가지 이미지가 있다는 것을 알아냈다. 캐런은 이 유사 이미지를 알아채지 못하였는데, 두 이미지의 대비는 다른 연관성에 대한 건설적인 토론을 이끌어 내었다. 캐런은 스스로 좋은 결정을 하는 데 무능력하다고 말하는 것처럼 커리어 의사결정 자기효능감이 낮았다. 커리어 코치는 콜라주에서 몇 개의 긍정적인 이미지를 통해 캐런에게 자신이 훌륭한 결정을 하게 하였던 것과 어떻게 그것을 하였는지를 기억할 수 있게 하였다. 결국 캐런이 사용한 이미지는 커리어 코치가 그녀의 감정을 탐색할 수 있도록 한 것이었다. 예를 들어, 커리어 코치는 캐런이 스키 슬로프나 그녀의 사무실로 올라가는 계단에 있었을 때 그녀가 어떻게 느꼈는지 물었다.

캐런은 이 콜라주 덕분에 자신의 생각을 분명하게 알 수 있었고, 그
녀의 현재 상황과 미래의 목표에 대해 커리어 코치와 긍정적인 논의를
진행할 수 있었다.

2. 삶의 바퀴

이것은 클라이언트가 현재 상황을 구성요소로 세분화하여 분석
하고 변경해야 할 사항을 해결할 수 있도록 하는 기술이다.

- 방법: 이 연습에서는 '삶의 바퀴(wheel of life)' 원형이 이미 인쇄
  되어 있다. 큰 원이 있고 6~8개의 부분으로 나누어져 있으며,
  둘레에 1(중앙)에서 10까지의 눈금이 있는 것이 유용하다. 당신
  의 클라이언트에게 직업, 건강, 가족, 우정과 같이 자신에게 중
  요한 삶의 한 측면으로 각 부문에 표시를 하도록 하라. 그런 다
  음에 클라이언트에게 각 측면에 대한 만족도를 1~10의 척도로
  평가하고, 그에 따라 각 부분에 색상을 지정하도록 요청하라.
  그러면 현재 상황에 대한 자신의 평가를 시각적으로 명확하게
  표현할 수 있다.
- 보고: 클라이언트에게 자신이 생성한 패턴에 대해 어떻게 느끼
  는지 물어보고, 그것이 실제로 자신의 상황을 반영하는지 여부
  와 이에 대해 어떻게 느끼는지 알아보라. 그런 다음에 자신이
  어떤 측면에서 일하고 싶은지 생각해 보라고 요청하라. 가장 낮
  은 점수를 받는 것으로 가정하지 마라. 변화하기 쉬운 측면에

집중하는 것이 더 유용할 수도 있고, 가장 큰 영향을 미칠 것이라고 생각하는 측면에 집중하는 것이 더 유용할 수도 있다. 그런 다음 가장 유용한 다음 단계가 무엇인지 알아내는 데 시간을 할애할 수 있다.

- 응용: 내가 설명한 방식으로 사용되는 이것은 매우 널리 사용되는 라이프 코칭 도구이지만, 보다 전문적인 직업에 맞게 조정될 수도 있다. 예를 들어, 클라이언트에게 업무 관련 가치를 식별하게 하고, 바퀴의 각 부분에 이를 표시하게 하거나, 현재 역할의 다양한 요소를 나열하고 이를 표시하게 하도록 요청할 수 있다.
- 유용한 사례: 클라이언트가 앞으로 나아갈 방법을 찾기 전에 현재 상황의 여러 가닥을 풀기 위해 도움을 필요로 하는 모든 복잡한 상황에 유용하다.

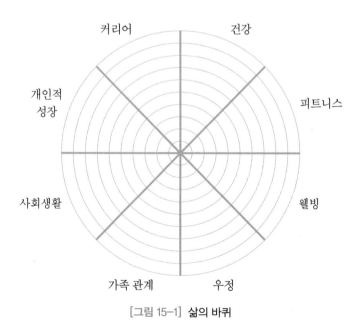

[그림 15-1] 삶의 바퀴

🏢 자기인식과 자기성찰을 위한 도구

두 번째 도구 세트는 클라이언트가 자신의 현재 상황을 더 잘 이해하도록 도울 수 있는 도구이다.

3. 그림 그리기

그림 그리기(drawing)는 코칭 도구 중에 가장 널리 사용되는 것 중 하나로, 클라이언트가 자신의 감정을 가장 효과적으로 이해하도록 하는 방법이다.

- 방법: 클라이언트에게 펜과 종이를 제공하고 클라이언트가 지금 어떻게 지내고 있는지에 대해 묘사하는 그림을 그리도록 제안하라. 그러나 그것은 통상적인 '그림'이 아님을 분명히 하라. 즉, 클라이언트는 도형이나 선을 사용할 수 있고, 또는 비유적으로 그릴 수 있다. 그러나 그것은 그 순간 상황에 대해 어떻게 느끼고 있는지를 보여 주는 것이어야 한다.
- 보고: 클라이언트에게 자신의 그림은 무엇인지, 그 그림이 어떤 느낌을 표현하는 것인지에 대해 설명하도록 하라. 당신은 그림에서 세부 내용이나 공간의 사용, 그림의 부분적인 크기나 위치, 그리고 그림 속의 다양한 구성요소에 대해 물어보고 싶을 수도 있다.
- 응용: 여러분은 클라이언트에게 현재 자신의 삶이 어떤지에 대한 그림을 그리도록 요청하거나 5년이나 10년 후를 이야기하면

서 클라이언트의 삶이 어떨 것인지에 대해 그리도록 요청할 수 있다.

• 유용한 사례: 이 도구는 현재 상황과 관련된 감정을 이해하고 느끼고 표현하고자 노력하는 클라이언트에게 유용하다. 클라이

사례 연구

대니엘은 여러 가지 면에서 자신에게 아주 잘 맞는 직업에 종사했다. 그녀의 직업은 재미있고 보람도 있으며 결정적으로 그녀의 가계와도 잘 들어맞았다. 유일하게 그녀를 지치게 하는 것은 일이 아주 많고 끝이 없다는 것이었다. 그녀는 무엇을 해야 하는지에 대한 의사결정에 도움을 구하기 위해 커리어 코치를 찾아왔다. 그녀는 그 일을 계속 해야만 하고 자신이 아주 좋은 직업을 가지고 있는 것이 행운이라고 느끼고 있었다. 그러나 그녀는 여전히 불행했다.

커리어 코치는 그녀에게 현재 자신이 하고 있는 일에 대해 어떻게 느끼고 있는지 그림을 그리도록 요청하였다. 학교를 마친 이후 그림 그리는 연필을 잡아 보지 못했던 대니엘은 회의적이었지만 커리어 코치를 믿고 그리기에 도전하였다. 그녀가 그렸던 이미지는 강렬하였다. 그림에서 그녀는 폭우가 쏟아지는 상황에서 큰 떡갈나무 아래에 단단한 공처럼 웅크리고 앉아 있었다. 그녀는 두려움과 외로움, 완전히 압도당한 느낌을 강조하고 얼마나 그 감정이 사라지길 원했었는지 설명하면서 울기 시작하였다.

나중에 깊이 생각해 보더니 대니엘은 그림 그리기가 자신의 감정을 바라볼 수 있는 창이었고, 자신의 감정을 스스로 받아들일 수 있게 했으며, 상황이 바뀌기를 원하는 그녀 자신이 옳다는 결론에 이르게 했다고 말하였다.

언트가 현재 느끼는 이미지와 되고자 하는 이미지의 대조는 목
표 설정과 동기부여에 도움을 줄 수 있다.

4. 가계도

가계도(family genogram)는 클라이언트의 커리어 생각에 영향을
주는 것에 대해 반추할 수 있도록 하는 가장 직접적이면서도 가시적
인 방법이다.

- 방법: 클라이언트에게 그들 가족 중에 중요 인물의 직업에 대한
  가계도를 만들도록 하라. 가계도의 범위는 클라이언트의 주요
  한 가족 영향이 포함될 수 있을 만큼 넓혀야 한다. 어떤 클라이
  언트에게는 오직 부모만 의미할 수도 있으나 어떤 클라이언트
  에게는 형제자매, 조부모, 삼촌, 고모 그리고 사촌도 포함될 수
  있다. 가계도는 직업이나 교육 수준으로만 제한할 수 있지만 급
  여, 직업적 위신 또는 만족도와 같이 클라이언트의 현재 커리어
  와 관련된 이슈라면 어떤 것으로도 확장될 수 있다.
- 보고: 클라이언트에게 가계도에 없는 다른 사람과 클라이언트
  의 선택과 가치관에 영향을 미친 사람에 대해 말하도록 요구하
  라. 주제, 패턴, 대비되는 것을 확인하라.
- 유용한 사례: 자기인식 강화, 가족과의 외적 갈등, 가치관의 내
  적 갈등

　　로샨은 자신의 커리어에 만족하지 못했기 때문에 커리어 코치와 이야기를 나누었다. 그는 대형 로펌에서 변호사로 일을 하면서 아주 잘 지내고 있는 것 같았다. 일은 힘들고 근무시간도 길었지만, 로샨은 일을 즐기고 회사를 사랑했으며, 자신이 개발하고 있는 전문 지식을 즐겼다. 정말로 잘못된 것은 없었지만, 동시에 그는 불안함을 느꼈고, 이것이 그가 해야 할 일이 아니라는 느낌을 받았다. 로샨과 한동안 문제를 조사한 후 커리어 코치는 로샨의 이야기에서 특정 주제가 계속 나오는 것을 발견하고, 가족의 커리어 가계도를 적어야 한다고 제안했다.

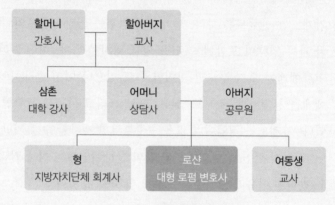

[그림 15-2] 로샨의 커리어 가계도

　　로샨이 가계도를 그려 나갔을 때 명확하게 파악할 수 있었던 뚜렷한 주제는 가족 전체에 흐르는 공직 문화였다. 로샨은 가계도에 있는 다른 가까운 가족과는 아주 다른 역할을 하는 기업 변호사로서 가족구성원 중 유일하게 사적인 분야에서 일하고 있다. 물론 다양한 직업에 대한 사실은 로샨에게 전혀 새로운 것이 아니었지만, 이전에는 그토록 뚜렷한 패턴을 본 적이 없었다. 이 주제에 대한 보다 심층적인 탐구를 통해

그는 자신의 역할과 야망에 대한 그의 양면성을 어느 정도 이해할 수
있었다.

5. 은유

커리어 커뮤니케이션 분야에서는 은유(metaphors)를 많이 사용한
다. 우리는 커리어 사다리, 커리어 경로, 부적격자, 생존경쟁에 대
해 말한다. 커리어 이론을 이해하기 위해 은유가 사용될 수 있는 방
법에 대해서는 2장에서 강조하였다. 여기서는 클라이언트와 코칭을
진행하는 유용한 도구로 은유의 중요성을 찾고자 한다. 은유적 사고
는 우리가 복잡하고 다층적인 상황을 하나의 이미지로 요약할 수 있
도록 하는 유용한 기제를 제공한다. 은유는 특정한 요소가 중심에
있고, 다른 요소들은 보조적 역할을 하는 것으로 보는 것과 같이 우
리가 다양한 상황을 다양한 방식으로 볼 수 있도록 도와준다. 은유
는 과거와 현재에 대한 사실을 전달하는 것뿐만 아니라 미래에 대한
의지와 열망, 대략적 분석, 판단과 정서적 반응을 나타낸다.

- 방법: 클라이언트에게 그들의 과거 경력을 나타내는 은유적 표
  현을 찾도록 요청하라. 클라이언트는 자신의 은유를 말 또는 그
  림으로 설명하기를 원할 것이다.
- 보고: 클라이언트가 당신에게 상당히 자세하게 은유를 설명할
  때, 당신은 클라이언트가 자신의 은유에 대해 어떻게 느끼는지
  물어보라. 클라이언트가 경험을 이야기할 때, 그들의 은유가 미
  래에 대해 무엇을 의미하는지 질문하여 자신의 정서적 반응에

대해 이야기하도록 요청하라. 클라이언트가 자신의 은유가 낙관적으로 느껴지는지, 통제와 신뢰를 나타내는지 이야기하도록 요청하라.

- 응용: 만약 클라이언트의 문제가 가까운 주변 사람들과 복잡하게 관련되어 있다면, 당신은 클라이언트가 자신의 커리어 경로를 묘사하기 위해 은유를 자신이 사랑하는 것으로 상상하도록 할 수 있다. 만약 클라이언트가 아픈 경험에서 은유를 찾기 어렵다면, 당신은 증명된 은유를 사용할 수 있고, 클라이언트에게 그 은유로 자신의 경험을 설명하도록 요청하라. 예를 들어, "당신이 자신의 커리어를 여행으로 보고, 여행에서 일어났던 일들에 대해 나에게 말해 주세요." 또는 "전체 커리어가 직장에서 부적합하였다면 당신의 커리어에서 '적합한 것'에 대해 나에게 말해 주세요."와 같이 클라이언트에게 말할 수 있다.

- 유용한 사례: 잘 전달된 이야기에서 새로운 통찰력을 찾는 것에 유용하다.

사례 연구

테드는 여러 가지 사소한 문제를 안고 커리어 코치를 찾아왔지만, 무엇이 그를 정말 괴롭히는지에 대해서는 명확하게 파악하지 못했다. 코치는 테드에게 현재 자신의 직장 생활을 비유적으로 설명해 달라고 요청했다. 즉시 떠오르는 것이 없었기 때문에 코치는 여행, 건축, 건강, 극장과 관련된 은유에 대해 일반적인 용어로 이야기했다. 테드는 즉시 포뮬러 원(Formula One) 레이스를 떠올렸다. 코치는 이것이 지금 그에게 어떤 상징이냐고 물었고, 그는 너무 빠르고 격렬해서 아무것도 알아차리지 못하며, 의식적으로 방향을 선택하지 못하고, 다른 경로를 발견하지 못한 채 빙글빙글 돌고 도는 모습에 관해 이야기했다. 테드는 현재 자신의 직장 생활이 너무 바쁘다고 느끼고 있으며, 많은 부분이 그 자체로 흥미롭고 만족스러운 것들이지만, 너무 바빠서 그냥 머리를 내려놓고 일에 집중해야만 한다고 말했다. 코치는 테드에게 상황이 다른 여행을 상상해 보라고 했고, 테드의 머릿속에 떠오른 이미지는 자전거를 타고 프랑스 시골을 여유롭게 달리는 모습이었다. 이 두 가지 상상의 대조는 테드에게 현재 자신이 처한 상황분만 아니라 앞으로 어떻게 변화되기를 원하는지를 이해하는 데 도움이 되었다.

🏢 다음 단계를 식별하는 데 도움이 되는 도구

6. 스토리보딩

스토리보딩(story boarding)은 스토리텔링의 내러티브 아이디어와 연결하여 만화나 그래픽 소설에 등장할 수 있는 별개의 장면을 보여 주는 일련의 상자로 이루어진 시퀀스 아이디어를 사용하여 클라이언트가 내러티브를 생성하도록 장려하는 방법이다. 글과 그림이 혼합된 이 도구는 클라이언트가 자신이 직면한 상황을 새로운 관점에서 볼 수 있도록 어린 시절과의 무의식적 연관성을 찾게 해 줄 수 있다. 이 방법은 고무적인 클라이언트의 최종 목표를 충족시키기 위하여 필요한 특정 단계나 하위 목표를 확인하도록 하는 데 특히 유용하다.

- 방법: 종이를 8개의 사각형으로 나누어라. 클라이언트가 종이의 맨 위 왼쪽에 그들의 현재 상황을 그리도록 하고, 맨 아래 오른쪽 칸에는 그들의 목표를 그리도록 하라. 그런 다음 중간 사각형에 필요한 것을 채워 넣도록 요구하라. 8개의 사각형이 충분하지 않다면 더 많은 사각형을 추가할 수 있고, 반대로 8개의 사각형이 너무 많다면 빈 사각형에 줄을 그어 비우도록 한다.

- 보고: 클라이언트가 목표에 도달하는 데 필요한 단계들을 확인하면, 자연스럽게 목표 달성을 위해 혹시 더 필요한 단계가 있는지 찾아보게 하라. 그런 다음에 당신은 클라이언트가 그들의 목표를 달성하는 데 어떤 장애물이 있는지 또는 어떤 지원이 그들에게 도움이 되는지에 대하여 생각하도록 요청하면서 행동 계획과 관련된 논의를 원할 수도 있다. 클라이언트의 동기 수준에 관해서 논의하고 실행력을 더 향상시키기 위해 할 수 있는 것이 있는지를 찾을 때 평정 척도를 이용하는 것 또한 유용하다.

- 응용: 종이에 사각형을 그리는 대신에 포스트잇을 사용하라. 포스트잇은 클라이언트가 목표의 순서를 조작하도록 해 주고 대화하는 동안 하위 목표를 확인할 때 유용할 수 있다.

- 유용한 사례: 목표 도달에 필요한 특정 단계를 확인하기 위하여 약간의 도움이 필요한 클라이언트에게 유용하다.

▶ 사례 연구

잭은 어찌할 바를 몰랐다. 그는 대학 졸업을 앞둔 상황이었고, 졸업을 하고 나서 직장을 구할 계획이었다. 그는 여름방학 동안 시간을 내서 동남아시아 지역을 여행하려고 계획하였다. 그는 여행 경비를 위하여 돈을 벌어야 했지만 무엇을 어떻게 해야 하는지에 대해 명확한 계획을 가지고 있지 않았다. 그는 할 일이 너무 많고 모든 일들이 급하다고 느꼈다.

커리어 코치는 한 묶음의 포스트잇과 큰 종이를 그에게 주었고, 잭은 자신의 목표를 그림으로 그려 나갔다. 그런 다음 수업, 지원서와 곧 있을 면접, 해외여행을 위한 전체 준비와 같이 목표를 달성하는 데 필요한 단계들을 차례대로 선택하여 각각의 종이에 그렸다. 그리고 적당한 날짜에 맞춰 하나의 표에 순서대로 배열하기 시작하였다.

최종판은 길었고 잭은 다음 몇 달이 바쁠 것임을 알았지만 적어도 그가 해야 할 일은 명확해졌다. 잭은 무엇이 필요한지, 언제 해야 할지를 분명하게 알게 되어 안심이 된다고 말하였다.

7. 역할 모델

역할 모델(role model)을 사용하는 활동은 커리어 코칭 환경에서 다양한 방식으로 사용될 수 있고, 클라이언트가 무의식적으로 하는 가치판단에 직접적으로 접근할 수 있는 방법이다.

• 방법: 클라이언트에게 3~4명의 역할 모델을 찾도록 요청하라. 역할 모델은 자신이 아는 사람이나 들어 본 유명인, 심지어 문헌이나 텔레비전에서 나오는 가상의 인물도 될 수 있다. 클라이

언트에게 각각의 역할 모델이 자신의 현재 상황에 대해 어떤 조
언을 줄 것 같은지, 역할 모델이 지금 클라이언트에게 무엇을
해야 한다고 말할 것 같은지 생각해 보도록 요청하라.

- 보고: 클라이언트에게 그들의 역할 모델로부터 얻은 조언에 대
해 생각해 보도록 요청하라. 역할 모델이 모두 같은 조언을 했
는가? 당신의 클라이언트는 그 조언이 건전하다고 생각하는가?
그들이 조치를 취할 수 있다고 생각하는 것이 있는가?

- 응용: 역할 모델과 함께 일하는 것도 클라이언트에게 자신의 가
치와 목표에 대해 생각하게 하는 좋은 방법이다. 클라이언트에
게 이러한 역할 모델에 대해 존경하는 점을 설명하도록 요청한
다음, 그들과 유사한 정도에 대해 토론하라.

사례 연구

심란은 다음 단계를 결정하는 데 도움을 받기 위해 커리어 코치를
만나러 왔다. 졸업 후 그녀는 홍보회사에서 일했다. 그녀는 일자리를
얻게 되어 기뻤고 모든 것이 순조롭게 진행되고 있었다. 하지만 그녀
는 계속해서 영화계로 자신을 유혹하려는 머릿속의 목소리를 떨쳐 낼
수 없었다. 어릴 때부터 꿈꿔 왔던 영화지만, 위험하고, 위태롭고, 경쟁
이 치열한 분야라는 것을 알고 있었기에 더 안전한 방법으로 PR을 택
했다. 그녀는 그 선택으로 만족한다고 생각했지만 1년이 지난 후에도
여전히 꿈을 품고 있었다. 그녀의 커리어 코치는 심란이 3~4개의 역할
모델을 파악하고 각각의 역할 모델과 상상의 대화를 통해 그들이 그녀
에게 어떤 조언을 줄 수 있는지 알아내야 한다고 제안했다. 심란은 할
머니와 현재 조직의 CEO, 부모님의 친구를 선택했다. 심란은 역할 모
델과의 대화를 상상하고 그들의 조언을 열심히 들었다. 심란에게 가장

놀라운 점은 3명의 역할 모델 모두 그녀에게 매우 유사한 조언을 제공했다는 점이다. 그녀는 이 과정이 마음 깊은 곳에서 자신이 무엇을 하고 싶은지 정말로 알고 있었고, 자신의 선택에 대해 더 자신감을 가질 필요가 있었다고 강조했다고 결론지었다. 이러한 통찰력을 갖춘 심란에 대해 코치는 대화의 초점을 바꾸고 심란이 자신의 선택과 능력에 대해 더 자신감을 가질 수 있도록 돕는 몇 가지 방법을 찾아야 한다고 제안했다.

8. 미래의 자신에게 편지 쓰기

이것은 클라이언트가 다른 각도에서 현재 상황을 볼 수 있는 상상력이 동원되는 방법이다.

- 방법: 클라이언트에게 스스로에게 편지를 쓰도록 요청하라. 이 편지는 10년 후의 자신이 현재의 자신에게 보내는 것이다. 미래의 자신은 장기적 관점에서 클라이언트의 현재 상황에 대해 소박한 견해를 주어야만 한다. 이 견해에는 클라이언트가 무엇을 하고, 현재 상황을 어떻게 처리하며, 일에 대해 어떻게 보아야 하는지가 포함될 수 있다. 이 견해는 곧바로 취하여야 할 행동명령이나 클라이언트의 현재 상황에서의 긍정적인 면을 일깨우는 것, 즉 지속해 나가도록 하는 격려일 수도 있다.
- 보고: 클라이언트가 당신에게 편지를 읽어 준 후 주제와 중요한 메시지를 확인하게 하라. 미래의 자신이 왜 그런 관점과 특별한 충고를 하였는지에 대해 분석하도록 격려하라.

- 응용: 당신은 1년, 2년, 5년 후의 미래에서 온 편지의 장면을 단
계적으로 변형할 수 있고, 그 편지가 중점을 두고 있는 문제를
구체적으로 명시할 수 있다. 편지 이외에 기록된 문서는 추도연
설 또는 퇴임 인사말이 될 수 있다.
- 유용한 사례: 자신의 현재 상황에 대한 현실적인 관점을 얻기 위
해 노력할 때처럼 나무만 보고 숲을 보지 못하는 클라이언트에
게 유용하다.

사례 연구

캐서린은 자신의 커리어가 교착상태에 빠져 있다고 느끼고 있었다.
그녀는 자신을 우수한 인재라고 여겼지만 지금은 점점 위축된다고 느
꼈다. 그녀의 커리어 중에는 출산휴가로 인해 기회를 잡지 못한 두 번
의 승진 기회가 있었으며, 지금은 어린 자녀가 둘 있는데, 육아와 일 사
이에서 이러지도 저러지도 못하고 있다. 직장에서 정말 성공하기 위해
서는 일하는 데에 더 많은 시간을 들여야 하는데, 그렇게 하면 필연적
으로 아이들과 보내는 시간을 잃게 된다. 좋은 엄마가 된다는 것은 그
녀에게는 아주 중요한 부분이었지만, 육아로 인해 일을 하는 데 더 많
은 시간을 가질 수 없다는 것에 좌절감을 느꼈다.

캐서린의 커리어 코치는 그녀에게 51세가 된 자신이 41세의 자신에
게 현 상황에 대한 견해와 그 문제를 잘 처리할 수 있도록 하는 충고가
담긴 편지를 쓰도록 제안하였다. 캐서린이 쓴 편지의 요지는 그녀가 일
에 대한 긴장을 풀어야 한다는 것이었다. 51세의 캐서린은 아이들이
언제까지 어리지만은 않을 텐데 일하느라 컴퓨터에 붙어서 아이들과
함께할 수 있는 귀한 시간을 낭비한다면 반드시 후회할 것임을 현재의
캐서린에게 상기시켰다. 그녀는 직장 생활을 잘 수행해 왔고, 지금은

꽤 높은 지위와 상대적으로 좋은 보수를 받는 직업을 가졌다. 그녀는 지금까지 잘해 왔다는 것을 인식하게 되었고 자녀들과 함께 시간을 보내는 것이 옳다고 깨닫게 되었다.

커리어 코치와 상의하는 동안 캐서린은 자신에게 쓴 편지 자체는 그녀에게 그다지 놀라울 만한 것이 아니었지만, 편지에 담긴 분명한 메시지에 감동을 받았다고 전하였다.

나는 1장에서 커리어 코칭과 다른 커리어 지원 유형을 구별할 수 있는 것 중의 하나가 커리어 코칭 도구의 사용이라는 것을 언급했다. 당신이 특정 클라이언트 집단을 돕기 위하여 사용하거나 적용할 수 있는 도구들은 책이나 인터넷을 통해 찾을 수 있다. 그중에서 당신에게 맞는 몇 가지 도구는 클라이언트와 상호작용하는 데 일관되게 효과적일 것이다. 그러나 당신의 재량에서 광범위한 코칭 도구와 기술을 갖는다는 것은 클라이언트 개인의 특정 요구에 맞는 코칭 개입을 할 수 있다는 것을 의미하고, 결과적으로 당신이 더 유능한 코칭 전문가가 될 수 있다는 것을 의미한다. 코칭 전문가와 코칭학계에서는 늘 새로운 아이디어들이 끊임없이 나오고 있으며 지속적으로 업데이트되고 있다. 당신의 레퍼토리는 당신의 업무를 최신 상태로 유지하고, 클라이언트를 위해 최선을 다하고 있는지 확인하는 데 도움이 될 것이다.

참고문헌

Loader, T. (2009). Careers collage: Applying an art therapy technique in career development: A secondary school experience. *Australian Career Practitioner, 20*(4), 16–17.

직업 세계로의 코칭

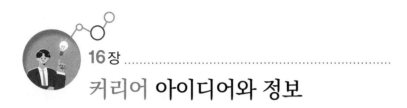

16장

커리어 아이디어와 정보

8장에서는 클라이언트가 정보 부족, 종종 자신에 대한 제한된 이해, 자신에게 적합한 커리어 옵션에 대한 명확한 아이디어 없음, 조직이 어떻게 작동하는지에 대한 이해 부족 등으로 어려움을 겪을 수 있다는 증거를 강조했다. 우리는 이미 클라이언트가 자신을 좀 더 잘 이해할 수 있도록 돕는 여러 가지 접근 방식을 다루었으며, 이 장에서는 클라이언트가 적합한 직업 아이디어를 생성하도록 돕는 방법과 직업 세계에 대해 더 많이 알 수 있도록 돕는 방법에 대해 생각해 본다.

이 장은 두 부분으로 구성되어 있다. 첫 번째 파트에서는 클라이언트가 적합한 직업 아이디어를 생성하도록 도울 수 있는 방법을 살펴볼 것이다. 두 번째 파트에서는 커리어 코치가 직업 세계에 대해 얼마나 많이 알아야 하는지에 대한 토론을 시작으로 직업 관련 정보에 집중한 다음, 클라이언트가 원하는 정보, 직업 만족도에 영향을 미칠 수 있는 정보, 클라이언트가 실제로 지원하는 일자리를 얻는 데 도움이 될 수 있는 정보에 초점을 맞춰 우리가 알아야 할 사항을 살펴본다.

🏢 직업 아이디어 생성

합리적인 잠재적 직업 아이디어 목록을 생성하는 것은 커리어 선택 과정에서 정말 어려운 부분이며, 따라서 클라이언트는 종종 약간의 도움이 필요하다. 클라이언트가 직업에서 원하는 것이 무엇인지, 어떤 기술이나 강점을 활용하고 싶은지를 잘 파악하고 커리어 코칭 세션에 참여하지만, 어떤 직업이 이러한 희망을 충족시킬 수 있는지 모르는 경우가 많기 때문에 코치는 클라이언트가 후보 목록을 생성하는 데 도움이 될 수 있는 몇 가지 기술을 가지고 있는 것이 유용하다. 특히 직장을 접해 본 경험이 적은 젊은 클라이언트는 직접 물어보면 몇 가지 직종만 파악하는 경우가 많지만, 창의적인 질문을 조금만 던지면 훨씬 더 많은 아이디어를 떠올릴 수 있다. 다음에서는 클라이언트와 공유하여 몇 가지 아이디어를 창출하는 데 도움이 될 수 있는 열두 가지 제안을 제시한다.

🏢 외부 자원

1. 온라인 도구를 활용하라. 직업 아이디어를 생성할 수 있는 수많은 컴퓨터 프로그램과 심리 측정 검사가 있다. 일반적으로 이러한 도구는 당신 자신에 대하여 질문을 한 다음, 광범위한

직업 데이터베이스를 활용하여 적합한 직업을 파악한다. 이러한 도구는 직업 관심사(예: 강점 목록), 성격 특성(예: MBTI-마이어스 브릭스 유형 지표)을 기반으로 하거나 관심사와 기술을 결합할 수 있다(예: Morrisby Profile). 이러한 도구는 현재의 기준 범위 밖에 있는 직업을 파악할 수 있으므로 새로운 방향으로 사고를 확장하는 데 유용할 수 있다.

2. 친구나 가족에게 내가 잘할 수 있거나 좋아할 만한 직업이 무엇인지 물어보라. 다른 사람들은 다양한 직업과 산업에 대해 알고 있을 것이기 때문에 그들의 지식을 활용하는 것이 유용할 수 있으며, 무엇보다도 그들이 생각하는 당신에 대한 인식과 강점은 당신이 생각하지 못했던 아이디어로 이어질 수 있다.

3. 직업 웹사이트를 훑어보며 어떤 직업이 눈에 띄는지 살펴보라. 이를 통해 흥미로운 직업 아이디어를 얻을 수 있으며, 관심 있는 직업의 공통 요소에 대해 생각해 보면 당신이 원하는 직업을 더 잘 파악하는 데 도움이 될 수 있다.

🏢 당신 자신에 대한 지식

4. 당신이 활용하고 싶은 강점이나 당신에게 중요한 가치에 대해 생각해 보고 이를 실현할 수 있는 열 가지 직업을 찾아보라.

5. 당신의 초능력은 무엇인가? 당신이 가장 잘하는 한 가지를 생각해 보고, 그 능력이 발휘될 수 있는 다양한 역할이나 상황에 대해 생각해 보는 시간을 가져 보라.

🏢 당신의 경험

6. 당신이 아는 모든 사람들이 하는 일을 나열하라. 어떤 것이 가장 흥미로울 것 같은가?

7. 일주일 동안 만나는 모든 사람 또는 보거나 읽은 가상의 인물들의 다양한 직업을 모두 메모해 보라. 그들의 직업을 모두 적고 누구의 직업이 가장 매력적으로 보이는지 생각해 보는 시간을 가져보라.

🏢 잠재의식 탐색하기

8. 일주일 동안 머릿속에 떠오르는 다양한 산업, 조직, 직업 또는 업무를 모두 적어 백일몽 일기장을 작성하라. 공통적인 주제가 있는가? 특별히 끌리는 것이 있는가?

9. 어릴 적 생각한 커리어에 대해 떠올려 보라. 커서 무엇이 되고 싶었는가? 어렸을 때 존경했던 사람은 누구였으며 어떤 일을 했나?

🏢 스스로에게 자유로운 질문을 던져 보기

10. 실패할 수 없다는 것을 안다면 어떻게 하겠는가?

11. 모든 직업의 급여가 동일하다면 어떤 일을 하겠는가?

12. 마술 지팡이를 흔들 수 있다면 어떤 일을 하겠는가?

첫째로, 이러한 접근법을 사용하여 직업 아이디어를 무비판적으로 생성하는 것이 유용하다. 이 접근법 중 세 가지를 선택하여 클라이언트가 각각 열 가지 직업 아이디어를 내놓는 목표를 설정하고, 그들이 스스로를 검열하거나 어떤 직업도 배제하지 않도록 격려하라. 이 단계에서는 가능한 한 많은 아이디어를 생성하는 것이 목표다. 직업 목록이 상당 부분 완성되면, 좀 더 분석적인 자세로 클라이언트에게 어떤 직업에 특히 매력을 느끼는지, 어떤 직업이 그들을 냉담하게 만드는지 물어볼 수 있다. 클라이언트에게 매력적인 직업의 공통점이나 매력적이지 않은 직업의 공통점을 찾아내도록 하여 자신의 선택 기준을 더 잘 이해할 수 있도록 도와주는 것도 유용할 수 있다. 또는 클라이언트에게 업무에서 가장 중요하다고 생각하는 특성부터 시작하도록 요청한 다음, 목록을 살펴보고 어떤 직업이 자신의 요구 사항을 충족할 가능성이 높은지 확인하도록 할 수 있다.

실제로 이 부분은 코치와 클라이언트가 함께 협력하여 적합한 직업을 찾아낼 때 가장 효과적이다. 물론 클라이언트가 생성하는 직업 아이디어는 당신이 제안한 것보다 적합할 가능성이 더 크지만, 커리어 코치로서 당신은 클라이언트보다 더 다양한 직업에 대해 잘 알고 있을 가능성이 높으며, 때로는 클라이언트를 더 잘 알수록 한두 가지 아이디어가 머릿속에 떠오를 수도 있다. 이렇게 잠재적으로 유용한 직업 아이디어를 클라이언트와 공유하지 않는 것은 다소 솔직하지 못한 태도로 보일 수 있으며, 당신의 생각을 신중하게 표현하는 한 클라이언트에게 가치를 더할 수 있다.

아이디어를 공유할 때 발생할 수 있는 위험은 전문가인 여러분이 특정 직업을 제안했다는 사실만으로 클라이언트가 그 직업이 반드시 좋은 선택이라고 믿게 되어 조기에 자신의 생각을 접을 수 있다는 것이다. 하지만 적절한 시점에 적절한 방식으로 제안을 제공함으로써 이러한 위험을 완화할 수 있다. 시기적인 측면에서는 클라이언트로부터 가능한 모든 직무 아이디어를 얻을 때까지 제안을 보류하고, 클라이언트가 직무 아이디어의 흐름을 모두 소진한 것 같으면 다른 아이디어를 원하는지 물어볼 수 있다. 제안을 올바른 방식으로 제공하려면, 클라이언트가 목록에 추가하고 싶을 수도 있고 원하지 않을 수도 있는 단순 생각, 단순 아이디어, 단순 제안을 제시하면서 잠정적으로 제공하라. 또한 클라이언트에게 적합하다고 생각되는 특정 직업의 특징을 설명하면서 당신의 사고 과정을 공유하는 것도 유용할 수 있다. 그러면 그들은 당신의 논리가 그들에게 의미가 있는지 여부를 평가할 수 있기 때문에 당신의 아이디어에 대해 더 비판적인 관점을 가지도록 해 줄 수 있다.

젊은이

커리어 선택 과정의 대부분에서 서로 다른 클라이언트 그룹의 과정과 경험은 거의 차이가 없다. 16세든, 36세든, 또는 66세든, 모두 의사결정 과정과 코치가 클라이언트를 지원하기 위해 사용할 수 있는 도구는 매우 유사하다. 그러나 상당한 차이가 있는 영역 중 하나는 직업 세계에 대한 우리의 이해이다.

Bimrose와 Barnes(2006)의 연구에 따르면 젊은이들은 세 가지 유형의 직업을 개념화했다.

1. **로또 직업**: 팝스타나 축구 선수와 같은 유명하고 지위가 높은 직업은 젊은이들이 미디어를 통해 많이 접하는 직업이다. 젊은이들은 이러한 직업을 가질 수 있는 가능성에 대해 비교적 정확하게 인식하는 경향이 있으며, 우연의 역할과 가능성이 희박한 확률을 이해하는 경향이 있다.

2. **높은 지위의 직업**: 이들 직업은 로또 직업과 같이 높은 지위를 공유하지만, 이 경우 필요한 것은 운보다는 높은 수준의 자격이다. 이 카테고리의 직업에는 의학 및 법률이 포함된다.

3. **관례적인 직업**: 가족구성원의 직업과 같이 젊은이들이 직접 접하는 직업이다.

젊은이들이 직업 세계를 바라보는 시각은 전적으로 자신의 경험에 의해 결정된다. 나이가 많은 클라이언트일수록 자신의 경험 너머에 '더 넓은' 직업 세계가 존재한다는 것을 이해하고 자신의 지식을 향상시키기 위해 노력하는 경우가 많지만, 젊은이들은 자신이 모든 것을 알고 있다고 확신하는 경향이 더 크다. 직업은 눈에 보이는 것(직접 접해 본 직업)과 보이지 않는 것(접해 보지 않은 직업)으로 나뉘며, 각 직업에는 눈에 보이는 부분과 보이지 않는 부분이 있다. 예를 들어, 교사의 눈에 보이는 업무에는 학급 앞에 서는 것이 포함되지만, 수업 계획과 Ofsted(Office for standards in education, children's services and skills) 행정 업무는 보이지 않는다. 커리어 코치가 젊은 클라이언트에게 기여할 수 있는 한 가지 큰 공헌은 눈에 보이는 직업과 눈에 보이는 업무만이 존재하는 것이 아니라는 인식을 심어 주는 것이다.

클라이언트가 잠재적인 직업의 후보 목록을 정했다면, 다음 단계는 일반적으로 몇 가지 조사를 수행하는 것이다. 이제 당신과 클라이언트가 알아야 할 유용한 정보의 종류와 이러한 지식을 가장 유용하게 적용할 수 있는 방법에 대해 살펴본다.

커리어 정보

전통적으로 직업 분야에서는 직업 세계에 대한 다양한 유형의 정보 사이에 구분이 있다. 여기에는 직업 지식(특정 직업에서 실제로 하는 일, 필요한 자격, 수입 등), 노동시장 정보(고용 동향에 대한 사실과 수치, 쇠퇴하는 산업, 국가 내 실업률이 높은 지역 등), 노동시장 지능(이러한 사실에 대한 해석)이 있다. 이러한 분류는 직업(커리어) 정보 전문가들이 자신의 라이브러리와 자체 연구를 구조화하는 데 도움을 주기 위해 고안되었지만, 클라이언트에게는 그다지 유용하지 않을 수 있다. 복잡한 직업 세계를 이해하려는 개인에게는 정보가 어떻게 분류되었는지는 중요하지 않으며, 그 직업이 무엇인지, 자신에게 적합한지, 그 직업을 얻을 수 있는지(그리고 어떻게 얻을 수 있는지)를 알고 싶을 뿐이다. 따라서 이 장에서는 기존의 구분을 무시하고 대신 어떤 정보가 유용할 수 있고 어떻게 사용할 수 있는지에 대한 실질적인 문제에 초점을 맞춘다.

커리어 코치는 얼마나 많이 알아야 할까

이 질문에 대해서는 다양한 입장이 있다. 노동시장, 직업 정보 및 지역 공공기관을 잘 파악하는 것이 자신이 하는 일의 기본적인 부분이라고 굳게 믿는 커리어 코치들이 있다. 이러한 코치들은 경험을 통해 클라이언트가 어느 정도의 지식을 기대하며, 그들이 요구하는 정보를 제대로 주지 못한다면 클라이언트에게 큰 손해를 끼친다고 느낀다. 커리어 코칭 세션에서 커리어 정보를 제공할 필요가 없다고 생각하는 코치부터 클라이언트에게 정보를 제공해야 할 필요성을 느끼는 코치는 기껏해야 나쁜 코치이고 최악의 경우 클라이언트의 결정을 훼손할 위험이 있다고 생각하는 코치까지 척도의 모든 지점에서 해당하는 실무자를 찾을 수 있다. 내 견해로는 어느 정도의 지식은 중요한 영역을 다루고, 클라이언트가 고려 중인 옵션의 현실을 직시하며, 적절한 경우 플랜 B를 고려하도록 하는 데 도움이 될 수 있다고 생각한다. 하지만 정보는 신중하고 조심스럽게, 그리고 드물게 사용해야 한다.

이렇게 주의를 당부하는 이유는 포괄적인 노동시장 정보에 기반한 코칭 관계가 가능하지도 않고 바람직하지도 않기 때문이다. 이에 대해 좀 더 자세히 설명하겠다.

1. 노동시장에 대해 모든 것을 아는 사람은 없다. 정부 분류인 표준 직업 분류(ONS, 2020)에 따르면 553개의 주요 직업군이 있다. 각 직업에는 다양한 경로, 노선, 전문화가 존재하고 고용주마다 해당 직업이 수반하는 업무와 그 직업에 도달하는 방법에 대한 고유한 버전이 있을 수 있다. 또한 지역, 국가 및 국제 동향에 대한 최신 정보를 파악하고 산업의 미래 방향과 새로운 발전에 대한 명확한 아이디어가 있어야 한다. 직업 세계의 모든 세부 사항을 완벽하게 파악할 수는 없다. 따라서 자신을 모든 커리어 지식을 갖춘 코치로 설정하면 자신이 알고 있는 일부 정보만 제시하여 클라이언트를 오도하거나, 클라이언트가 자신의 전문 지식이 포괄적이지 않다는 사실을 알게 되면 신뢰를 잃게 될 것이다.

2. 정보에 대해 객관적인 태도를 취하는 것은 매우 어렵다. 정보가 공유되면 필연적으로 해석될 수밖에 없기 때문에 클라이언트에게 말하는 내용이 편향될 수 있다. 당신은 무엇에 초점을 맞출지, 어떻게 표현할지, 어떤 어조로 말할지를 선택하게 된다.

3. 코칭의 철학은 클라이언트를 대신하여 일을 처리하는 것이 아니라 권한을 부여하고 가능하게 하는 데 뿌리를 두고 있다. 클라이언트에게 정보를 제공하면 특정 상황에서 도움이 될 수는 있지만, 클라이언트가 스스로 연구할 수 있는 능력에 대한 자기효능감을 향상시키지 않거나 미래에 도움이 될 수 있는 기술을 개발하도록 장려하지는 않는다.

4. 인터넷에서 몇 번의 클릭만으로 필요한 정보를 거의 항상 얻을 수 있는 요즘, 클라이언트가 코치와 함께 정보를 구하는 데 시간을 보내는 것은 자원을 잘 활용하는 것처럼 느껴지지 않는다. 코치가 일대일 개입에 가져올 수 있는 특별한 기술은 다른 곳에서는 얻기 어려운 것이다. 사실적인 정보 제공은 그중 하나가 아니다.

직업 세계에 대해 알 필요가 없다고 말하는 것이 아니다. 여기에서 문제는 클라이언트와 공유하는 방법과 양에 관한 것이다. 정보는 코치의 개입에 중요한 역할을 할 수 있고 해야 하지만 신중하게 사용해야 한다는 말이다.

정보가 중요하지만 신중하게 다뤄야 한다는 점을 이야기했으니, 이제 우리에게 가장 유용하게 쓰일 수 있는 정보의 특성에 대해 생각해 보자.

🏢 코치는 무엇을 알아야 하나

가장 유용한 정보를 세 가지 그룹, 즉 클라이언트가 원하는 정보, 향후 직업 만족도에 영향을 미칠 수 있는 정보, 실제 취업에 도움이 되는 정보 등으로 나누어 분석해 보았다.

클라이언트가 원하는 것은 무엇인가

클라이언트는 정보를 중요하게 생각하지만, 커리어 코치를 정보 제공자로 보기보다는 스스로 정보에 접근할 수 있는 경로를 제공받는 데 더 관심이 있는 경우가 많다. 워릭 고용 연구소의 설문조사(Bimrose & Barnes, 2006)를 보면, 커리어 개입(intervention)이 유용하다고 평가한 클라이언트의 98%는 코치와의 상호작용이 부분적으로는 노동시장에 초점을 맞추었지만, 대부분의 경우 제공된 정보는 커리어 정보 그 자체보다는 유용한 웹사이트로 연결되는 이정표 형태였다고 답했다.

가치가 있는 정보의 종류를 좀 더 구체적으로 살펴보면, Offer (2000)는 특히 클라이언트가 특정 분야에 취업할 가능성과 그러한 기회를 극대화할 수 있는 방법을 알려 줄 수 있는 정보의 종류에 관심이 있다는 것을 발견했다. 클라이언트는 특정 직업을 얻을 수 있는 가능성을 가늠하기 위해 경쟁률, 특정 지역의 일자리 현황, 성공 가능성 등을 알고 싶어 한다. 또한 진입 경로, 자격의 가치, 특정 분야에서 가장 일반적으로 사용되는 선발 및 채용 방법에 대해서도 알고 싶어 한다.

Bimrose와 Barnes(2006)의 연구에서 마지막으로 발견한 것은 사람들이 직업 그 자체뿐만 아니라 그 직업을 수행하는 사람들이 어떤 사람들인가에 대해서도 점점 더 관심을 보인다는 점이다. 우리는 3장에서 커리어 또는 커리어 정체성의 중요성과 이것이 커리어 의사결정 과정에 미치는 영향에 관해 이야기했다. 클라이언트의 요구가 이를 반영하기 시작했다는 점은 흥미롭다.

직업 만족도에 영향을 미치는 정보 요소는 무엇인가

전문가로서 클라이언트를 도울 수 있는 유용한 연결고리 중 하나는 직업 정보와 직업 만족도 간의 연결이다.

이 주제에 대한 자세한 내용은 5장에서 확인할 수 있지만, 다시 한번 상기시키면, 직업 만족도를 높일 수 있는 업무 요소로는 업무의 다양성, 동료, 근무 조건, 업무량, 자율성, 교육 기회, 의미 등이 있다.

이러한 요소와 직업 만족도 사이의 연관성을 클라이언트와 공유하는 것이 유용할 수 있다. 예를 들어, 클라이언트가 서로 다른 두 가지 역할 중 하나를 선택하려고 하는 경우, 업무의 다양성이 직업 만족도의 핵심 요소임을 시사하는 문헌에 대해 이야기할 수 있다. 그런 다음, 이를 출발점으로 삼아 어떤 종류의 다양성이 가장 적합한지, 그리고 어떤 역할이 가장 다양하다고 생각할 수 있는지에 대해 토론할 수 있다. 이 책에 제시된 모든 연구와 마찬가지로, 직업 만족도에 대한 증거는 확실성보다는 추세와 가능성에 관한 것이다. 업무의 다양성이 직업 만족도와 관련이 있다는 경험적 증거가 있다고 해서 클라이언트에게도 반드시 해당한다는 의미는 아니다. 앞서 언급했듯이 업무의 다양성이라는 개념은 주관적인 개념이라는 점을 항상 염두에 두어야 한다. 모든 사람이

다양한 직업이 무엇인지에 대해 같은 의견을 공유하지는 않겠지만, 다양성이
자신에게 어떤 의미이며 얼마나 중요한지에 대해서는 유용한 토론을 이끌어
낼 수 있다.

웹사이트에서는 일반적으로 이러한 문제를 많이 다루지 않으며,
이러한 요소는 부서별은 아니더라도 조직에 따라 크게 달라지기 때
문에 일반적인 채용 정보 채널을 통해 정확하게 파악하는 것은 거의
불가능하다. 하지만 이러한 요소들이 역할에 미칠 수 있는 영향을
고려할 때, 이러한 요소들은 가치 있는 대화의 출발점이 될 수 있다.

앞의 두 섹션에서 특히 눈에 띄는 점은 커리어 정보 목록이 다르
다는 것이다. 클라이언트가 우리에게 요청하는 정보는 직업 만족도
에 대한 단서를 제공할 수 있는 정보와는 상당히 다르다.

클라이언트가 보다 유익한 구직활동을 하는 데 도움이 되는 정보

클라이언트는 코칭 세션의 결과로 궁극적으로 취업을 원하는 경
우가 많으므로, 클라이언트가 노동시장에서 '플레이'하는 데 도움이
되거나 다른 지원자보다 자신을 더 매력적으로 만드는 데 도움이 될
수 있는 커리어 및 직업 정보를 고려하는 것이 유용하다.

경제 전체 및 특정 산업 내 미래 트렌드를 이해하면 클라이언트가
구직 시장의 변화를 예측하고 그에 따라 구직전략을 전환할 수 있
다. 예를 들어, 패션 업계에서 프린트 디자인의 중요성이 점점 더 커
지고 있다는 제안이 있을 수 있다. 이러한 지식으로 무장한 신진 디

자이너는 고용주에게 깊은 인상을 줄 수 있는 패브릭 디자인으로 자신의 포트폴리오를 구성할 수 있다.

노동시장 내 구인난이 심한 분야를 파악하면 경쟁이 덜 치열한 특정 직무를 파악할 수 있다. 소아과 컨설턴트 일자리는 거의 없고 경쟁이 치열한 반면, 소아외과는 경쟁이 훨씬 덜 치열하다는 사실을 아는 것은 어린이를 대상으로 일하는 데 관심이 있는 신진 의사에게 도움이 될 수 있다.

클라이언트가 재교육이나 기술 향상에 관심이 있는 경우, 가장 바람직한 특정 기술이나 자격에 대한 지식이 유용할 수 있다. 예를 들어, 클라이언트는 국내의 수백 개 저널리즘 과정 중 업계에서 가장 인정받는 두 가지 과정이 있다는 사실을 알면 경쟁 우위를 확보할 수 있다.

지금까지 우리는 커리어 결정 과정과 구직 단계 모두에서 클라이언트에게 유용한 정보를 살펴보는 데 시간을 할애했다. 이제 이 정보를 실제로 어떻게 활용할 수 있는지에 대한 주제로 넘어간다.

🏢 이러한 아이디어를 실무에 활용하는 방법

개입 중 정보 활용하기

직업 세계에 대한 지식을 적용하는 가장 가치 있는 방법 중 하나는 개입을 구성하는 데 이를 활용하는 것이다. 전문 지식은 클라이언트에게 언제, 어디까지 도전해야 하는지 알 수 있도록 도와주며, 밀어붙여야 할 부분은 밀어붙이고 추구할 필요가 없는 부분은 그만

둘 수 있게 해 준다. 그리고 대안을 생각하거나 추가 조사를 하거나 기술을 연마하는 데 더 많은 시간을 할애하는 것이 클라이언트에게 유용한지 여부를 결정하는 데도 도움이 될 수 있다. 그리고 클라이언트에게 한마디 말도 하지 않고도 이 모든 것을 할 수 있다.

클라이언트가 사양길에 접어든 업계에서 커리어를 쌓고 싶다고 의사를 밝힐 수 있다. 물론 당신은 이 클라이언트가 사양길에 접어든 업계에서 매우 만족스러운 커리어를 쌓을 수 있을지, 아니면 짧은 커리어를 발판 삼아 다른, 그러나 똑같이 만족스러운 일을 할 수 있을지 등 업계에 어떤 일이 일어날지 예측할 수 있는 위치에 있지는 않다. 다시, 클라이언트가 이러한 상황과 미래에 대해 완전히 눈을 뜨고 결정을 내리는 것이 클라이언트에게 도움이 될 수 있다고 생각할 수도 있다. 코치로서 당신은 클라이언트에게 이 분야에 대해 어떤 연구를 해 왔는지, 현재 업계에 대해 얼마나 이해하고 있는지, 미래의 트렌드에 대해 알고 있는 것이 있는지 등을 물어볼 수 있다. 물론 이러한 질문은 어떤 분야에서든 어떤 클라이언트에게도 물어볼 수 있는 질문이지만, 만약 당신이 이러한 종류의 노동시장 통찰력을 가지고 있다면, 아마도 이러한 질문에 더 오래 집중하고, 성장과 번영을 하는 업계를 선택한 클라이언트보다는 조금 더 단호하게 질문을 할 것이다.

▶ 사례 연구

존은 광고 분야에 뛰어들고 싶어 했다. 그와 그의 코치는 모두 이 분야가 경쟁적인 분야이며 일자리 경쟁이 항상 치열하다는 것을 잘 알고 있다. 존은 코치에게 잘 작성되고 관련성이 높으며 깔끔하게 정리된 이력서를 보여 주었다. 하지만 창의적이지는 않았다. 코치는 최근 광고 업계 채용 담당자와 이야기를 나눈 적이 있었고, 창의성이 매우 중요하게 평가되는 요소라는 것을 알고 있었다. 그는 최종 후보에 오른 이력서에 대한 이야기를 들었다. 최종 후보에 오른 이력서에는 모두 자신을 돋보이게 하는 무언가가 있었고, 채용 담당자는 조금은 평범하지 않은 이력서에 더 끌릴 가능성이 높다는 점을 분명히 했다. 코치는 이 정보를 활용하여 질문 방향을 잡았다. 그는 존에게 자신의 표준 레이아웃이 어떤 인상을 줄 것으로 생각하는지 묻고 채용 담당자가 염두에 두고 있는 이상적인 모습과 비교해 보라고 요청했다.

이 단계에서 존은 원래 레이아웃을 고수할지, 아니면 자신의 창의적인 면을 더 잘 반영할 수 있는 다른 레이아웃을 실험해 볼지 결정했을 수도 있다. 하지만 코치의 지식 덕분에 존이 다시 한번 생각해 볼 수 있는 질문을 던질 수 있었다.

직접적으로 정보 제공하기

이 장의 서두에서 정보를 직접 제공하고 싶은 유혹이 있을 때마다 자제해야 하는 이유를 이야기했지만, 예외가 있으며 때로는 클라이언트와 정보를 공유하는 것이 유용할 수 있다. 내가 클라이언트에게 가장 일반적으로 제공하는 정보 유형은 다음과 같다.

웹사이트 또는 기타 자원

인터넷은 클릭 한두 번만 하면 원하는 모든 정보에 액세스할 수 있게 해 주지만, 동시에 두 가지 중요한 과제를 안겨 준다. 첫째, 자신에게 가장 유용한 웹사이트를 찾는 방법과 둘째, 읽고 있는 정보의 품질이 좋은지 확인하는 방법이다. 따라서 클라이언트는 자신이 사용했거나 추천받은 웹사이트, 정확하고 최신 정보라고 확신할 수 있는 웹사이트를 추천받을 수 있다. 또한 클라이언트에게 유용한 정보를 제공할 수 있는 책, 기사, 팟캐스트 및 이벤트도 있으며, 정보를 직접 공유하는 것보다 자원을 공유함으로써 코칭 과정에서 매우 중요한 동등한 관계를 유지할 수 있다.

엔트리 레벨 전제 조건

클라이언트가 특정 직업 분야에 대해 이야기할 때, 당신이 특정 A 레벨이나 학위 등이 필요하다는 것을 알고 있다면, 이를 클라이언트와 공유하여 클라이언트가 초기에 이를 고려하도록 하는 것이 도움이 될 수 있다. 클라이언트가 나중에 (절대, 절대로 취득할 수 없다고 생각했던) 수학 GCSE(영국 중등교육 수료증명서)가 교사 교육의 전제 조건이라는 사실을 알게 되면 기본 교수, 목표 설정, 단계 파악, 동기 강화에 초점을 맞춘 2시간의 코칭 세션은 실망스러운 시간 낭비로 보일 수 있다.

특정 기회에 대한 정보

커리어 코치로서의 역할을 수행하다 보면 특정 기회에 대한 정보를 접하게 될 수도 있다. 특정 직업에 대한 광고를 발견했을 수도 있고, 다가오는 채용 박람회에 대해 알고 있을 수도 있으며, 특정 대학원 프로그램의 모집 마감일을 머릿속에 떠올렸을 수도 있다. 이러한 작고 구체적인 정보를 공유한다고 해서 클라이언트의 의지가 꺾이거나 대화가 엉뚱한 방향으로 흘러가지는 않지만, 클라이언트의 시간을 절약하고 시야를 넓힐 수 있다.

🏢 클라이언트와 정보를 공유하기 위한 전략

클라이언트와 정보를 공유할 때 염두에 두어야 할 몇 가지 중요한 사항이 있다.

클라이언트에게 정보를 제공하는 데 세션의 많은 시간을 할애하는 경우, 첫 번째 과제는 좋은 코칭 관계를 유지하는 것이다. 코칭의 클라이언트 중심 기반은 클라이언트가 답을 가지고 있고 전문가라고 가정한다. 너무 많은 말을 하면 균형이 '전문가로서의 코치'로 이동하여 클라이언트가 관계에서 보다 수동적인 역할을 맡게 될 수 있다.

두 번째, 사람은 한번에 많은 정보를 처리할 수 없다는 점을 항상 염두에 두어야 한다. 인간의 두뇌는 한번에 약 일곱 가지 항목(Miller, 1956, '마법의 숫자 7')만 처리할 수 있으며, 그 이상은 정보를 잊어버리거나 혼동하게 된다. 따라서 클라이언트에게 전달하는 정보의 양을 제한해야 한다. 정보를 서면으로 제공하거나 클라이언트가 직접 적도록 권장하는 것이 매우 효과적일 수 있지만, 메시지가 잘 전달되기를 바란다면 항상 진정으로 우선순위를 정하여 전달하는 것이 좋다.

마지막으로, 클라이언트가 직접 정보를 생성할 수 있다면 더 좋다. 공자의 격언인 '들으면 잊어버린다.'는 지혜를 나누고 싶을 때 마음 한구석에 새겨 두면 좋은 말이다. 적절한 질문을 사용하고 침묵을 잘 활용하며 몇 가지 코칭 도구를 활용하면 클라이언트가 스스로 답을 찾게 되는 경우가 많다.

코치들은 때때로 제안을 하기 전에 양해를 구한다. "대화를 나누던 중 몇 가지 아이디어가 떠올랐습니다. 이 아이디어를 공유해도 괜찮을까요?"라고 묻는다. 이렇게 하면 클라이언트가 주도권을 쥐고 있다는 느낌을 유지할 수 있다는 장점이 있다. 때로는 클라이언트가 명백한 선택을 언급하지 않은 데에는 아주 좋은 이유가 있을 수 있으므로 이에 대해 물어보는 것이 유용할 수 있다. "가르치는 일은 모든 요건을 충족하는 것 같지만, 언급하신 직업은 아닙니다. 그 이유가 궁금합니다." 또는 주의 사항을 명확하게 설명할 수도 있다. "이 직업이 적합한지 여부는 본인이 가장 잘 판단할 수 있겠지만, 아이디어 목록에 가르치는 일을 추가하는 데 관심이 있는지 궁금합니다."

참고문헌

Bimrose, J., & Barnes, S. A. (2006). Is career guidance effective? Evidence from a longitudinal study in England. *Australian Journal of Career Development, 15*(2), 19–25.

Miller, G. A. (1956). The magical number seven plus or minus two: Some limits on our capacity for processing information. *Psychological Review, 63*, 81–97.

Offer, M. (2000). The discourse of the labour market. In B. Gothard, P. Mignot, M. Offer, & M. Ruff (eds.), *Careers Guidance in Context.* London: SAGE Publications, pp. 78–79.

Office for National Statistics. (2020). *Standard Occupational Classification 2020.* London: ONS.

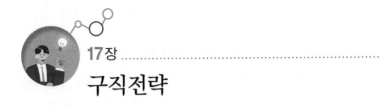

17장 ....

구직전략

구직전략(job hunting strategy)에 관해서 커리어 전문가가 하는 일반적인 조언은 더 나은 직업과 더 많은 방법을 찾기 위해서는 더 많은 시간을 투자해야 한다는 것이다(예: Bolles & Brooks, 2021). 우리는 이 장에서 경험적 증거를 살펴보기 위하여 우리의 직관 저 너머까지 찾아볼 것이다.

구직에는 여러 단계가 있다. 일반적으로 구직자는 다음 활동에 참여해야 한다.

1. 명확한 목표
2. 이력서 준비, LinkedIn 또는 기타 소셜 미디어 프로필 업데이트
3. 관련 노동시장, 산업 및 기업 조사
4. 네트워킹
5. 확인 및 지원

6. 인터뷰 준비

    이상적인 구직에서 구직자는 이러한 단계를 차례로 거치지만, 실제로는 대부분 그보다 훨씬 더 복잡하다. 구직자는 3단계 또는 4단계에 도달하면 이전에 확인된 목표가 자신에게 적합하지 않거나 현실적이지 않다고 결론을 내리고 1단계로 돌아가야 할 수도 있다. 또다른 위기 상황은, 6단계에서 개인이 지원한 직업이나 직업을 얻지 못하고, 더 많은 네트워킹이나 더 많은 연구 또는 목표를 다시 보기 위해 단계를 거슬러 올라가기로 결정해야 할 수도 있다.

    구직활동은 힘들고 시간이 많이 걸리는 작업이다. 물론 개인의 경험은 엄청나게 다를 수 있지만, 순조로운 구직조차 일반적으로 적어도 3개월이 걸리고 물론 더 오래 걸릴 수도 있다. 이 문헌은 구직과정을 자율적이고, 자기주도적이며, 적극적인 것으로 묘사하고 있으며, 불확실성, 실제적인 도전, 그리고 일반적으로 거절에 대처하고 학습해야 하기 때문에 구직자의 감정에 상당한 타격을 줄 수 있다. 평균적으로 구직자는 24명의 의사결정권자에 의해 거부되며, 물론 그 이상이 될 것이다. 그 과정은 길고 힘들며, 자존심을 상하게 하는 거절로 가득 찰 수 있기 때문에, 당신이 그 과정을 빠르게 하거나 고통을 줄이기 위해 제공할 수 있는 모든 것을 당신의 클라이언트는 매우 환영할 것이다.

🏢 구직에 대한 접근 방식

    물론 우리는 모두 구직활동을 더 성공적으로 할 수 있는 방법을 찾고 있다. 그러나 이 맥락에서 '성공'이 무엇을 의미하는지는 분명하지 않다. 한 가지 유용한 출발점은, 당신(또는 당신의 클라이언트)이 '성공적인' 구직이 무엇을 의미하는지 알아내는 것이다. 가장 간단한 수준에서, 성공적인 구직은 취업으로 이어지는 것이라고 간단하게 말할 수 있으므로 연구에서 '고용 상태'로 간주되는 정의를 선택할 수 있다. 가장 많은 구직 제의를 가져오거나 가장 빠른 구인 경로를 제공하는 전략을 살펴보기 위해 조금 확장할 수 있다. 그다음의 한 단계는 당신이 얻는 직업의 질을 보는 것이다. 급여나 연공서열과 같은 객관적인 성공의 측면에서, 또는 직무 만족도의 주관적인 척도로 보는 것이다. 클라이언트가 가지고 있는 의사를 명확히 파악하면, 클라이언트가 가장 적절한 전략을 수립하는 데 도움이 될 수 있다.

구직에 대한 사람들의 접근 방식은 구직강도 또는 노력, 구직내용, 구직 지속성 또는 시간 경과에 따른 변화의 세 가지 차원에서 분석할 수 있다(Wanberg et al., 2020).

구직강도

구직강도는 당신이 얼마나 활동적이고 얼마나 많은 시간과 노력을 구직활동에 투입하는지에 관한 것이다. 그것은 당신이 당신의 직업을 찾는 동안 얼마나 많은 접근 방식을 이용했는지, 얼마나 많은 직업을 지원했는지, 얼마나 많은 이력서를 보내는지 등으로 측정할 수 있다. 구직강도가 높은 개인은 구직 능력에 대해 더 자신감을 가지고, 구직에 더 전념하고, 구직에 대해 더 긍정적인 태도를 가지고, 다른 사람의 사회적 압력이 자신을 자극하는 데 도움이 된다고 느끼는 경향이 있다. 구직강도는 더 많은 구직 제의를 받고 더 빨리 취업하는 것과 관련이 있다.

구직내용

구직내용은 사람들이 일자리를 찾기 위해 하는 일이 정확히 무엇인지 구직 자체의 성격을 설명하는 것이다. 구직내용에 대한 접근방식은 집중(특정 목표를 탐색), 탐색(광범위한 검색을 수행하고 여러 가능성을 조사) 및 우연한 계획(명확한 계획 없음)으로 구분된다(Crossley & Highhouse, 2005). 증거에 따르면, 집중적인 구직활동은 결과에 대한 만족도를 높이고, 탐색적인 구직활동은 더 많은 취업 제의를 이끌어 낸다. 덜 집중적인 구직활동은 더 긴 구직활동과 덜 만족스러운 결과를 낳았다.

구직 지속성

구직활동에 대한 사람들의 열의는 구직활동 내내 한결같지 않다. 클라이언트의 열정이나 활동 수준이 떨어지고 있다는 징후를 찾아볼 수 있도록 일반적인 패턴에 대한 아이디어를 갖는 것이 유용할 수 있다. 실직 상태에 있는 사람들은 실직 상태를 오래 유지할수록 의욕이 약해지는 경우가 많다. 이것에 대한 예외는, 재정지원을 받은 사람들은 자금지원이 끝나기 시작하면서 구직에 더 열중한다는 것이다. 이와 유사하게 학생들도 과정이 끝날 즈음에 종종 구직활동의 강도를 높인다. 아마도 성공적인 결과를 얻으려는 내재적 동기를 가진 구직자와 '핵심 자기평가'(높은 자존감, 일반화된 자기효능감, 통제 소재 및 정서적 안정)의 수준이 높은 구직자가 구직 노력을 지속할 가능성이 더 높다는 사실을 아는 것은 놀라운 일이 아니다. 부정적인 피드백에 대처하고 그로부터 배우는 능력은 동기부여를 유지하는 데에도 중요하다(Chawla et al., 2019). 이러한 자질은 악순환 또는 선순환으로 이어질 수 있다. 높은 수준의 구직활동은 사람들로 하여금 직업을 얻을 기회에 대해 보다 적극적이고 자신감을 갖게 한다. 자신감이 있는 사람은 구직에 더 많은 노력을 기울일 것이고, 그러면 그 사람은 더 자신감을 갖게 될 것이다. 자신감이 없는 사람은 구직활동에 더 적은 시간을 할애할 것이고, 이는 덜 긍정적인 느낌을 갖게 되며, 더 많은 노력을 기울일 가능성이 낮아질 것이다. 우리가 클라이언트와 공유해야 할 중요한 개념은 '구직자의 자기 연민'이다. Kreemers 등(2018)은 구직 기간 동안 자신을 동정하고 이해하며 용서하는 구직자들이 악순환에 빠질 가능성이 적다는 것을 발견했다.

좋은 구직이란 무엇인가

Van Hooft 등(2013)은 구직강도에 너무 집중하는 위험에 대해 경고하고, 양질의 구직은 양질의 행동으로 구성될 것이라고 지적한다. 모든 연구, 이론 및 증거를 고려하여 양질의 검색을 위한 네 가지 핵심 요소를 확인했다.

- **목표 설정**: 구직자는 자신이 설정한 명확한 목표를 확인해야 한다.
- **구직전략 수립**: 구직자는 구직목적에 따라 집중적 또는 탐색적 접근 방식을 사용하여 먼저 구직전략을 결정해야 한다. 그런 다음 다양한 공식 및 비공식적 구직전술을 선택하고 활동을 계획하며, 우선순위를 파악하고 마감일을 정해야 한다.

- **목표 추구**: 구직자는 자신의 활동에 대해 자제력 발휘, 주의 집중, 감정 관리, 동기를 유지하고 자신의 행동 계획을 따라야 한다.
- **성찰**: 구직활동에는 진행 상황 평가, 실수로부터 배우기, 구축할 모범 사례 식별 등 약간의 성찰이 포함되어야 한다. 구직자들은 모든 취업 실패가 그들 자신의 내적 원인에 기인한다는 것을 인정해야 하며, 따라서 그들은 무엇이 잘못되었는지 알아내고 다음에는 그것을 바꿀 수 있어야 한다. 구직자들은 또한 모든 성공에 대해 스스로에게 보상해야 한다.

이 4단계는 구직활동이 가능한 신속하고 효과적으로 이루어져서 양질의 빈 자리 찾기, 양질의 지원서 접수, 양질의 면접으로 이어질 수 있도록 해야 한다.

네트워킹

네트워킹은 국가마다 그 영향력이 다르지만 일자리를 찾는 데 매우 중요한 경로이다. Franzen과 Hangartner(2006)는 네트워킹이 일자리의 83%를 차지하는 필리핀에서 가장 높은 수준이 발견되었으며, 척도의 다른 쪽 끝에 있는 핀란드와 오스트리아로 26%에 불과한 것으로 나타났다고 보고한다. 영국은 취업알선의 31%가 소셜 네트워크를 통해 이루어지는 등 낮은 편이었다.

연결을 통해 제공되는 일자리의 수는 일자리를 찾는 사람들이 자신의 네트워크를 성장시키기 위해 의식적으로 노력하면서 네트워킹에 시간을 할애해야 한다는 매우 상식적인 조언으로 이어졌다. 그러나 실제로 구직자가 네트워킹에 시간을 할애할 가치가 있는지에 대한 연구는 저마다 다른 결과를 제시한다. 일부 연구는 도움이 된다고 제안하고 일부 연구는 그렇지 않다고 말한다. 네트워크는 강한 유대와 약한 유대로 구성된다. 강한 유대관계는 가족, 친구 및 가까운 동료와 같이 가까운 사람들과의 관계이다. 이 연결은 일반적으로 실제 직업을 얻는 데 매우 유용하다. 약한 유대관계는 지인이나 다른 사람을 통해 만난 사람들과 같이 친하지 않은 사람들과의 관계이다. 이러한 연결고리는 일반적으로 기회 또는 구직 제의에 실제로 접근하는 데 유용하지는 않지만 다양한 기회와 시장에 대해 배우는 데 도움이 될 수 있다. 네트워킹에 소요되는 시간은 당신이 가진 약한 유대관계의 수를 증가시킬 가능성이 있지만, 이것이 당신의 구직 결과에 미치는 영향은 제한적이다. 실제로 차이를 만드는 네트워크는 가족 및 친한 친구처럼 이미 보유하고 있는 네트워크이다.

지난 수십 년 동안 사람들의 경험을 변화시킨 구직에 대한 한 가지 접근 방식은, 구직자와 고용주 모두에게 인기 있는 전문 소셜 미디어 사이트 LinkedIn이다. LinkedIn의 자체 조사에 따르면 구직자의 75%와 고용주의 85%가 이를 사용한다. 최근 CIPD 조사는 영국의 고용주들에게 구인광고를 어디에서 하는지 물었고, LinkedIn과 같은 전문 네트워킹 사이트가 일자리에 대한 정보를 게시하는 가장 인기 있는 외부 장소라는 것이다(CIPD, 2020). Garg와 Telang(2018)은 이전 단락에서 언급한 약한 유대와 강한 유대에 대한 메시지를 되풀이하여 특히 LinkedIn의 네트워크를 살펴본 결과, 구인 및 구직 제의에 있어서 약한 유대가 강한 유대보다 훨씬 덜 유용하다는 사실을 발견했다. 다른 연구(Johnson & Leo, 2020)에서는 LinkedIn을 구직에 이용하는 것의 영향을 살펴보았는데, 이 접근 방식이 웰빙에 해로운 영향을 미치고, 자기효능감을 낮추며 궁극적으로 구직 성공률을 낮출 수 있음을 발견했다.

다행스럽게도 구직 개입이 효과가 있다는 중요한 증거가 있으며, 어떤 종류의 구직 프로그램에 참여한 사람들은 그렇지 않은 사람들보다 더 나은 품질의 직업에 더 빨리 재취업할 가능성이 높다. Liu 등(2014)은 가장 성공적인 직업 개입의 특징에 대한 대규모 메타 분석을 수행했으며, 다음 사항이 차이를 만드는 핵심임을 발견했다.

- **기술 개발**
  - 구직 기술: 이것은 구인공고를 확인하고, 온라인을 검색하고, 구인 웹사이트와 콜드 콜링(권유 전화) 기관을 이용하여 구인공고를 조회하는 것을 말한다. 개입 프로그램은 강의, 역할 모델링, 비디오 기반 데모 및 감독된 구직활동을 사용하여 개인의 구직 기술을 향상시킬 수 있다.
  - 자기소개: 구직활동의 핵심은 서류상 또는 직접 대면하여 자신을 소개하고, 이력서 및 자기소개서를 작성하고, 취업면접에서 잘 수행하는 것이다. 교육은 핵심 메시지가 명확하게 전달되도록 하는 데 초점을 맞추거나 불안을 다루는 것을 목표로 할 수 있다.

- **동기부여 강화**
  - 자기효능감: 자신감 수준은 구직자의 취업 기회에 상당한 영향을 미치는 것으로 나타났다. 자기효능감은 롤플레잉 또는 모의인터뷰를 통해 구직자에게 자신의 숙달 감각, 대리 학습, 다른 사람의 접근 방식 및 성공 관찰, 부정적인 진술을 긍정적인 것과 시각화로 바꾸는 것과 같은 인지행동 연습을 개발할 수 있는 기회를 제공할 수 있다.
  - 능동성: 우리는 더 많은 활동(올바른 종류의 활동인 한)이 구직자의 성공 가능성을 높인다는 것을 알고 있다. 우리는 더 많은 활동(적절한 종류의 활동이라면)이 구직자의 성공 가능성을 높일 것이라는 것을 알고 있지만, 적극적인 사람이 되는 것은 모든 사람에게 쉬운 일은 아닐 것이다. 특히 그 일이 시간이 걸리고 몇 가지 거절을 수반한다면 말이다. 트레이너는 구직자가 고려하는 다양한 직위를 넓히도록 권장할 수 있다. 트레이너는 구

직자에게 고려할 수 있는 직책의 폭을 넓히고, 채용 기회에 대해 '콜드 콜 (이전에 전혀 연락을 취해 보지 않았던 사람들에게 예고 없이 전화를 걸거나 연락하는 것)'을 하거나 후속 전화를 걸도록 제안하거나, 네트워크를 활용하여 다른 채용 정보를 찾도록 권장할 수 있다.

- 목표 설정: 모든 종류의 분야에서의 연구는 명확한 목표를 갖는 것이 사람들이 가장 유용한 활동에 참여하고 있는지 확인하고, 동기부여와 탄력성을 유지하는 데 유용할 수 있음을 보여 준다. 구직자가 원하는 직업, 직업 유형 또는 급여 수준에 관한 구체적인 목표를 설정하도록 장려하고, 다음 주에 특정 전화를 걸거나 특정 이력서를 보내는 것과 같이 구직자가 구체적인 구직행동 목표를 설정하도록 가르치고 장려하는 것이 실제로 유용할 수 있다.

- 사회적 지원 받기: 구직자 간 동료의 지지는 구직자의 정서와 동기부여에 상당한 차이를 만든다. 개입을 통해 구직자들이 구직정보를 공유하도록 장려하고 연대와 격려의 기회를 제공할 수 있다.

그들은 또한 성공적인 개입에는 기술 개발과 동기부여에 초점을 맞춘 요소가 포함되어 있음을 발견했다. 다른 하나가 없으면 영향이 훨씬 적은 경향이 있다.

구직과정은 대부분의 사람에게 큰 즐거움이 아니다. 그것은 길고 까다로울 수 있으며, 일반적으로 상당히 고통스러운 좌절을 수반하며, 많은 구직자에게 구직은 실직의 고통과 거절 뒤에 온다. 이 과정을 통해 고객을 돕기 위해 할 수 있는 모든 일은 클라이언트에게 매우 가치가 있을 수 있으며 무엇이든 유익한 시간이 될 것이다. 연구는 약간 복잡하지만 클라이언트에게 전달할 수 있는 몇 가지 메시지를 제시한다. 가장 중요한 것은 목표 설정과 전략계획에 투자한 시간이 낭비되지 않는다는 것이다. 하지만 내면의 목소리에서 나오는 조언을 항상 무시해서는 안 된다. 다른 사람들이 그 과정에서 중요한 역할을 할 수 있다. 인맥을 넓혀라. 인맥을 잘 아는 사람에게만 국한시켜야 한다고 생각하지 말고, 아는 사람의 주변에 있는 사람들을 알아 가기 위해 적극적으로 노력하라. 또한 구직 지원을 고려하고 있는 기관에 연락을 취하고, 과정이 진행되는 동안 도움이 되는 친구들을 곁에 두도록 하라. 마지막으로, 단지 열심히 하는 것이 아니라 더 현명하게 진행하라. 각 지원서를 특정 기회에 맞게 작성하고, 지원하기 전에 한 번 더 기관과 연락하는 데 노력을 기울여라.

참고문헌

Bolles, R. N., & Brooks, K. (2021). *What Color Is Your Parachute?* New York: Ten Speed Press.

Chawla, N., Gabriel, A. S., da Motta Veiga, S. P., & Slaughter, J. E. (2019). Does feedback matter for job search self-regulation? It depends on the feedback quality. *Personality and Social Psychology, 72*, 513-541.

CIPD. (2020). *Resourcing and Talent Planning Survey 2020.* London: CIPD. www.cipd.co.uk/Images/resourcing-and-talent-planning-2020_tcm18-85530.pdf

Crossley, C. D., & Highhouse, S. (2005). Relation of job search and choice process with subsequent satisfaction. *Journal of Economic Psychology, 26*, 255-268.

Franzen, A., & Hangartner, D. (2006). Social networks and labour market outcomes: The non-monetary benefits of social capital. *European Respiratory Review, 22*, 353-368.

Garg, R., & Telang, R. (2018). To be or not to be linked: Online social networks and job search by unemployed workforce. *Management Science, 64*(8), 3926-3941.

Johnson, M. A., & Leo, C. (2020). The inefficacy of LinkedIn? A latent change model and experimental test of using LinkedIn for job search. *Journal of Applied Psychology, 105*(11), 1262-1280. https://doi.org/10.1037/apl0000491

Kreemers, L. M., van Hooft, E. A. J., & van Vianen, A. E. M. (2018). Dealing with negative job search experiences: The beneficial role of self-compassion for job seekers' affective responses. *Journal of Vocational Behavior, 106*, 165-179.

Liu, S., Huang, J. L., & Wang, M. (2014). Effectiveness of job search interventions: A meta-analytic review. *Psychological Bulletin, 140*, 1009-1041.

van Hooft, E. A. J., Wanberg, C. R., & Van Hoye, G. (2013). Moving beyond job search quantity: Towards a conceptualization and self-regulatory framework of job search quality. *Organizational Psychology Review, 3*, 3-40.

Wanberg, C. R., Ali, A. A., & Csillag, B. (2020). Job seeking: The process and experience of looking for a job. *Annual Review of Organizational Psychology and Organizational Behavior, 7*, 315-337.

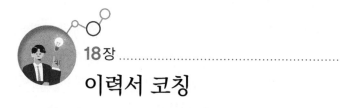

18장

이력서 코칭

커리어 코치가 제공할 수 있는 서비스 중에 가장 수요가 많은 것 중 하나는 성공적인 이력서 작성에 도움을 주는 것이다. 이러한 종류의 서비스들이 대중적인 것은 몇 가지 이유가 있다. 우선, 누구나 그것을 필요로 한다. 또한 그들의 커리어 경로를 명확한 지도로 그려 보고자 하는 의지를 가진 사람들은 이력서를 통해 보다 명확함을 얻고자 한다. 그리고 우리 대부분은 직장 생활에서 일이나 커리어를 바꾸고자 할 때 이를 용이하게 해 줄 이력서의 필요를 느낀다. 둘째, 이력서를 위해서 전문적인 도움을 구하는 것은 중요 문제에 대한 조언을 구하기 위해 쉽게 접근해 갈 수 있는 첫 번째 단계이다. 커리어 선택은 중대한 일이고, 중요한 시점에서 도움을 얻기 위해 커리어 코치를 만난다는 생각은 누구나 미뤘으면 할 만큼 부담이 있다. 반대로 자신의 이력서를 살펴보기 위해 약속을 잡는다는 것은 훨씬 덜 개인적이고 부담이 적어서 편안한 시작점으로 사용되기도 한다.

그리고 이력서는 여전히 중요하다. 비록 회사와 조직들의 경우 현재 그것들 대신에 적용 형식(신청서)들을 대신해서 활용하고 있지만 이력서는 여전히 선발(채용)의 첫 번째 단계에서 광범위하게 사용되고 있다. 채용 담당자들이 지원자들의 이력서를 통해 받은 인상이 면접할 때 지원자에 대한 인식에도 영향을 미친다는 것에 대한 몇몇 연구 결과가 있다. Dougherty 등(1994)은 면접관들이 이력서에서 수집한 정보들을 면접 과정에서 확인한다고 하였다. 그래서 좋은 이력서는 직업을 찾는 동안 면접 기회를 갖는 것 이상의 의미가 있고 더 많은 것을 할 수 있다.

유감스럽게도, 이러한 대중성에도 불구하고, 이력서는 선택 도구로써 특별히 믿을 만하지는 않다. 고용주들은 이력서를 읽고서 개인적 특성들을 추론하는 경향이 있다. 그러나 이러한 추론은 믿을 만하지 못할 뿐 아니라 타당하지도 않다는 것을 보여 주고 있다. Cole 등(2009)은 지원자의 개인적 성격에 대한 고용주의 추론에 대한 대규모 연구를 실행한 후, 평가자 간 신뢰도가 아주 낮다는 것을 알아냈다(즉, 같은 이력서를 읽은 2명의 채용 담당자는 지원자들의 성격을 매우 다르게 추론하였다). 그리고 그 고용주의 평가는 지원자의 실제 성격 점수와 상관관계가 없었다. Schmidt 등(2016)은 또한 고용주가 이력서에서 얻을 수 있는 정보의 종류는 업무성과를 특히 잘 예측할 수 있는 정보가 아니라는 것을 보여 주었다. 그럼에도 불구하고 서류에서 지원자들의 성격에 대한 고용주들의 평가는 면접 당시와 그 이후의 지원자들의 성격에 대한 고용주들의 평가에 상당한 영향을 미친다. 그러므로 클라이언트의 이력서가 가능한 좋은 이력서가 되도록 시간을 할애할 필요가 있다.

이력서 및 차별

한 연구는 고용 관행에서 불공정한 차별을 조사하기 위해 이력서를 사용했다. 연구는 일반적으로 실험적이며 대응 설계라고 하는 것을 사용한다. 여기서 연구자는 동등한 자격, 경험 및 유사한 과외 활동을 통해 모든 자질에서 본질적으로 비교할 수 있는 두 가지 이력서—예를 들어, 남성과 여성, 장애가 있는 사람과 없는 사람—를 고안하지만 주요 인구통계학적 특성은 차이가 있다.

두 가지 이력서를 고용주들에게 보내고 어느 이력서가 최종 면접자로 선발되는지 확인한다. Baert(2017)는 연구를 대대적으로 검토한 결과, 불공정한 차별에 대한 상당한 증거를 발견했다. 인종의 영향을 비교한 많은 연구에서 아랍어, 이슬람교 및 라틴계 이름이 포함된 이력서가 일반적으로 백인과 관련된 이름이 포함된 이력서보다 최종 면접으로 이어질 가능성이 적다는 사실을 발견했다. 장애, 나이 든 근로자, 동성 관계를 암시하는 이력서는 회신을 받을 가능성이 적었고, 매력적인 사람의 사진이 있는 이력서는 덜 매력적인 지원자의 사진이 있는 이력서보다 면접의 가능성이 더 컸다. 성별에 대한 인식은 좀 더 혼합되어 있다. 고정관념적으로 성별과 관련된 직업에서 차별이 더 자주 나타났다. 남성은 고정관념적으로 남성 직업에 대해, 여성은 고정관념적으로 여성 직업에 대해 면접을 볼 가능성이 더 높은 것 같다. 트랜스젠더 정체성을 공개하는 것은 면접의 성공가능성에 부정적인 영향을 미치는 것으로 나타났다.

이 장의 첫 번째 부분은 성공적인 이력서를 만드는가에 대한 경험적인 증거에 집중하면서 좋은 이력서를 만드는지에 할애할 것이다. 그다음 우리는 틀로서 EPIC(Employer, Perspectives, Impact, Changes) 모델을 소개하면서 비지시적인 이력서 코칭의 실제에 대해 논의할 것이다.

🏢 무엇이 좋은 이력서를 만드는가

증거

성공적인 이력서를 만드는 것에 대한 경험적 증거는 거의 없다. Risavy(2017)는 이 분야에서 수행된 연구가 부족하고 사용 가능한 경험적 증거의 대부분이 오래되었다는 점에 주목했다. 이 장의 일부 참고문헌은 20년 전으로 거슬러 올라간다. 우리는 연구 결과를 일반화하는 데에도 신중을 기해야 한다. 이 분야에서 수행된 많은 연구는 실제로 어떤 종류의 이력서가 면접으로 이어지는지 측정하는 연구 프로젝트를 수행하기보다는 채용 담당자에게 그들의 견해를 묻는 데 초점을 맞췄다. 이것은 흥미롭고 고용주가 말하는 것과 그들이 하는 일 사이의 연관성을 쉽게 상상할 수 있지만, 고용주의 말과 행동이 다른 예는 연구에서 쉽게 찾을 수 있다. 그리고 연구의 지리적 출처에도 문제가 있다. 출판된 거의 모든 연구는 유럽과 호주에서 나온 논문의 일부를 제외하고 미국에서 출판되었으며, 이력서에서 바람직한 것들은 이 지역들 사이에서도 매우 다양하여 다른 문화에서 일반화하는 것에 대해 매우 신중해야 한다. 마지막으로, 대부분의 연구는 첫 번째로 실질적인 직업을 찾는 대학 졸업자 집단을 대상으로 수행되었다. 이것은 출판된 연구의 대부분을 수행하는 대학의 학자들이 쉽게 이용할 수 있기 때문에 매우 과도하게 연구되는 경향이 있다. 학생들은 상대적으로 동질적이며 동시에 일자리를 찾고 있기에 틀림없이 연구에 유용한 집단이다. 그러나 결과가 다른 집단에 어느 정도까지 일반화될 수 있는지 알기는 어렵다.

양질의 학술논문은 거의 없지만 이력서 작성 방법(어떤 주제를 다루어야 하는지, 어떤 순서로 작성해야 하는지, 포함할 강력한 단어 목록 및 자신 있는 주장, 사용할 올바른 글꼴 등에 대해)을 알려 주는 자료를 찾는 것은 매우 쉽다. 이것들은 이력서 코칭이나 채용에 상당한 경험을 가진 전문가들에 의해 쓰일 수도 있다. 그들의 조언은 일화와 개인적인 추측에 근거한 경우가 아니므로, 결과적으로 전문가들은 꽤 광범위한 조언을 제공할 수 있다. 이력서의 이상적인 길이, 개인 프로필의 포함 여부, '관심' 섹션(예: Simkins & Coney, n.d.)의 중요성에 대한 고용보고서에서도 상충되는 견해를 볼 수 있다.

그러한 주의사항을 생각하면서 핵심내용을 요약해 보도록 하고, 출판된 이 분야의 제한된 연구에서 무엇을 얻을 수 있는지 확인하라.

무엇을 포함할 것인가

지원자에 대한 고용주의 평가에 중요한 영향을 주는 세 가지 핵심 영역은 학문적 자질, 일에 대한 경험 그리고 본 업무 이외의 활동들이다. 이 세 가지 영역은 상대적으로 중요하긴 하지만 여전히 논란이 되고 있다. 어떤 연구는 고용주들이 교육적 성취보다 일의 경험에 더 무게를 둔다고 시사한다(예: McNeilly & Barr, 1997; Cole et al., 2004). 비록 Kinicki와 Lockwood(1985)가 학문적 자질과 과외 활동들이 직장에 들어가기 위한 조건으로 더 큰 비중을 차지한다고 주장하고 있지만, 지원자 대부분의 일 경험은 이 단계에서는 직업과 거의 관련성을 가지지 않는 경향이 있다고 한다. Cole 등(2007)은 세 가지 범주 모두 관리자에게 중요하지만 그중 하나에서 평균 이상인 것이 세 가지 모두에서 평균 이상인 것보다 낫다는 흥미로운 발견을 내놓았다.

따라서 학업에서 탁월하지만 평균적인 경험과 과외 활동을 가진 지원자는 세 가지 모두에서 탁월한 사람보다 더 높은 점수를 받을 것이다. 이 연구의 저자는 지원자가 학문적 연구에서 탁월하면 과외 활동에 남은 시간이 거의 남지 않을 수 있다는 것을 고용주가 이해하고 단일 우수 영역이 그 지원자를 돋보이게 만들고 구별되는 특징으로 작용하기 때문에 이러한 현상이 발생한다고 주장한다.

지원자가 보유한 업무 경험의 성격이 차이를 만든다. 최근 졸업생들의 이력서에 대한 최근의 증거는 낮은 수준의 일자리보다 공식적인 인턴십의 가치를 강조하는 것으로 보인다(Baert & Verhaest, 2019; Nunley et al., 2016). 비슷한 맥락에서 Nunley 등(2017)은 실제로 실업이 불완전 취업보다 낮다는 것을 발견했다. 고용주들은 자격을 갖춘 지원자가 슈퍼마켓에서 선반에 물건을 진열하는 데 시간을 보내는 것을 별로 선호하지 않는 것으로 보인다. 그러나 실업 기간이 일반적이며 반드시 무언가가 부족하다는 것을 시사하지 않을 수 있다는 것을 이해한다.

고용주는 지원자가 지원하는 직책과 특별히 관련된 정보에 깊은 인상을 받는다는 증거가 있는 것 같다. Knouse(1994)는 고용주에게 깊은 인상을 남기는 데 중요한 것은 이력서 내 경험의 관련성이라고 밝혔으며, Thomas 등(1999)은 학업 과정이 직무와 직접적으로 관련될 수 있다면 고용주가 학업 과정에 대한 설명에 관심이 있다는 증거를 발견했고, Nemanick과 Clark(2002) 역시 비록 제한된 범위의 인상적인 과외 활동이라도 해당 활동이 업무와 관련이 있다면 고용주로부터 여전히 좋은 평가를 받을 수 있다는 것을 발견했다.

학업성취도의 경우, 인상적인 경우 성적이나 점수를 명시하는 것이 좋지만 그렇지 않은 경우에는 아예 빼는 것이 좋다. Thomas 등

(1999)의 연구에 따르면, 고용주들은 고등학교 성적이 명시된 이력
서에 가장 긍정적인 반응을 보였고, 성적이 명시되지 않은 이력서에
두 번째로 높은 점수를 주었으며, 낮은 성적이 포함된 이력서에 대
해서는 가장 부정적인 반응을 보였다. 최근 Quadlin(2018)은 이러한
패턴에 성별 차이가 있음을 관찰했는데, 성적이 가장 높은 남성이
성적이 가장 높은 여성에 비해 전화 면접을 받을 확률이 세 배나 높
다는 사실을 발견했다. 이러한 결과는 특히 수학을 공부하는 여성에
게서 두드러지게 나타났는데, 이는 똑똑한 여성이 항상 호감을 주는
것은 아니라는 고정관념이 작용한 것으로 보인다.

고용주들은 또한 지원자들의 특성을 알기 위해 지원자들의 경험
이나 관심사에 관한 정보를 이력으로 사용한다. 비록 이러한 방식
의 측정이 신뢰성 면에서 문제의 여지가 있지만, 그러한 연구는 여
러 가지의 결과물로 나타난다(Schmidt et al., 2016). 고용주들이 이력
을 통해 추정하는 특정한 자질을 가진 지원자를 채용하기 위한 방법
으로 이력서를 사용한다는 몇 가지 증거가 있다. 그 예로, Brown과
Campion(1994)은 고용주들이 사람과 관련된 중요한 일을 수반하는
업무를 위해 채용할 때, 세일즈 이력이 대인관계 기술을 포함하고
있다는 것을 발견하였다. 그러나 회계 관련 채용에 있어서는 대인관
계 기술을 포함한다고 생각하지 않았다. Nemanick과 Clark(2002)은
고용주가 지원자의 활동 횟수와 리더십을 발휘할 지위에 있었던 횟
수에 영향을 받는다고 보았다. 고용주들이 상당히 많은 활동에서 책
임감을 수반한 위치에 있었던 지원자들을 인상적으로 받아들인다는
것이 연구 결과를 통해 드러났다. 이 효과는 리더십, 동기 그리고 대
인관계 기술과 여가 시간에서 책임감을 찾는 사람들 사이에 대한 고
용주들의 마음속 연상의 결과로 생각된다. 이 효과는 관여된 관심의

속성과 관계없이 유지된다(Rubin et al., 2002).

어떻게 경험과 기술을 표현할 것인가

이력서에 경험과 기술을 가장 잘 표현하기 위한 증거가 충분하지 않더라도 연구는 특별한 구인 자리나 조직에 맞추어진 구체적인 예가 필요함을 지속적으로 지적하고 있다.

지원자들의 이력서를 심사할 때, 고용주들은 구체적인 예와 진술에 높은 가치를 둔다. 반면, 입증되지 않은 자기 자랑과 같은 말과 일반적인 것은 좋은 인상을 주지 못한다. 바람직한 기술 및 특성의 구체적인 예는 고용주에게 호의적인 인상을 주었지만, "높은 동기, 최고의 소통 기술, 에너지 넘치는"과 같은 긍정적인 표현은 고용주에게 부정적으로 여겨졌다(Knouse et al., 1988; Simkins & Coney, n.d.).

Thomas 등(1999)은 최종 면접에 뽑힐 수 있는 이력서의 특별 요인을 연구했다. 그들은 이력서에 구체적이고 목표가 뚜렷한 직위가 표현되어 있을 때(예: "지금 구하고 있는 것은 대규모 패션 소매 체인점의 초급 단계 매니저 자리입니다.") 효과적이라는 것을 알았다. 그러나 일반적인 목적(예: "성장하는 회사에서 동기가 부여되는 일을 찾습니다.")의 경우는 목적을 포함하지 않은 이력서보다는 결과적으로 긍정적인 평가 결과를 얻었다. 이것은 클라이언트들과 함께 공유할 수 있는 유용한 정보였다(Thomas et al., 1999, p. 346). 클라이언트들은 종종 이력서에 무엇을 써야 할지 몰라서 공란으로 남겨 두기도 한다.

이 연구는 또한 "2년간 어떤 클라이언트도 불평하지 않았다."와 같은 성취에 대한 언급(1999, p. 347)을 한 지원자들이 최종 면접을 할 수 있었다는 결과도 알게 되었다.

이력서 외관은 어떻게 해야 하는가

우리는 바쁜 고용주가 이력서를 보는 데 항상 오랜 시간을 소비하지 않는다는 것을 알고 있으며 첫인상이 중요하다는 것도 알고 있다(Snowman & Kucharska, 2020). 이력서의 레이아웃의 영향은 일반적으로 내용의 영향에 비해 상당히 작다고 판단되지만, 이력서가 처음부터 올바른 인상을 주는지 확인하는 데 시간을 할애할 가치가 있다. 좋은 이력서는 주의를 기울인 것처럼 보일 것이다. 철자 오류, 오타 및 기타 교정 오류가 없어야 하고 깔끔하게 보여야 한다. 철자 오류는 취업의 성공을 좌우하는 요인으로 널리 알려져 있으며, Martin-Lacroux와 Lacroux(2017)는 철자 오류가 업무 경험 부족과 동일한 정도의 부정적인 영향을 미친다는 사실을 발견했다. 깔끔한 이력서도 차이를 만드는 것으로 나타났다. 연구에 따르면, 고용주는 지저분해 보이는 이력서를 부주의한 성격과 연관 짓는 것으로 나타났다(Wang et al., 2010).

깔끔하고, 맞춤법 점검을 한 이력서의 중요성에는 동일한 의견을 표명하지만 레이아웃에 대한 의견들은 조금씩 다르다. Arnulf 등 (2010)은 전통적인 형식으로 배치된 이력서와 창의적으로 쓰인 이력서를 비교한 연구를 수행한 결과, 고용주들은 흰 종이에 전통적인 디자인으로 인쇄된 이력서에 가장 끌린다는 사실을 알아냈다. 색이 있는 종이 위의 정형화된 레이아웃이 그다음으로 가장 인기 있는 선택이었지만 창의적인 디자인은 면접으로 이어질 가능성이 가장 낮았다. 그러나 최근에 Koolen과 van Wilgenburg(2018)는 이것에 관해 업종에 따라 의견이 다르다는 것을 확인했다. 그들은 다양한 직업에 대한 창의적이고 전통적인 레이아웃의 매력을 검사했는데, 창의적인 마케팅 담당자를 채용하려는 고용주는 더 창의적으로 디자인 이력서를 제출한 지원자에게 더 깊은 인상을 받았고, 회계사를 찾는 고용주는 보다 전통적인 형식을 가진 지원자에게 더 끌렸다는 것을 발견했다.

한 유용한 연구에서는 지원자가 사용하는 이메일 주소의 종류가 면접 요청을 받을 가능성에 영향을 미치는지 여부를 조사했으며, 보편적인 이메일 주소를 갖는 것이 지원자의 회신 기회에 중요하고 긍정적인 차이를 만든다는 사실을 알게 되었다(van Toorenburg et al., 2015).

채용 담당자들은 무엇을 말하고 무엇을 하는가

앞에서 언급한 바와 같이, 이력서에서 무엇이 효과가 있는지를 입증하기 위한 가장 보편적인 방법은 채용 담당자에게 그들이 주로 보는 것이나 그들이 중요하게 여기는 것이 무엇인지 물어보는 것이다. 이력서에서 가장 잘하는 일이 무엇인지를 알아내는 이 접근법에는 확실한 신뢰도와 안면타당도를 가지고 는 있지만, 지원자가 한다고 말한 것을 늘 하는 것은 아니라는 것은 누구나 알고 있는 사실이다. 그러나 고용주들의 말과 행동, 그들의 관점에 대한 연구가 대두되고 있지만 우리는 그에 대한 이해가 꽤 복잡하다는 것을 인식하고 있다. Cole 등(2004)은 고용주들이 어떻게 지원자들의 고용 적합성 정도를 평가하는 지에 대한 광범위한 연구를 수행하였다. 흥미로운 점은 고용주들이 가치를 둔다고 말하는 것이 항상 그들의 결정에 영향을 미치는 것은 아니라는 점이다. 연구에서 고용주들은 일의 경험과 학문적 자질에 가장 큰 가치를 둔다고 말했다. 그러나 실제로 그들은 거의 전적으로 과외 활동 점수에 기반을 두었다. 그리고 지원자가 얼마나 고용 조건에 맞는지에 대한 고용주의 인식은 높은 학문적 자질과는 부적인 상관이 있었다. 그래서 고용주들이 상당한 자격을 갖춘 사람을 찾고 있다고 말했지만, 사실 지극히 평범한 자격의 지원자가 최종 면접을 볼 가능성이 있었다. 이것은 완전히 직관에 반하는 것이지만, 또 다른 연구에서도 이와 동일한 결과가 나타났다(Rynes et al., 2003). 연구에서 채용 담당자들은 학업 과정과 관련된 특별한 기술을 습득한 지원자를 채용하겠다고 말했지만, 이력서에 나타나 있는 내용이 지원자의 고용 적합성에는 실제적으로는 거의 영향을 미치지 않았다는 것을 보여 주었다. 최근에 Popham 등(2017)은 고용주가 전통적인 레이아웃을 선호한다고 보고했지만 실제로는 더 창의적인 이력서 레이아웃을 가진 후보자를 선호했다.

🏛️ 이력서 코칭—어떻게 할 것인가

　코칭 전문가들은 전문적인 상호관계는 대부분의 영역에서 비지시적인 경향이 있지만, 이력서 점검에서 정책 수립자나 커리어 코칭 전문가가 지시적이어야 한다는 클라이언트의 강력한 열망에 항상 놀라게 된다. 아마도 이 영역에는 어렵지만 효과적인 규칙과 그에 대한 지식을 가진 커리어 전문가가 있다고 사람들은 생각하는 듯하다. 코칭의 더 실제적인 이슈로, 이 서비스의 요구자들은 '손쉬운 결과를 내는' 접근에 대해 매우 민감하게 반응하는 경향이 있다. 심지어 일반적으로 조언이나 정보를 제공하는 것을 꺼리는 전문가조차도 이력서를 작성하는 데 좀 더 지시적인 접근이 적합하다는 것을 느낀다.

　커리어 과정의 어떤 다른 부분도 규범적인(규정되는) 것이 없는데, 이력서에 관한 것도 역시 그러하다. 그러나 여기서 나는 당신에게 당신이 자발적으로 이루어 갈 이력서 코칭을 제공하는 데 활용 가능한 틀을 제공하고자 한다.

이력서 코칭을 할 때 당신의 목적은 클라이언트가 고용주의 시각으로 자신들의 이력서를 보게 하는 것이다. 당신은 면접을 위해 클라이언트를 선발하는 사람도 아니고, 당신 자신의 방식으로 이력서가 작성되도록 클라이언트에게 코칭을 하는 것이 아니다. 당신은 클라이언트가 주어진 서류에 대해 비판적으로 반영하고 그것의 인상을 분석하도록 질문해야 한다.

당신은 이력서를 전부 다 보지 않고도 이력서 코칭 세션을 훌륭하게 수행할 수 있지만, 나의 일반적인 접근에서는 세션의 첫 부분은 클라이언트와 이야기를 하고, 두 번째 부분은 클라이언트와 함께 이력서를 살펴본다. 나는 이력서를 읽으면서 코칭 기간 내내 적절한 질문을 하고, 가장 적절한 문제에 집중할 수 있다는 것을 안다.

이제 우리는 EPIC 모델을 보고 이력서 코칭을 구조화하는 데 도움을 줄 4단계 틀을 살펴볼 것이다.

1. 고용주

나의 첫 번째 질문은 항상 그 이력서가 누구에게 보내질 것인가이다. 어떤 고용주가 그 이력서를 읽게 되는가? 그리고 어떤 종류의 일을 나의 클라이언트가 얻고자 하는가? 이 질문에 대한 답은 다양하다. 아주 구체적인 사람일 수도 있고, 아직 이력서를 누가 읽을지 결정이 안 되었을 수도 있다. 이 단계에서는 클라이언트가 원하는 직업에 대한 탐색이 그들에게 도움이 된다. 당신은 당신이 직업선택에 대해 생각을 할 준비가 되어 있기 전부터, 이미 결정되어 있을 때까지의 전 단계에서 당신의 이력서를 분류하려고 하는 욕구가 있다.

이력서 코칭은 이미 선택이 결정되고 특정 역할이 주어졌을 때 가장 효과가 있다. 만약 클라이언트가 구체적인 직업을 결정하지 못하고 있다면, 나는 클라이언트에게 이 세션의 목적을 이용할 특정 고용주에 대해 생각하도록 제안한다. 더불어 클라이언트가 어떤 상황에서도 지원할 수 있다는 원칙하에 우리가 함께 작업함을 강조한다. 만약 클라이언트가 직업선택에 대해 생각하는 초기 단계라면, 나는 그들에게 이 세션의 본질을 바꿀 선택적 요소를 제공하고 직업선택을 하는 데 도움이 되도록 다시 집중하게 한다. 당신이 이 상황에서 사용할 수 있는 전형적인 질문은 "어떤 종류의 직업을 원하십니까?" "당신의 이력서 수신자는 누구입니까?" "당신의 이력서를 누가 읽었으면 합니까?" 등이다.

2. 전망

고용주 전망

다음 단계는 클라이언트가 고용주의 입장이 되어 어떤 지원자를 찾을지 생각해 보도록 하는 것이다. 당신은 여기서 토론에 도움을 주기 위해 개인의 스펙(직무 역량)과 직무기술서를 이용할 수 있다. 지각 위치(교류분석 맥락에서 좀 더 자세하게 설명한 14장 참조)는 유용한 도구일 수 있다. 다음과 같은 전형적인 질문이 있을 수 있다. "당신의 고용주가 이력서를 보고 싶어 할 것이라고 생각합니까?" "어떤 자격 조건이 가장 인상적인가요?" "당신이 한 묶음의 이력서를 받았다고 생각해 보세요. 반쯤 보았습니다. 다음 이력서를 돋보이게 하는 요소는 무엇일까요?"

클라이언트 전망

클라이언트에게 자신의 이력에 대해서 생각하도록 요청해 보라. 그리고 이러한 특정 역할과 가장 관련된 요소를 강조하게 하라. 나는 다음과 같이 요청할 수 있다. "당신의 인생 중에 이 일과 가장 관련 있는 것들은 무엇인가요?" "어떤 점이 다른 지원자들보다 당신이 돋보이도록 하는 것일까요?" "당신이 이 역할에 적합하다고 할 만한 기술로는 무엇이 있을까요?"

어떤 클라이언트에게는 이러한 연관성을 만들기가 아주 쉽다. 어떤 클라이언트는 자신이 가진 기술을 구현해 내기가 보다 힘들다는 것을 안다. 그 대답은 그들이 분명하지 않은 이력을 가졌을 수도 있음을 의미한다. 연관성을 구축하는 것은 상당한 시간이 걸리겠지만 그럴 만한 가치가 있다. 이러한 생각은 면접을 보려는 클라이언트에게 도움이 될 것이며, 클라이언트가 지원하려는 직업을 얻기 위한 자신감과 자기효능감을 강화시킬 것이다.

3. 영향

당신의 클라이언트에게 고용주의 관점에서 자신의 이력서를 살펴보고 어떤 메시지를 찾을 수 있는지 살펴보게 하라. 앞 절에서 그들이 제시한 답에 따라서 가장 중요하다고 강조한 그들의 기술, 경험, 자격이 무엇인지 질문하라. 당신은 다음과 같은 질문을 할 수 있다. "앞에서 당신이 가진 가장 관련성이 있는 경험이 우체국에서의 시간이었다고 말했어요. 어떻게 여기에서 확고한 결정을 내릴 수 있을까요?" "당신의 이력서를 볼 때 첫 번째로 눈에 띄는 것은 무엇인가요?" "당신은 이 역할에서 조직화 기술이 중요하다고 말했어요.

그런데 당신의 이력서를 보고 이력서가 어떻게 구성되었다고 생각
하는지 말해 보세요."

당신의 스타일과 클라이언트가 필요로 하는 것을 인지하면, 당신
이 이 부분에서 다룰 수 있는 선택의 방법은 다양할 수 있다. 당신은
이력서를 보지 않을 수도 있고, 클라이언트가 책임감을 가지고 일을
진행하고 결정할 수 있도록 격려할 수도 있다. 또 다른 대안은 함께
서류를 검토하고 당신이 제안하는 생각과 클라이언트가 제안하는
생각과 클라이언트가 제공한 정보에 기초하여 반응을 하면서 이 세
션을 보다 협력적으로 운영할 수도 있다.

4. 변화

이 세션의 마지막 단계에서 당신은 클라이언트가 자신의 이력서
를 향상시키기 위해 필요한 것을 구체화하도록 독려한다. 어떠한 행
동 계획 단계에서든지 변화가 분명할수록 더 쉽게 그 변화를 실행할
것이다. 그래서 클라이언트가 구체적인 단어를 사용하도록 격려하
라. 이 단계에서 클라이언트의 사고를 확장시키기 위해 당신이 가진
이력서에 대한 지식과 경험을 제시하는 것—예를 들면, 클라이언트
에게 다른 사람들이 사용해 왔던 다른 예, 레이아웃, 서체, 스타일 또
는 사용된 어휘들을 보여 주는 것—도 적절하다. 내 경험에 비추어
볼 때, 어떤 것은 되고 어떤 것은 되지 않는다는 구체적인 방향이 있
고, 가끔 클라이언트가 그들이 해야만 하는 것에 관해 좀 더 창조적
으로 생각하라고 격려하기는 하지만, 이력서를 작성하는 데 있어 반
드시 규칙이 있다고 느낀다. 다른 클라이언트의 스타일과 레이아웃
을 견본으로 제시하고, 클라이언트들이 무미건조할 수 있는 이력서

에 좀 더 자신의 개성을 표현할 수 있게 한다.

최종 면접에 선발될 수 있는 이력서는 어떤 것인가에 대해 우리가 배워야 할 것은 아직도 많다. 클라이언트가 접하게 될 모순적인 이력서가 많다면, 우리가 일부 아이디어를 얻을 수 있는 다양한 정보를 가졌다는 긍정적인 의미이다. 그러나 정보가 제한적임을 기억하라. 이력서는 매우 개인적인 서류이다. 당신은 이력서를 작성할 때 여러 가지 선택을 해야 한다. 무엇을 포함시키고 무엇을 뺄 것인가, 무엇을 좀 더 부각시킬 것인가, 어떻게 부각시키고 어떻게 구성할 것인가와 같은 것들이다. 이러한 결정은 각각 개인적인 것이며, 당신과 특정 역할에 대한 당신의 반응에 대해 무언가를 말해 준다. 이력서에서 절대적인 옳고 그름은 거의 없으며, 무엇이 '효과적'인지는 지원자(서류상으로 보이는 지원자)와 채용 담당자가 자신들이 원하는 인재상과 이를 표현하는 방식에 대해 필연적으로 자신만의 견해를 가질 수밖에 없는 채용 담당자 간의 거의 화학적 결합에 달려 있다. 이력서에 관한 책도 많고, 사람들이 이력서에 관해 무엇을 쓸 것인가에 관한 조언을 원한다면 그들이 접근할 수 있는 웹사이트와 이력서 대행 서비스 관련 사이트도 많다. 그러나 커리어 코치로서 우리는 우리의 비지시적 접근법이 클라이언트가 자신의 생각과 신중한 선택을 할 수 있도록 돕는 최고의 방법이라는 것에 자신감을 가져야 한다.

참고문헌

Arnulf, J., Tegner, L., & Larssen, Ø. (2010). Impression making by résumé layout: Its impact on the probability of being shortlisted. *European Journal of Work & Organizational Psychology, 19*(2), 221–230.

Baert, S. (2017). *Hiring Discrimination: An Overview of (Almost) All Correspondence Experiments Since 2005* (Discuss. Pap. 10738). Bonn, Germany: IZA Institute of Labor Economics. 214 Coaching into the world of work

Baert, S., & Verhaest, D. (2019). Unemployment or overeducation: Which is a worse signal to employers? *De Economist, 167*(1), 1–21.

Brown, B. K., & Campion, M. A. (1994). Biodata phenomenology: Recruiters' perceptions and use of biographical information in résumé screening. *Journal of Applied Psychology, 79*(6), 897–908.

Cole, M. S., Feild, H. S., Giles, W. F., & Harris, S. G. (2004). Job type and recruiters' inferences of applicant personality drawn from résumé biodata: Their relationships with hiring recommendations. *International Journal of Selection & Assessment, 12*(4), 363–367.

Cole, M. S., Feild, H. S., Giles, W. F., & Harris, S. G. (2009). Recruiters' inferences of applicant personality based on résumé screening: Do paper people have a personality? *Journal of Business & Psychology, 24*(1), 5–18.

Cole, M. S., Rubin, R. S., Feild, H. S., & Giles, W. F. (2007). Recruiters' perceptions and use of applicant résumé information: Screening the recent graduate. *Applied Psychology, 56*(2), 319–343.

Dougherty, T. W., Turban, B. B., & Callender, J. C. (1994). Confirming first impressions in the employment interview: A field study of interviewer behavior. *Journal of Applied Psychology, 79*, 659–665.

Kinicki, A. J., & Lockwood, C. A. (1985). The interview process: An examination of factors recruiters use in evaluating job applicants. *Journal of Vocational Behavior, 26*, 117–125.

Knouse, S. B. (1994). Impressions of the résumé: The effects of applicant education, experience and impression management. *Journal of Business and Psychology, 9*, 33–45.

Knouse, S. B., Giacolone, R. A., & Pollard, H. (1988). Impression management in the résumé and its cover letter. *Journal of Business and Psychology, 3*, 242–249.

Koolen, R., & van Wilgenburg, F. (2018). Should resume layouts always be creative? In *Etmaal van de Communicatiewetenschap: Transcultural Exchanges & Communication Flows.* Tulburg: Tilburg University

Martin-Lacroux, C., & Lacroux, A. (2017). Do employers forgive applicants' bad spelling in résumés? *Business and Professional Communication Quarterly, 80*(3), 321–335.

McNeilly, K. M., & Barr, T. (1997). Convincing the recruiter: A comparison of résumé formats. *Journal of Education for Business, 72*(6), 359–363.

Nemanick, Jr., R. C., & Clark, E. M. (2002). The differential effects of extracurricular activities on attributions in resume evaluation. *International Journal of Selection and Assessment, 10*(3), 206–217.

Nunley, J. M., Pugh, A., Romero, N., & Seals, Jr., R. A. (2016). College major, internship experience, and employment opportunities: Estimates from a résumé audit. *Labour Economics, 38*, 37–46.

Nunley, J. M., Pugh, A., Romero, N., & Seals, R. A. (2017). The effects of unemployment and underemployment on employment opportunities: Results from a correspondence audit of the labor market for college graduates. *Ilr Review, 70*(3), 642–669.

Popham, J., Lee, M., Sublette, M., Kent, T., & Carswell, C. M. (2017,

September). Graphic vs. text-only résumés: Effects of design elements on simulated employment decisions. In *Proceedings of the Human Factors and Ergonomics Society Annual Meeting* (Vol. 61, No. 1, pp. 1242-1246). Los Angeles, CA: SAGE Publications.

Quadlin, N. (2018). The mark of a woman's record: Gender and academic performance in hiring. *American Sociological Review, 83*(2), 331-360. https://doi.org/10.1177/0003122418762291

Risavy, S. D. (2017). The resume research literature: Where have we been and where should we go next. *Journal of Educational and Developmental Psychology, 7*(1), 169-187.

Rubin, R. S., Bommer, W. H., & Baldwin, T. T. (2002). Using extracurricular activity as an indicator of interpersonal skill: Prudent evaluation or recruiting malpractice? *Human Resource Management: Published in Cooperation with the School of Business Administration, the University of Michigan and in Alliance with the Society of Human Resources Management, 41*(4), 441-454.

Rynes, S. L., Trank, C. Q., Lawson, A. M., & Ilies, R. (2003). Behavioral coursework in business education: Growing evidence of a legitimacy crisis. *Academy of Management Learning and Education, 2,* 269-283.

Schmidt, F. L., Oh, I. S., & Shaffer, J. A. (2016). The validity and utility of selection methods in personnel psychology: Practical and theoretical implications of 100 years. www.researchgate.net/publication/309203898

Simkins, B., & Coney, K. (n.d.). *What Do Graduate Employers Want in a Curriculum Vitae? Designing a Student-Friendly CV Rubric That Captures Employer Consensus.* Manchester: Luminate Prospects.

Snowman, A., & Kucharska, J. (2020). The effect of anchoring on curriculum vitae(CV) judgments. *The Psychologist-Manager Journal, 23*(1), 12-34. https://doi.org/10.1037/mgr0000092

Thomas, P., McMasters, R., Roberts, M. R., & Dombowski, D. A. (1999). Résumé characteristics as predictors of an invitation to interview. *Journal of Business and Psychology, 13*(3), 339–356.

van Toorenburg, M., Oostrom, J. K., & Pollet, T. V. (2015). What a difference your e-mail makes: Effects of informal e-mail addresses in online résumé screening. *Cyberpsychology, Behavior, and Social Networking, 18,* 135–140.

Wang, K., Barron, L. G., & Hebl, M. R. (2010). Making those who cannot see look best: Effects of visual resume formatting on ratings of job applicants with blindness. *Rehabilitation Psychology, 55*(1), 68.

19장

면접 코칭

우리 대부분은 면접을 두려워한다. 중요한 순간에 눈앞이 캄캄해지는 것을 두려워하거나, 좋은 인상을 주기 위해 노력하는 바로 그 사람들에게 허튼소리를 내뱉는 것을 두려워한다. '개인적으로 받아들이지는 말라.'는 충고를 아무리 여러 번 받더라도 자존감이 상처를 입게 되는 거절은 두렵다. 면접은 단연코 가장 널리 사용되는 선발방법이고 직원을 모집하기 위하여 99% 이상의 많은 조직이 사용하는 방법이다. 그 직위에 적합한 사람을 선발해야 한다는 것은 그 조직에게는 매우 중요하다. 채용에서의 한 번 실수는 비용을 지불하게 할 것이고, 그 잘못을 바로잡기는 어렵기 때문이다. 바로 이러한 이유로 그동안 '어떻게 하면 면접을 보다 효율적으로 할 것인가?'에 관해 연구가 이루어져 왔다.

클라이언트는 어떻게 하면 면접에서 성공할 수 있을지, 혹은 그들의 면접 기술에 관한 피드백과 몇 가지 실천법에 대하여 종종 커리

어 코치에게 자문을 구한다. 면접 과정에 대한 명확한 이해는 우리
에게 면접 맥락 속에서 실제로 무엇이 효과적인지에 관한 통찰을 제
공해 줄 수 있으며, 클라이언트가 면접에서 성공할 기회를 증가시킬
것이다.

이 장은 면접 과정에 대해서 우리가 알아야 할 사항에 대한 개요
를 제시한다. 첫 번째 부분에서 실제로 측정되고 있는 자질(qualities)
에 관해 살펴볼 것이고 이러한 평가가 정확한지를 살펴볼 것이다.
그리고 나서 어떤 종류의 자질과 행동이 직업을 구하는 데 가장 유
리한지에 대해서 살펴볼 것이다. 이 장 마지막에서는 클라이언트가
원하는 지위를 얻을 수 있는 기회를 늘리기 위해 연구에서 도출한
몇 가지 제안을 할 것이다.

면접 유형

지원자와 고용주가 앉아서 단지 이야기를 주고받는 방식을 취하
는 전통적인 '비구조화된(unconstructed) 면접'은 여전히 매우 광범
위하게 사용되고 있지만 타당도는 매우 낮다. 다시 말하면, 만약 당
신이 이런 방법으로 직원을 선발한다면, 그 직무를 수행할 수 있는
적합한 사람을 선발할 확률이 매우 낮다. 반대로 그 직무를 잘 수행
하는 데 요구되는 표준에 근거한 '역량기반 면접(competency-based
interview)', 즉 구조화된 면접은 지원자에게 증거를 요구하고, 각각
의 경쟁하는 지원자들에게 동일한 일련의 질문지를 사용하는데, 이
것은 지금까지 존재하는 거의 가장 효과적인 선발방법으로 여겨져
왔다. 이 방법은 0.5를 살짝 넘는 신뢰도(즉, 적합한 사람을 임의 선발

할 수 있는 무작위 추출보다 더 좋은 50%의 확률을 갖는 셈이다)를 보여
주고 있으며, 아직도 개선될 수 있는 여지가 충분하다.

구조화된 면접에 대한 가장 일반적인 두 가지 접근 방식은 상황
및 행동이다. 상황면접(situational interview)에서 전형적인 직업 관련
딜레마 또는 시나리오에 직면했을 때 어떻게 대응하고 무엇을 할 것
인지에 대해 이야기하도록 지원자에게 요청한다. 이 접근법을 뒷받
침하는 가정은 의도가 행동을 예측한다는 것이다. 행동면접에서 지
원자는 자신의 경험에 대해 이야기하고 특정 역량을 입증한 시간을
설명해야 한다. 이 접근법 뒤에 있는 가정은 과거의 행동이 미래의
행동을 예측한다는 것이다. 행동면접은 종종 역량면접으로 설명되
지만 상황면접은 역량 프레임워크를 사용하여 평가할 수 있기 때문
에 약간 오해의 소지가 있다.

행동면접(behavioural interviews)은 일반적으로 더 나은 예측타당
성을 가지고 있다(즉, 지원자가 직무를 어떻게 수행할 것인지를 더 잘 예
측할 수 있다). 신입사원을 채용하려는 채용 담당자는 상황면접을 선
호하는 경우가 많다. 왜냐하면 이 지원자들은 경험치가 적을 가능성
이 있기 때문이다.

면접은 여전히 면대면으로 진행되지만 최근에는 동기식(Zoom 또
는 Skype와 같은 화상회의 플랫폼을 통해) 및 비동기식 비디오 면접이
크게 증가했다. 면접 질문에 대한 답변은 채용 담당자 또는 컴퓨터
알고리즘에 의해 평가된다. 고용주와 지원자 모두는 이러한 종류의
접근 방식의 편리함을 좋아하고 고용주는 시간 및 이동 비용의 절감
을 중요시하지만 지원자는 비동기식 비디오에 대해 전반적으로 혼
합된 견해를 말한다. 일부 플랫폼은 지원자에게 응답을 기록하고 다
시 기록할 수 있는 기회를 제공하며, 여러 번의 시도가 불안 수준을

높이는 것으로 나타났음에도 불구하고 지원자는 이를 높이 평가한다. 지원자들은 또한 비동기 과정이 약간 비인간적이라고 말하고 일부는 개인 정보 보호에 대해 우려한다(Lukacik et al., 2020).

구직 면접은 무엇을 측정하는가

구직 면접에 대한 연구는 구직 면접에 대해 전통적으로 고용주가 지원자를 정량화하고 측정할 수 있는 과정, 다른 사람들을 비교하는 객관적이고 공정한 방법, 특정 역할에 가장 적합한 사람들을 식별하는 방법 등 심리 측정 도구로 간주했다. 이것이 20세기 연구의 대부분을 지배한 관점이다. 최근에는 심리학의 발전을 보다 일반적으로 반영하여 면접이 사회적 과정, 양 당사자가 서로를 미리 보고 결정을 내리는 데 도움이 되는 기회, 그리고 심리적 관계를 맺는 첫 번째 단계로 인정되었다.

심리 측정 도구로서 면접이 실제로 측정하는 자질에 상당한 흥미가 있다. 이 주제에 대한 가장 최근의 메타 분석에서 Huffcutt(2011)는 면접이 일반적으로 측정하는 네 가지 구조를 확인했다. 무엇보다도 중요한 것은 인지능력이다. 이것은 어떤 직무에서 누가 잘 수행할 가능성이 있는지에 대한 강력한 예측변수로 나타났다. 따라서 면접이 좋은 선택 도구인 이유 중 하나는 면접관에게 지원자의 지적 능력을 평가할 기회를 제공한다는 것이다. 면접은 또한 지원자의 업무 지식(지원자가 수행한 연구의 양을 측정하여 고용주가 동기부여의 표시로 볼 수 있음), 사회적 기술 및 조직 적합성의 정도를 확인한다. 이 분야에 대한 연구는 최근 몇 년 동안 약간 지연되었다. 왜냐하면 연구자들은 면접이 고용주가 테스트하기를 원하는 것이 무엇이든 테스트할 것이라는 결론에 도달한 것 같다. 모든 종류의 다른 질문을 포함할 수 있으며 모든 종류의 다른 구성을 측정할 수 있다.

연구의 초점은 최근에 면접을 사회적 에피소드로 조사하는 것으로 바뀌었지만 아직 초기 단계이며 밝혀야 할 것이 훨씬 더 많다. 채용 담당자는 지원자의 답변 내용뿐만 아니라 지원자가 생각하는 사람으로서의 자신에 대해서도 평가한다. 의도적이든 무의식적이든 후보자가 면접에서 보낼 수 있는 수많은 신호가 있고, 이 신호들은 채용 가능성을 높일 수 있다. 미소와 눈맞춤과 같은 비언어적 신호는 긍정적인 차이를 만든다는 것과 첫인상이 중요하다는 것을 알고 있다. 고용주는 각 지원자에 대한 초기 평가를 신속하게 한 다음 면접의 나머지 부분에서는 이를 뒷받침할 증거를 찾는다(Barrick et al., 2010). 고용주는 지원자가 외모에 성의를 보일 것을 기대하며, 여성의 경우, 화장을 하지 않거나 짙은 화장을 한 것보다 옅은 화장을 하는 것에 더 긍정적 평가를 하였다(Gillispie, 2017). 면접관과 웃음을 나누는 것은 긍정적인 영향을 주지만, 지원자가 농담을 하는 것은 경계해야 한다. 지원자가 자신의 농담에 웃는 경우 낮은 평가를 받는다(Brosy et al., 2020). 다양한 언어 스타일은 특정 자질의 지표로 인식된다(DeGroot & Gooty, 2009). 낮은 음조의 목소리는 우세함을 나타내고, 넓은 음역의 사용은 카리스마를 나타내는 것으로 여겨진다. 언어의 유창성은 IQ와 관련이 있는 것으로 생각되며(실제로 그렇다는 일부 증거가 있음) 빠른 말은 유능함과 외향성의 표시로 간주된다. 잠시 멈춤은 요점을 강조하는 데 좋지만, 최대 효과를 얻으려면 유창한 말과 적당히 결합되어야 한다. 소리의 크기와 사교성, 외향성, 우월성에 대한 인식 사이에는 곡선적인 관계가 있다. 어느 정도까지는 음량이 높아질수록 이러한 특성에 대한 인식이 증가하지만, 자신감 있는 목소리가 고함 소리로 바뀌면 감소한다.

주목을 받은 비언어적 단서 중 하나는 악수이다. 자신감 있는 악수는 사교성, 친근함, 지배력을 전달한다. 서툰 악수는 내향성, 수줍음, 신경증을 나타내는 것으로 생각된다. 이를 뒷받침하는 몇 가지 경험적 증거가 있다. 특히 자신감 있는 악수와 외향성, 정서적 안정성 사이에는 강한 연관성이 있다(Chaplin et al., 2000). Stewart 등(2008)이 수행한 연구에 따르면, '자신감 있는' 악수는 단단하고 그립감이 좋으며 눈맞춤을 한다.

비언어적 단서는 언어적 단서보다 더 정확한 평가를 내리는 경향이 있다. 왜냐하면 그것들은 자동적으로 처리될 가능성이 더 높기 때문이다. 언어적 단서는 인지적으로 처리되는 경향이 있기 때문에 인지과부하가 걸릴 수 있으며(Ambady & Gray, 2002) 판단의 정확성이 떨어진다.

🏢 인상관리

최근 몇 년 동안 많은 주목을 받고 있는 구직 면접의 사회적 상호작용 영역 중 하나는 인상관리이다. 구직 면접에서 우리는 모두 자신의 긍정적인 모습을 보여 주기를 바라지만, 사람들은 서로 다른 방식과 정도의 차이를 보인다. 인상관리는 의식적이거나 무의식적이고 기만적이거나 진실한 것일 수 있으며 종종 자기중심적(자기 홍보) 또는 타인 중심적(환심 사기)으로 분류된다. 자기중심적(자기 홍보)인 발언은 능력에 대한 이해를 증진하는 것을 목표로 한다. 면접은 시간제한이 있고 결론을 이끌어 내야 하기 때문에 자기중심적인 전략은 효과가 있다고 생각된다. 환심 사기 전략은 매력, 대인관계에서 호감, 동질감을 불러일으킴으로써 면접관이 지원자에게 감정이입이 되도록 만드는 것을 목적으로 한다.

두 가지 유형의 인상관리는 모두 효과가 있지만 자기 홍보가 구직면접에서 더 효과적인 경향이 있다. 그러나 면접관은 자신의 업적을 지나치게 자랑하는 지원자를 덜 좋아하기 때문에 타인 중심적 지원자가 성과 검토 중에 긍정적인 평가를 받을 수 있다(Levashina et al., 2014).

진실된 인상관리가 솔직하지 못한 인상보다 훨씬 더 효과가 있다는 점에 유의하는 것도 유용하다. 그러므로 자신의 업적과 기여를 단호하게 주장하는 것은 유용하지만 사실을 미화하거나 일을 과장하여 꾸며 내는 것으로는 지원자가 어떠한 호감도 얻지 못할 것이다(Bourdage et al., 2018). 지원자가 더 많이 이미지를 꾸며 낼수록 일자리를 얻을 가능성이 낮아진다. 그 이유는 지원자가 자신을 포기하거나 면접관이 거짓말을 알아채기 때문이 아니라 오히려 실제 이야기를 하는 것보다 무언가를 지어내는 것이 우리의 두뇌에는 훨씬 더 힘든 일이기 때문이다. 결과적으로 우리의 두뇌는 내러티브를 고안하고 세부 사항을 구성하고 감정을 제어하느라 너무 바빠서 완전하고 흥미로운 대답을 제공할 인지적 공간이 남아 있지 않다. 면접에서 지어낸 답변은 정직한 답변보다 짧고 상세하지 않은 경향이 있고 결과적으로 낮은 면접 점수로 이어진다.

전통적인 커리어 면접 지지자들은 면접관들이 단지 3개의 질문에 대한 답을 찾기 위하여 노력하고 있다는 것을 들고 있다.

1. 당신은 그 직무를 수행할 수 있는가?
2. 당신은 그 직무를 수행할 것인가?
3. 당신은 그 직무에 적합할 것인가?

Huffcutt 등(2001)은 이런 의견을 지지하기 위한 몇 가지 증거를 제시한다. '당신을 그 직무를 수행할 수 있는가?'라는 질문은 지원자의 정신적 능력과 그들의 직업 기술에 관해 고찰함으로써 해답을 찾을 수 있다. '당신을 그 직무를 수행할 것인가?'에 대한 해답은 '그 직무에 관한 지식'과 '성실성'에 의해서 드러나게 되고, '당신은 그 직무에 적합할 것인가?'에 대한 해답은 지원자의 '사회성', 외향성이나 친화성 같은 '성격 특성' 그리고 '조직 적합성'에서 그 답을 찾을 수 있다. 이는 면접 답변을 준비하는 데 도움이 되는 구조로 클라이언트와 공유할 수 있는 유용한 틀이다.

면접 과정에서의 차별

면접 판단은 주관적이며 편견과 차별을 받기 쉽다. 특정 집단의 사람들이 구직 면접에서 부당하게 대우받는다는 것을 보여 주는 상당한 연구가 있었고 면접관이 인종, 신체장애, 정신 질환, 비만 및 신체적 매력을 이유로 차별한다는 분명한 증거가 있다(Derous et al., 2016). 흥미롭지만 다소 불쾌한 연구 결과 중 하나는 이러한 특성이 통제 가능하거나 통제할 수 없는 것으로 분류된다는 것을 확인했다. Pryor 등(Pryor et al., 2004)은 고용주가 특성을 통제할 수 있다고 생각할 때 차별을 더 많이 하고, 종교적 신념, 임신 및 비만 등 눈에 띄는 징후를 포함하여 통제 가능한 것으로 간주되는(따라서 구직 면접에서 덜 유리하게 취급되는) 특성의 예를 제시한다.

면접 단계에서 지원자에 대한 성별 편견이 있는지 여부에 대한 증거는 완전히 일치하지 않는다. 대부분의 연구에서 여성에 대한 편견이 보이지만, 일부에서는 남성과 여성이 면접에서 동등한 기회가 발견되고, 일부에서는 남성에 대한 편견이 확인되기도 한다(Manzi, 2019). 대규모 메타 분석에서 Koch 등(2015)은 일반적으로 남성이 지배적인 직업(건설 및 엔지니어링)에서는 남성이 선호되지만 여성이 지배적인 직업(간호 및 초등 교육)의 경우 어느 쪽에도 명확한 편향이 없다고 결론지었다. 여성은 전통적으로 남성적으로 분류되는 일을 할 만큼 충분히 훌륭하다고 생각되지 않는 반면, 남성은 무엇이든 할 수 있는 것으로 여겨진다는 결론을 도출해 냈다. 이 메타 분석의 저자들은 채용관리자가 남성일 때 이러한 경향이 강하지만 모집 관리자가 올바른 지원자를 찾으려는 강한 동기를 발휘했을 때는 이런 편향이 약하다는 것을 발견했다. 이는 이러한 방식의 차별은 면접관이 충분한 노력을 기울이지 않고 있음을 암시한다.

구직 면접에서 힘든 싸움을 겪고 있는 또 다른 집단의 사람들은 고령 근로자들이다. 이 집단의 문제는 나이 든 직원이 젊은 직원보다 덜 유능하고, 느리고, 덜 유연하고, 변화하려 하지 않고, 훈련하기 어렵고, 적응력이 떨어지는 것으로 묘사하는, 확고하며 대부분 잘못된 고정관념으로 귀결된다. 고령 지원자에게 유용한 조언은 노화와 관련된 고정관념을 상쇄하기 위해 다양한 전술을 사용하는 것이다. 유연성과 배움에 대한 열망을 보여 주고 변화를 수용하는 것이 얼마나 행복한지를 보여 주는 고령 지원자는 자신에게 이점을 제공하고

채용관리자의 인식에 나이가 미칠 수 있는 부정적인 영향을 줄인다
(Gioaba & Krings, 2017).

면접 연습

면접을 준비하는 클라이언트를 위한 전통적인 커리어 지원 과정은 모의 면접(mock interview)이었다. 이것은 면접관 역할을 하는 코치가 클라이언트가 답하도록 일련의 적절한 질문을 하는 것을 포함한다. 그리고 코치는 클라이언트의 행동에 피드백을 제공하고 권고 사항을 말한다.

모의 면접의 영향에 대한 증거는 다소 제한적이다. 모의 면접이 효과가 없다는 것을 아는 것이 아니라 모의 면접을 시험해 본 연구가 많지 않았기 때문이다. 사람들이 모의 면접을 통해 자신감을 갖게 된다는 것을 보여 주는 소규모 질적 연구가 많이 있다(예: Walker et al., 2016). 결론적으로 우리는 자신감이 면접 성과에 긍정적인 영향을 미친다는 것을 알고 있기 때문에(Powell et al., 2018), 모의 면접이 성과를 향상시킬 가능성이 높아 보인다. 그러나 실제 면접에 대한 영향을 시도한 몇 가지 연구가 있지만 모의 면접이 면접 성과에 영향을 미친다는 것을 결정적으로 입증하는 강력한 연구는 없는 것 같다. 그러나 우리가 아는 것은 실제 면접 경험이 면접 성공에 상당한 차이를 만든다는 것이다. 실제 면접 경험은 취업 기회를 높이는 것으로 나타났다. 경험이 풍부한 면접 대상자는 실수가 적고 성과가 더 순조로운 경향이 있다. 면접을 보러 가서 성공적으로 면접을 치르는 것이 가장 좋은 준비이다. 왜냐하면 이것은 당신에게 연습이 될 뿐만 아니라 면접 자기효능감을 제공하고 다음번에 잘할 수 있는 기회를 향상시키기 때문이다.

🏢 면접 코칭

우리의 일대일 작업을 지지하는 클라이언트 중심의 원리는 어떤 다른 종류의 코칭 개입만큼이나 면접 코칭 세션에서도 핵심이 되어야만 한다. 다른 코칭 세션보다도 면접 세션이 더 직접적이 되어야 하는 이유로 시간과 자료의 접근성이 종종 인용된다. 그러나 만약에 당신이 클라이언트 중심의 접근법이 행동의 변화를 유발하는 가장 효과적인 방법이라고 믿고, 그들이 스스로 해답을 찾을 수 있도록 격려하기보다는 클라이언트에게 그들이 해야만 하는 일을 지시한다면, 당신은 클라이언트의 기대를 저버리게 될 것이다.

면접 세션에서 클라이언트 자신이 어떻게 행동해야 할지 깨닫도록 하는 한 가지 방법은 모의 면접을 녹화하고(제3자가 모의 면접 장면을 녹화하게 함) 그것을 함께 보는 것이다. 클라이언트 중심의 코칭에서 당신의 전통적인 역할은 질문하고 클라이언트가 자신의 생각과 의견을 살펴볼 수 있도록 성찰의 시간을 제공하는 것이다. 이러한 맥락에서 당신은 '일시 중지' 버튼을 담당하고 녹화된 것을 가끔씩 중단하여 클라이언트에게 답변에 대해 어떻게 느꼈는지를 물어보거나, 면접관이 특정 답변에서 도출할 수 있는 결론에 대해 생각하게 하고, 다른 예시를 사용할 수 있었는지 탐색하도록 유도하는 것이 좋다.

면접 과정에 대한 전문 지식을 공유하면 생산성을 높일 수 있다. 예를 들어, 비언어적 행동이 미치는 영향에 대한 정보를 고객과 공유하고, 소리를 줄인 상태에서 인터뷰 장면을 함께 시청하면서 클라이언트의 신체 언어가 면접에 어떤 영향을 미치는지 살펴보자고 제안할 수 있다. 면접 맥락에서 처음 몇 분이 중요한 역할을 한다는 것을 이해한다면 클라이언트가 어떤 첫인상을 남기는지 분석하기 위해 면접의 시작 부분을 지켜볼 수 있도록 이끌 수 있다.

코칭 개입이 이루어지는 동안, 클라이언트는 보통 세션 내내 자신의 생각을 메모하는 것이 유용하다는 것을 알게 될 것이다. 메모는 이후에 일어날 수도 있을 뿐만 아니라 다음 면접에서든 그 이전에든 그들이 우연히 부딪히게 될 문제를 해결하는 데 도움을 줄 수 있고, 그들이 취할 수 있는 몇 가지 조치를 확인하는 데 적절하다.

스토리텔링

스토리텔링은 면접 질문에 답하는 데 유용한 접근 방식이며 면접 준비에 도움이 될 수 있다. 스토리텔링 접근 방식이 논리적이고 사실에 기반한 주장보다 더 설득력이 있다는 증거가 있으며 이러한 설득력은 구직 면접에서 활용될 수 있다(Smart & DiMaria, 2018). 이야기에서 사용할 수 있는 생생한 세부 사항은 듣는 사람이 이야기를 이해하는 데 도움이 되며, 이는 주제와 논쟁에 대한 인간적인 연결을 제공한다. 이야기는 감정을 불러일으키고 부정적인 감정을 줄이고 긍정적인 감정을 증가시키며 듣는 사람으로 하여금 제시된 시나리오가 현실적이라고 느끼게 한다. 스토리텔링은 효과적인 인상관리 전략이 될 수 있으며 스토리를 전달하는 지원자가 채용 가능성이 높다는 증거가 있다(Bangerter et al., 2014). Smart와 DiMaria는 사람들이 같은 이야기를 하는 데 갇혀 있다고 주장한다. 동일한 경험이나 에피소드를 이야기의 목표나 목적에 따라 수많은 다른 이야기를 사용하여 말할 수 있음을 보여 줄 필요가 있다. 모의 면접 동안 커리어 코치는 클라이언트가 이전 경험과 지원하는 직업을 연결하는 이야기를 하도록 격려하고 이러한 이야기를 하는 연습을 할 수 있는 기회를 제공할 수 있다.

수십 년간의 연구에도 불구하고 면접 과정에 대한 우리의 집단적 이해는 여전히 불완전하다. 자신을 표현하는 방식의 복잡한 특성과 다른 사람의 행동을 해석하기 위해 사용하는 복잡한 시스템을 감안할 때 아마도 그것은 당연할 것이다. 그러나 우리가 배운 것은 클라이언트가 기회를 개선하는 데 도움이 되도록 클라이언트에게 전달할 수 있는 약간의 통찰력이다. 좋은 준비, 관련 경험, 적절한 기술 및 명료한 유창성은 항상 성공적인 면접의 핵심 요소가 될 것이며, 커리어 코치로서 클라이언트의 성공 가능성에 중요한 영향을 미치는 다른 요소들을 보다 쉽고 명확하게 이해하는 것이 도움이 될 것이다.

참고문헌

Ambady, N., & Gray, H. (2002). On being sad and mistaken: Mood effects on the accuracy of thin slice judgements. *Journal of Personality and Social Psychology, 83*(4), 947–961.

Bangerter, A., Corvalan, P., & Cavin, C. (2014). Storytelling in the selection interview? How applicants respond to past behavior questions. *Journal of Business and Psychology, 29*, 593–604.

Barrick, M. R., Swider, B. W., & Stewart, G. L. (2010). Initial evaluations in the interview: Relationships with subsequent interviewer evaluations and employment offers. *Journal of Applied Psychology, 95*(6), 1163–1172. https://doi.org/10.1037/a0019918

Bourdage, J. S., Roulin, N., & Tarraf, R. (2018). "I (might be) just that good": Honest and deceptive impression management in employment interviews. *Personnel Psychology, 71*(4), 597–632.

Brosy, J., Bangerter, A., & Sieber, J. (2020). Laughter in the selection interview: Impression management or honest signal? *European Journal of Work and Organizational Psychology,* 1–10.

Chaplin, W. F., Phillips, J. B., Brown, J. D., Clanton, N. R., & Stein, J. L. (2000). Handshaking, gender, personality, and first impressions. *Journal of Personality and Social Psychology, 79,* 110–117.

DeGroot, T., & Gooty, J. (2009). Can nonverbal cues be used to make meaningful personality attributions in employment interviews? *Journal of Business & Psychology, 24*(2), 179–192.

Derous, E., Buijsrogge, A., Roulin, N., & Duyck, W. (2016). Why your stigma isn't hired: A dual–process framework of interview bias. *Human Resource Management Review, 26*(2), 90–111.

Gioaba, I., & Krings, F. (2017). Impression management in the job interview: An effective way of mitigating discrimination against older applicants? *Frontiers in Psychology, 8,* 770.

Huffcutt, A. I. (2011). An empirical review of the employment interview construct literature. *International Journal of Selection and Assessment, 19*(1), 62–81.

Huffcutt, A. I., Conway, J. M., Roth, P. L., & Stone, N. J. (2001). Identification and metaanalytic assessment of psychological constructs measured in employment interviews. *Journal of Applied Psychology, 86*(5), 897–913. doi:10.1037/0021-9010.86.5.897

Koch, A. J., D'Mello, S. D., & Sackett, P. R. (2015). A meta–analysis of gender stereotypes and bias in experimental simulations of employment decision making. *Journal of Applied Psychology, 100*(1), 128–161. https://doi.org/10.1037/a0036734

Levashina, J., Hartwell, C. J., Morgeson, F. P., & Campion, M. A. (2014). The structured employment interview: Narrative and quantitative review of the research literature. *Pers. Psychol, 67,* 241–293.

doi:10.1111/peps.12052

Lukacik, E. R., Bourdage, J. S., & Roulin, N. (2020). Into the void: A conceptual model and research agenda for the design and use of asynchronous video interviews. *Human Resource Management Review*, 100789.

Manzi, F. (2019). Are the processes underlying discrimination the same for women and men? A critical review of congruity models of gender discrimination. *Frontiers in Psychology, 10,* 469.

Powell, D. M., Stanley, D. J., & Brown, K. N. (2018). Meta-analysis of the relation between interview anxiety and interview performance. *Canadian Journal of Behavioural Science/Revue canadienne des sciences du comportement, 50*(4), 195.

Pryor, J. B., Reeder, G. D., Yeadon, C., & Hesson-McInnis, M. (2004). A dual-process model of reactions to perceived stigma. *Journal of Personality and Social Psychology, 87,* 436-452. http://dx.doi.org/10.1037/0022-3514.87.4.436

Smart, K. L., & DiMaria, J. (2018). Using storytelling as a job-search strategy. *Business and Professional Communication Quarterly, 81*(2), 185-198.

Stewart, G. L., Dustin, S. L., Barrick, M. R., & Darnold, T. C. (2008). Exploring the handshake in employment interviews. *Journal of Applied Psychology, 93*(5), 1139-1146.

Walker, Z., Vasquez, E., & Wienke, W. (2016). The impact of simulated interviews for individuals with intellectual disability. *Journal of Educational Technology & Society, 19*(1), 76-88.

전문성 개발

당신이 이와 같은 책을 읽고 있다는 사실(그리고 끝까지 제대로 읽었다는 사실)은 당신의 직업적 헌신에 대해 많은 것을 말해 주며, 책, 웹사이트, 저널은 여러분의 실무를 새롭게 하고 새로운 기술을 배울 수 있는 좋은 방법을 제공할 수 있다. 이러한 새로운 아이디어를 실무에 잘 통합하고 클라이언트에게 가치를 더하려면 자신의 실무에 대해 비판적으로 성찰하는 시간을 가져야 한다. John Dewey는 우리에게 "우리는 경험에서 배우는 것이 아니라 경험에 대한 성찰을 통해 배운다."(1933, p. 78)라고 상기시키는데, 실무를 성찰하는 것은 당신이 배우고 있는 새로운 지식을 실제로 활용할 수 있도록 도와줄 것이다. 성찰을 통해 무엇이 효과가 있고 무엇이 효과가 없는지 파악할 수 있으며, 어떤 일이 있었는지 분석하고 더 잘할 수 있는 부분이 있는지 파악할 수 있다. 성찰은 혼자서도 꽤 효과적으로 할 수 있는 일이다. 성찰 일기를 쓰는 것은 좋은 생각이다. 각 커리어 코칭 세션이 끝난 후 또는 특별히 잘된 세션(또는 좋지 않은 세션!)이 끝난 후 어떤 일이 일어났고 어떤 영향을 미쳤는지 알아내기 위해 몇 가지 메모를 적어 둘 수 있다. 생각을 구조화하는 데 도움이 되는 성찰적 모델을 사용하는 것이 도움이 될 수 있다. 가장 간단하고 직관적인 성찰적 모델 중 하나는 Rolfe 등(2001)이 제안한 것으로, 다음을 고려하도록 제안한다.

- 무엇?
  - 무슨 일이 있었나요? 어떤 선택을 했고, 어떤 생각과 느낌을 받았나요?
- 그래서?
  - 당신의 행동, 생각, 감정이 코칭과 클라이언트에게 어떤 영향을 미쳤나요?
- 그다음에는?
  - 다음에는 무엇을 다르게 하시겠습니까? 이것으로부터 무엇을 배웠습니까?

선택할 수 있는 다른 성찰적 모델은 다양하므로 어떤 모델이 자신에게 가장 적합한지 살펴보는 것이 좋다.

동료 성찰은 또 다른 유용한 접근 방식으로, 외부의 관점과 다른 사람을 보고 배울 수 있는 기회를 제공한다. 동료와 짝을 지어 코칭 세션에 대해 함께 논의하거나, 더 좋은 방법은 클라이언트의 허락을 받은 상태에서 서로를 관찰한 다음, 세션이 어떻게 진행되었는지를 논의하는 것이다. 세션이 어떻게 진행되었는지에 대한 서로 다른 관점을 비교하고, 무엇이 효과적이었는지, 어떤 다른 아이디어를 사용할 수 있었는지에 대한 아이디어를 공유해 보는 것이다.

마지막으로, 좀 더 공식적인 슈퍼비전에 대해 생각해 보는 것도 좋다. 슈퍼바이저는 코치에게 코치와 비슷한 역할을 한다. 슈퍼바이

저의 역할은 당신이 클라이언트에게 할 수 있는 최고의 서비스를 제공하고 있는지 확인하기 위해 당신의 실무를 되돌아볼 수 있도록 도와주는 것이며, 비밀스럽고 안전한 공간에서 당신의 실무의 모든 측면에 대해 생각할 수 있도록 도와줄 수 있다.

긍정심리학은 행복이란 의미, 몰입, 즐거움의 균형을 찾는 것이라고 말한다. 커리어 코칭만큼 이 세 가지를 모두 충족시킬 수 있는 직업은 많지 않을 것 같다. 사람들의 마음을 들여다보고 그들이 커리어 성취를 향해 나아갈 수 있도록 돕는 일은 재미있고 흥미진진하며 중요한 일이다. 지금은 우리 직업에 있어 매우 흥미로운 시기이다. 양질의 커리어 지원에 대한 필요성이 그 어느 때보다 높으며, 정부 정책과 직장의 요구가 모두 변화함에 따라 목적에 맞는 직업을 재창조해야 할 책임이 우리에게 있다. 연구는 이러한 재구성된 환경의 중심에 있어야 하며, 이를 통해 신뢰를 유지하고 클라이언트에게 최고의 서비스를 제공할 수 있다. 커리어 및 코칭 이론에 대한 연구는 거의 매일 증가하고 변화하고 있다. 우리는 계속 배우고, 계속 시도해 보고, 무엇이 효과가 있고 무엇이 효과가 없는지 성찰해야 한다. 이 책에서 접한 아이디어가 도움이 되길 바란다. 이 책이 당신에게 생각할 거리를 제공하고 실무에서 새로운 것을 시도할 수 있는 영감을 주었기를 바란다. 새로운 아이디어는 우리를 신선하게 해 줄 것이고, 클라이언트에게 최상의 지원을 제공할 수 있는 가능성을 높여 줄 것이다.

참고문헌

Dewey, J. (1933). *How we think: A restatement of the relation of reflective thinking to the educative process.* Henry Regnery.

Rolfe, G., Freshwater, D., & Jasper, M. (2001). *Critical reflection in nursing and the helping professions: A user's guide.* Palgrave Macmillan.

저자 소개

Julia Yates

커리어 코치, 트레이너, 작가로서 20년 넘게 커리어 코칭 분야에서 일해 왔다. 현재 University of London, City의 부교수로서 조직 심리학 석사 프로그램을 운영하고 있으며, 커리어 의사결정 및 커리어 코칭에 관한 연구를 수행하고 있다.

역자 소개

전주성(JUN JuSung)
서울교육대학교 초등교육학과 문학사
서울대학교 교육학과 교육학 석사
서울대학교 교육학과 박사과정 수료
미국 University of Georgia 성인교육학 박사
현 숭실대학교 평생교육학과 교수

오승국(OH Seung Kuk)
고려대학교 일어일문학과 문학사
숭실대학교 평생교육학과 석·박사통합과정 교육학 박사
전 숭실대학교 평생교육학과 초빙교수

하선영(HA Seon-Young)
이화여자대학교 비서학과 문학사
이화여자대학교 비서학과 문학 석사
숭실대학교 평생교육학과 교육학 박사
현 아주대학교 교육대학원 진로진학상담전공 강사

커리어 코칭의 이론과 실제(2판)

The Career Coaching Handbook (2nd ed.)

2017년 8월 30일 1판 1쇄 발행
2024년 7월 30일 2판 1쇄 발행

지은이 • Julia Yates
옮긴이 • 전주성 · 오승국 · 하선영
펴낸이 • 김진환
펴낸곳 • ㈜**학지사**

　　　　　04031 서울특별시 마포구 양화로 15길 20 마인드월드빌딩
대표전화 • 02-330-5114　　팩스 • 02-324-2345
등록번호 • 제313-2006-000265호

홈페이지 • http://www.hakjisa.co.kr
인스타그램 • https://www.instagram.com/hakjisabook

ISBN 978-89-997-3147-1　93370

정가 18,000원

출판미디어기업 **학지사**

간호보건의학출판 **학지사메디컬** www.hakjisamd.co.kr
심리검사연구소 **인싸이트** www.inpsyt.co.kr
학술논문서비스 **뉴논문** www.newnonmun.com
교육연수원 **카운피아** www.counpia.com
대학교재전자책플랫폼 **캠퍼스북** www.campusbook.co.kr